本书受到山东省社会科学规划研究项目/山东省习近平新时代中国特色社会主义思想研究中心研究项目"民族复兴图景下中国共产党历史自信的确立及其巩固"（22CZTJ08）、山东省高等学校青创科技支持计划"中国共产党发展话语的历史演变与当代建构研究"（2019RWB011）、山东科技大学马克思主义学院学术著作出版基金资助出版。

A Study on the Value Orientation
of the Development of China's Cultural Industry

# 中国文化产业发展的价值取向研究

任成金 著

中国社会科学出版社

图书在版编目（CIP）数据

中国文化产业发展的价值取向研究／任成金著 . —北京：中国社会科学出版社，2023.10
ISBN 978-7-5227-1998-6

Ⅰ.①中… Ⅱ.①任… Ⅲ.①文化产业—产业发展—研究—中国 Ⅳ.①G124

中国国家版本馆 CIP 数据核字（2023）第 097307 号

| 出 版 人 | 赵剑英 |
|---|---|
| 责任编辑 | 黄 晗 |
| 责任校对 | 赵雪姣 |
| 责任印制 | 王 超 |

| 出　版 | 中国社会科学出版社 |
|---|---|
| 社　址 | 北京鼓楼西大街甲 158 号 |
| 邮　编 | 100720 |
| 网　址 | http://www.csspw.cn |
| 发 行 部 | 010-84083685 |
| 门 市 部 | 010-84029450 |
| 经　销 | 新华书店及其他书店 |

| 印　刷 | 北京明恒达印务有限公司 |
|---|---|
| 装　订 | 廊坊市广阳区广增装订厂 |
| 版　次 | 2023 年 10 月第 1 版 |
| 印　次 | 2023 年 10 月第 1 次印刷 |

| 开　本 | 710×1000　1/16 |
|---|---|
| 印　张 | 16.75 |
| 插　页 | 2 |
| 字　数 | 251 千字 |
| 定　价 | 89.00 元 |

凡购买中国社会科学出版社图书，如有质量问题请与本社营销中心联系调换
电话：010-84083683
版权所有　侵权必究

# 目 录

绪 论 …………………………………………………………（1）

第一章 中国文化产业价值取向的理论基础：马克思精神
　　　　生产理论……………………………………………（14）
　　第一节 马克思精神生产理论的历史考察 ……………（14）
　　　　一 马克思精神生产理论的历史渊源 ……………（14）
　　　　二 马克思精神生产理论的形成过程 ……………（18）
　　第二节 马克思精神生产理论的科学内涵 ……………（25）
　　　　一 马克思精神生产的本质解析 …………………（25）
　　　　二 马克思精神生产的一般特征 …………………（28）
　　　　三 马克思精神生产的规律 ………………………（32）
　　第三节 马克思精神生产理论的经济价值与精神
　　　　　 价值评判………………………………………（37）
　　　　一 马克思精神生产的经济价值探析 ……………（38）
　　　　二 马克思精神生产的精神价值探析 ……………（44）
　　　　三 马克思精神生产的经济效益与社会效益
　　　　　 关系辨析………………………………………（48）
　　第四节 马克思精神生产理论对中国文化产业发展的
　　　　　 指导意义………………………………………（51）
　　　　一 文化产业：精神生产发展的现代形态 ………（52）
　　　　二 马克思精神生产理论对异化现象批判的
　　　　　 警示意义………………………………………（55）

三　马克思精神生产理论对研究文化产业特殊性的
　　　　启发意义……………………………………………（58）
　　四　马克思精神生产理论对文化产业发展价值取向的
　　　　借鉴意义……………………………………………（60）

## 第二章　中国文化产业价值取向建构的历史审视与现实问题……………………………………………（64）

### 第一节　中国文化产业价值取向的历史演变 …………（64）
　　一　价值取向单一性时期（1949—1978年）…………（64）
　　二　价值取向单一性向多样性转变时期
　　　　（1978—2002年）……………………………………（69）
　　三　价值取向主导性与多样性结合时期
　　　　（2002年至今）………………………………………（74）

### 第二节　当前中国文化产业价值取向的现实问题 ………（78）
　　一　文化产品思想性有待提升 …………………………（78）
　　二　文化产品艺术性有待提高 …………………………（83）
　　三　文化产品民族性有待增强 …………………………（87）
　　四　文化产品国际认同度有待改善 ……………………（91）

### 第三节　中国文化产业价值取向问题的原因分析 ………（96）
　　一　文化产品商品属性和精神属性的矛盾 ……………（96）
　　二　市场失灵与政府缺位 ………………………………（99）
　　三　文化产业缺乏社会主义核心价值观的
　　　　有效引领……………………………………………（102）
　　四　文化产业核心竞争力不足…………………………（105）

## 第三章　国外文化产业价值取向的理性审视……………（110）

### 第一节　美国文化产业价值取向的理性审视……………（110）
　　一　美国文化产业现状及其发展模式…………………（110）
　　二　美国文化产业价值取向的建构……………………（113）
　　三　美国文化产业价值取向建构的有效策略

　　　　　　及其困境 …………………………………………（119）
　第二节　西欧发达国家文化产业价值取向的理性审视……（124）
　　　　一　法国文化产业价值取向的建构………………（124）
　　　　二　英国文化产业价值取向的建构………………（129）
　　　　三　德国文化产业价值取向的建构………………（134）
　　　　四　英、法、德文化产业价值取向建构的有效
　　　　　　策略及其困境 …………………………………（138）
　第三节　国外文化产业价值取向建构的启示………………（141）
　　　　一　加大核心价值观对文化产业的引领…………（141）
　　　　二　注重文化产业政策的规范与引导……………（143）
　　　　三　重视文化软实力的构建………………………（144）

## 第四章　中国文化产业价值取向建构的理论探索…………（147）
　第一节　文化产业与社会主义核心价值观的内在关联……（147）
　　　　一　文化产业是培育和践行社会主义核心价值观的
　　　　　　重要载体 ………………………………………（147）
　　　　二　社会主义核心价值观对文化产业的引领与
　　　　　　指导 ……………………………………………（151）
　第二节　中国文化产业发展的价值取向的目标选择………（155）
　　　　一　最高目标：促进人的全面发展………………（155）
　　　　二　基本目标：服从和服务于社会主义现代化
　　　　　　建设大局 ………………………………………（167）
　第三节　中国文化产业发展的价值取向的评价原则………（179）
　　　　一　为人民服务与为社会主义服务相统一………（179）
　　　　二　经济效益与社会效益相统一…………………（182）
　　　　三　先进性与广泛性相统一………………………（184）
　　　　四　民族性与时代性相统一………………………（186）

## 第五章　中国文化产业价值取向建构的对策性思考…………（188）
　第一节　发挥社会主义核心价值观的引领作用……………（188）

一　以社会主义核心价值观引领文化产业的原则……（188）
　　二　以社会主义核心价值观引领文化产业的
　　　　主要途径……………………………………………（190）
　　三　以社会主义核心价值观引领文化产业发展需
　　　　注意的问题…………………………………………（195）
第二节　加强和改进对文化产业的领导和管理…………（197）
　　一　加强和改进党对文化产业的领导………………（197）
　　二　加强和改进政府对文化产业的管理……………（200）
第三节　增强文化产业发展的自觉意识……………………（209）
　　一　明确文化产业的责任与担当……………………（210）
　　二　突出文化产业的民族特性………………………（213）
　　三　提高文化产业的自主创新能力…………………（217）
　　四　增强文化产业国际竞争力………………………（219）
第四节　树立文化消费的正确导向…………………………（223）
　　一　坚持文化消费正确取向…………………………（224）
　　二　提高文化消费水平………………………………（227）
　　三　提高国民整体文化素质…………………………（231）

**结论与展望** ……………………………………………（234）

**参考文献** ………………………………………………（238）

# 绪　　论

**一　选题缘起**

（一）研究背景

1. 理论背景

自 20 世纪中叶"文化工业"的概念提出后，文化产业在欧美国家迅速发展，其理论研究是半个多世纪以来的话题热点，引起了哲学、社会学、经济学、管理学、传播学、美学等学科的极大关注，学术成果可谓汗牛充栋。西方发达国家对文化产业的研究已经有 70 多年的历史，形成了完善的研究体系，对文化产业的功能定位、价值引导、政策规范和法律保障等方面都有了明确翔实的规定。

中国文化产业理论研究一定程度上是对马克思的社会生产理论的继续和发展。从马克思的著作中，我们可以了解到社会生产是一个极其复杂的过程，不仅包括物质生产，还包括精神生产。马克思指出精神生产的性质是由"一定的社会结构"和"人对自然的一定关系"这两者决定的[①]，研究物质生产与精神生产的关系要从一定的历史形式来考察。虽然西方的文化产业理论是比较成熟和完善的，但毕竟是西方经济社会发展的产物，那是为解决西方国家的问题而产生的。我们要立足中国特色社会主义的实际，发展有中国特色的社会主义文化产业理论。

中国的文化产业研究起步晚，从 1991 年《上海文论》发表第一

---

[①] 《马克思恩格斯全集》第 33 卷，人民出版社 2004 年版，第 346 页。

篇关于大众文化生产、流通和消费的文章算起，到现在才30多年。进入21世纪以来，文化产业获得突破式发展，从2002年党的十六大合法地位的确立到党的十七届六中全会上升为国家战略，再到党的十八大的"五位一体"战略，标志着国家对文化产业的重视到了一个前所未有的高度，学术界对文化产业的研究如火如荼，中国文化产业的发展进入一个新的发展时期，文化产业理论的研究也进入一个新阶段，初步构建了有中国特色的文化产业理论。然而，中国在文化产业理论的相关研究方面依然滞后于文化产业发展的实际。中国文化产业理论研究和政策研究对文化产业的双重属性把握得不够，一定程度上存在着直接套用传统产业经济学的情况，对文化产业发展的效益评估都集中于经济属性，文化产业的文化属性研究没有得到应有的重视，严重滞后于文化产业的发展状况。文化产业在给经济社会发展带来巨大影响的同时，迫切需要建立科学的文化产业理论和政策系统，以便为文化产业发展拨正航向。

2. 实践背景

第一，文化产业在经济中的地位急剧上升。随着全球化进程的加速，文化与经济越来越融合为一体，文化经济化、经济文化化，作为二者融合产物的文化产业越来越成为综合国力竞争的重要因素。文化产业作为21世纪的"朝阳产业"，不仅是重要的经济增长点和驱动力，而且是文化软实力的重要支撑点，其作用和价值已经越来越成为世界各国的共识，大力发展文化产业成为世界性趋势。在美国，文化产业产值占国民生产总值的比例已经达到25%，成为美国第一大出口产业；在英国，创意经济已经成为国民经济重要支柱产业，提供超过250万个就业岗位，成为容纳就业第一大产业；在德国，文化产业对国民经济的贡献已经远远超过化工、能源、电子电器等传统产业，成为仅次于机械制造和汽车工业的第三大产业。由于全球经济发展，人类社会面临资源枯竭和环境危机，各个国家都把大力发展文化产业上升为国家战略。

第二，文化安全问题越来越受重视。世界文化产业发展并不平衡，发达国家文化产业居于强势地位，被称为"软实力"的文化逐渐成为各国倚重的对象。西方发达国家利用贸易全球化及其带来的更为开放的市场，通过文化贸易、信息传播媒介和网络，将文化产业作为一种国家力量对外输出，冲击着发展中国家的文化市场，影响着受众的文化消费偏好、价值观念和生活方式，正如英国学者弗里德曼所指出的那样，文化帝国主义"使特定的以美国文化为中心的西方文化，凭借文化优势，大力拓展世界文化市场，将自身的价值观、消费产品及其生活方式流传到世界其他地方"[1]，从而实现对全球化的文化支配。正是在这个意义上，文化产业的发展受到了前所未有的重视，文化全球化的媒介就是文化产品，文化产品本身具有象征意义，文化产品传到消费者那里时，其本身所蕴含的文化内涵、价值观念、生活方式也以隐蔽的方式进行扩散。文化产业发达的国家不仅获得高额利润，而且输出了价值观念，掌握了国际政治的话语权；文化产业落后的国家可能成为发达国家文化殖民的对象，进而丧失文化主权和民族文化认同。

第三，文化产品社会效益需要进一步提升。改革开放以来，中国的文化产业进入了一个前所未有的发展和创新时期，文化创造和文艺创作快速流转，文化观念、文化形态、文化范式深刻变革，但是在这种表面繁华和快速发展的镜像中，却不时淡化对价值导向的追求和把握，并由此造成了与社会主义文化建设不相协调的地方，如某些方面价值观迷茫、道德失范、诚信缺失和社会责任淡化等诸多问题，致使文化产业发展乱象丛生，文化产业发展价值取向紊乱，对我们国家的价值观念、道德准则和社会制度的合法性带来严峻的挑战。

（二）研究意义

探索中国文化产业发展的价值取向，在学理上具有以下几方面的意义。

第一，有助于深化对马克思精神生产理论的研究。马克思精神生产理论是马克思主义理论体系的重要组成部分，也是在马克思主义指导中国文化产业发展过程中始终被人们关注的一个重大理论问题和实

---

[1] Friedman, J, *Cultural and global process*, London: sage, 1994, p.195.

践问题。中国的文化产业研究刚刚起步，目前学术界对文化产业的概念界定及发展的价值取向还没有形成统一的相对权威的认识。这使得中国文化产业建设在获得了前所未有的活力同时，也陷入前所未有的困顿和迷乱：中国文化产业向何处去？基于文化产业对经济社会发展和核心价值观的培育等方面的重要作用，迫切需要研究文化产业的理论问题，迫切需要对马克思精神生产理论以及文化产业的多重属性进行深入分析，以明确中国文化产业发展的价值取向合理化的路径选择，守住文化产业发展的价值底线，为文化产业的健康发展提供强有力的理论支撑。

第二，有助于开拓马克思主义中国化研究的新领域，完善中国特色社会主义理论体系。本书以中国文化产业发展的价值取向为研究对象，总依据是中国目前处于社会主义初级阶段，对此，马克思主义经典作家并没有提供现成的答案。本书在研究过程中，以马克思主义精神生产理论为指导思想，借鉴西方文化产业建设和苏联文化建设价值取向建构的得失，进而探讨中国文化产业价值取向合理化的建构途径。以往学术界对文化产业研究往往更多倾向于从经济的角度研究，而研究中国文化产业发展的价值取向则涉及政治、经济、文化等多门学科，通过研究文化产业的价值取向可以进一步厘清文化产业的多重属性及其相互关系、文化产业发展与党的文化领导权、文化产业发展与核心价值观的培育、文化产业与国家文化安全等关系，这无疑会有助于开拓马克思主义中国化研究的新领域，有利于完善"五位一体"建设方略，完善中国特色社会主义理论体系。

第三，有助于增强党的文化领导权。党的十七届六中全会指出："加强和改进党对文化工作的领导，是推进文化改革发展的根本保证，也是加强党的执政能力建设和先进性建设的内在要求。"[①] 党的执政能力提升来源于党的理论、道路及制度是否能够得到最广大群众的信任和尊重，文化在其中占有重要的地位。纵观国内外历史可以发现，文化产业不仅具有经济属性，而且还具有意识形态属性，加强和改进

---

① 《十七大以来重要文献选编》（下），中央文献出版社2013年版，第581页。

党对文化工作的领导对于凝聚人心、增进价值共识和引导社会价值走向具有其他工作无法比拟的重要意义，这也是加强党的先进性建设、增强党的执政能力的过程。

## 二 研究现状

文化产业研究由来已久，在马克思生活的时代，真正意义上的"文化产业"尚未产生，马克思的经典著作中也并没有出现"文化产业"这个概念，但是不可否认的是，在马克思的精神生产理论和异化理论中，已经孕育了文化产业批判理论的萌芽，例如提出了"资本主义生产就同某些精神生产部门如艺术和诗歌相敌对"的论断。[①] 这些批判思想在法兰克福学派那里得到了充分的诠释和进一步的发展，成为文化产业批判理论的重要来源。

20世纪中期，以阿多诺、霍克海默等为代表的法兰克福学派对"文化工业"展开了猛烈批判，尤以《启蒙辩证法》一书最为典型，它从艺术和哲学价值的双重角度对文化工业进行了全面否定。法兰克福学派的批判不仅在当时具有历史进步意义，而且在今天依然具有重要的警示意义，但是法兰克福学派的"文化工业"理论有其历史局限性，从总体上否定了文化产业发展的社会意义，把经济价值和文化价值置于一种水火不相容的对立地位，认为文化工业的发展必然导致艺术的消亡，而且把大众看作完全的被动的接受者，与文化消费实践也是有差距的。

同属法兰克福学派的本雅明以及英国的伯明翰学派和美国大众文化的代表人物费斯克等人则关注了文化产业的积极作用。其中本雅明在《机械复制时代的艺术作品》中表明了自己的支持态度，认为艺术作品的机械复制性是改变传统艺术生产与欣赏的革命性因素，"第一次将艺术作品从依附于礼仪的生存中解放出来"[②]，"改变着大众与

---

[①] 《马克思恩格斯全集》第33卷，人民出版社2004年版，第346页。
[②] ［德］瓦尔特·本雅明：《技术复制时代的艺术作品》，胡不适译，浙江文艺出版社2005年版，第101—102页。

艺术的关系"①，使得艺术作品从少数人垄断中解放出来而变成大众共享权利；英国伯明翰学派从大众文化立场出发对"文化产业"进行了重新定位，进一步肯定了文化产业的积极作用，其中斯图亚特·霍尔否定了"单向度的人"，他在《电视话语的制码解码》一书中提出编码和解码理论，辩证地看待了大众文化的积极和消极作用，既看到了意识形态对大众传媒意义的编码的介入和作用，也肯定了受众的抵抗与解构作用，这标志着传统的文化批判理论已经不再对文化产业发展构成障碍；作为美国文化产业理论的代表人物，费斯克通过区分大众文化和精英文化的特征，确立"文化"与"产业化"双重属性，为文化产业开创了全新视角。约翰·费斯克对文化产品的文化价值的研究，把产业的经济评价和文化评价结合起来，为文化产业的外部分析和内层分析提供了可行通道。

改革开放以前，中国的社会主义文化建设取得了瞩目的成就，但是由于种种原因没有形成现代意义上的文化产业。中国的文化产业问题是在党的十一届三中全会之后，伴随着经济体制改革和文化体制改革的不断深化而逐渐凸显出来，并进入学术研究视野的。文化产业不仅具有经济属性，而且具有文化属性，文化产业的发展同经济、政治和日常生活的联系非常紧密，因此，不能单纯用理解经济的方式来解读文化产业，因为文化产业除具有经济功能之外，还具有促进宣传教化、维护社会稳定和国家安全的政治功能，具有传承民族文化、提升国际话语权和加强文化软实力的文化功能。尽管文化产业发展涉及的问题比较多，但是首先要回答的是"文化产业发展有什么用""对谁有用""能够解决什么问题""经济效益与社会效益如何平衡"等，这实际上就构成了文化产业发展的价值取向问题。

中国的文化产业研究起步晚，从1991年《上海文论》发表第一篇关于大众文化生产、流通和消费的文章算起，到现在已30余年时间，众多学者围绕文化产业的特殊性、文化产业的价值定位、文化产

---

① ［德］瓦尔特·本雅明：《技术复制时代的艺术作品》，胡不适译，浙江文艺出版社2005年版，第135页。

业发展存在问题以及规范等方面进行了热烈的学术探讨和积极的理论建构，形成了不少理论共识，取得了不少研究成果。但是在文化产业价值取向方面的研究建树不多，仅从以下视角进行。

第一，关于文化产业的意识形态属性研究。文化产品作为一种精神产品，必定是一种社会经济、政治和生活在精神世界的反映，必然体现一定的价值取向、道德追求。欧阳友权、欧阳坚、胡惠林、金民卿以及李思屈等分别对文化产业的意识形态属性进行了探讨，如欧阳友权认为，文化产业的意识形态功能具体表现在精神的传承性与影响力、舆论宣传的引导性和防御文化殖民、保障民族文化安全等方面。[①]欧阳坚认为文化产业最主要、最突出的特殊性，就是它的意识形态属性。意识形态属性是作为以内容生产为核心的文化产业所固有的特征，蕴含着一定的价值取向、精神追求、道德标准和行为准则，也必然内在地隐含着对一定时期的经济、政治、社会、文化的判断和解读。[②]胡惠林认为文化产品的演变意味着意识形态的演变，掌握了文化产业发展的主导权，也就掌握了社会意识形态演变的主导权。[③]目前国内学者大都承认文化产业具有意识形态属性，均认为文化产品能够传递价值观进而影响社会的主流价值观，从而对国家意识形态产生重大影响。但是不难发现相关领域的研究还是存在不少缺失，其中对文化产业的意识形态属性研究的理论建构不足，没有进行深入挖掘，尚未形成成熟的理论体系。

第二，关于文化产业功能定位与发展目标的研究。在2011年10月党的十七届六中全会上，中国共产党自成立以来首次将"文化命题"作为中央全会的议题，第一次提出社会主义文化强国的宏伟目标和战略任务，对中国文化产业的发展具有里程碑式的意义。2017年10月党的十九大将文化建设提升到了兴国强国的高位，明确了文化

---

① 欧阳友权：《文化产业概论》，湖南人民出版社2007年版，第98—100页。
② 欧阳坚：《文化产业政策与文化产业发展研究》，中国经济出版社2011年版，第75—77页。
③ 胡惠林：《文化产业学——现代文化产业理论与政策》，上海文艺出版社2006年版，第106—107页。

建设在中国特色社会主义新时代的新定位，指出"文化兴国运兴，文化强民族强。没有高度的文化自信，没有文化的繁荣兴盛，就没有中华民族伟大复兴"①，这也是新形势下对中国文化产业的目标定位。

目前关于文化产业发展的功能定位论述较多，大多是围绕着经济、政治和文化三方面展开的，典型的有蔡尚伟、欧阳友权、朱以青、唐任伍和刘茜等人的分析。其中蔡尚伟从文化产业的经济、政治、文化和社会等角度分析了文化产业的功能，明确指出经济功能是文化产业最直接的功能，其功能在于传承文化，文化产业政治功能则是或直接或隐晦地具有价值倾向和政治意义。欧阳友权认为文化产业具有经济功能、意识形态功能、教育与审美功能和文化功能等。②

在文化产业的价值目标方面，中国的国家制度和社会性质决定了中国的文化产业发展的根本目标必然是以实现人的全面发展为根本目的，基本目标则是体现在经济、政治、文化等诸方面。吴学丽指出文化产业在文化发展的载体和传播途径、培育新的经济形态、维护国家文化安全等方面具有重要的意义。③谢名家提出了文化产业发展的目标：提高全民族的文化素质、培养全面发展的社会主义新人和推进中国的现代化建设。④向勇在《中国文化产业人文内涵的问题与策略研究》一文中，为推进文化产品内容的管理明确了"文化标准品"的概念，提出了文化产品的价值评估指标问题，即"向世界展示中国历史中正面的东西、健康的东西""要有文化深度""包含的人类普遍价值""展示普通老百姓的生活态度和生命情调"⑤。

第三，关于文化产业发展价值目标偏离的问题。刘诗白认为，文化产业发展价值目标之所以存在偏差，深层次的根源就在于商品价值和社会价值的矛盾，"文化生产偏离了艺术、社会价值创造这一精神

---

① 《十九大以来重要文献选编》（上），中央文献出版社2019年版，第29页。
② 欧阳友权：《文化产业概论》，湖南人民出版社2007年版，第94—103页。
③ 吴学丽：《试析当代文化产业的价值视野》，《前沿》2011年第17期。
④ 谢名家：《文化产业的时代审视》，人民出版社2002年版，第332—336页。
⑤ 向勇：《中国文化产业人文内涵的问题与策略研究》，《艺术评论》2009年第9期。

生产的本质目标，而从属于商业价值的追逐"①。张曾芳等认为，改革开放以来西方国家在中国文化活动范围和渗透力度日益加大，资本主义价值观念和生活方式伴随着文化产品的输出而大量涌进，从而使中国文化领域面临严峻安全形势。②范玉刚指出，由于文化市场的"结构性短缺"，西方文化产品大量涌入并成为大众消费青睐的对象，长此以往，"不但养成'崇洋'媚俗的口味，久之还会产生认同其价值观、以其为行事参照的思维意识，不自觉地抵消民族文化的影响。"③

当下文化产业发展的乱象不时涌现，根源在于经济至上的思维方式主导了一切，工具理性的认知态度取代了价值理性，摒弃了文化产业的属人本性，模糊了文化产业发展的价值取向。

第四，关于文化产业价值取向实现路径的研究。目前学术界对文化产业价值取向引领主要从国家宏观调控角度和先进文化引领这两个角度展开。其中欧阳坚认为文化产业发展不能单纯以市场为导向片面追求利润最大化，必须依靠政策来引导和规范，对正外部性进行鼓励，对负外部性进行限制。④蔡尚伟等认为，在文化产业发展中，文化产品的商品属性要求讲究经济效益，而文化产品文化属性要求以社会效益为最高准则，"遵守市场经济规律和文化产品本身的艺术规律，制定相应的文化经济政策和法规，运用多种手段调控文化市场，让文化产业部门既可以追求到合理的经济效益，又符合社会的规范和要求"⑤。谢名家提出导向机制来确保文化产业发展的价值取向的合理性，通过文化产业发展的政治导向、观念导向和产业导向，来确保文化产业的社会效益和经济效益的有效统一。⑥胡惠林则是从市场准入

---

① 刘诗白：《论现代文化生产》（下），《经济学家》2005年第2期。
② 张曾芳、张龙平：《论文化产业及其运作规律》，《中国社会科学》2002年第2期。
③ 范玉刚：《道可道非——关于文化价值的祈想》，人民日报出版社2011年版，第238页。
④ 欧阳坚：《文化产业政策与文化产业发展研究》，中国经济出版社2011年版，第108—109页。
⑤ 蔡尚伟、温洪泉：《文化产业导论》，复旦大学出版社2006年版，第10页。
⑥ 谢名家：《文化产业的时代审视》，人民出版社2002年版，第370—383页。

和法律保护的角度来分析的，认为要确保本国文化产业的正常发展，保护价值观不受侵犯，除了增强本国文化产业的竞争力外，还要充分利用《佛罗伦萨协议》的"保留条款"，加强对本国文化产业的保护。其他一些学者认为文化产业价值取向的引领要依靠核心价值观的引领，如周凯认为，文化产业发展不仅关乎经济利益，而且承载意识形态功能，在经济全球化的过程中，要特别注重文化产品所能承载的文化内涵，形成明晰的主流价值诉求。这对抵制美国的话语霸权，维护文化安全，增强中国的文化软实力具有重要的意义。[1] 沈望舒在《价值、核心价值观与文化产业建设》一文中，提出要通过顶层设计，使核心价值观融入文化价值链建设的整体流程。要树立"思想文化当头为首"的产业核心观念，健全实施核心价值观要义体制机制系统和塑造有文化自觉的生产力主体团队。[2]

以上成果对文化产业价值取向问题进行了奠基性研究，为本书的研究提供了理论借鉴和丰富素材，但总体来看，这方面研究仍然有一定的欠缺：第一，系统性的专题研究相对欠缺：尽管许多学者对文化产业意识形态属性、文化产业与价值观的内在关联以及文化产业的价值目标等方面进行了广泛而又深入的研究，但是很少有学者关注文化产业发展的价值取向问题，更不用说对这一问题进行系统、全面、深入的研究；第二，研究的视野不够开阔：许多文章虽然涉及文化产业价值取向问题，但是对文化产业价值取向偏离的原因以及引领的路径缺乏深入分析，有的文章从宣传层面对中国文化产业价值取向问题进行了初步探讨，但是缺乏宏阔的世界视野，缺乏对其他国家相关理论与实践的比较借鉴；第三，对策研究的针对性不足：许多学者在研究中对新形势下中国如何规范文化产业发展提出了非常有见地的应对措施，但毕竟研究的具体问题和视角不同。绝大多数研究从各自学科角度出发，对某一方面进行了研究，但是理论深度有限，往往就"宣

---

[1] 周凯：《核心价值观的缺失与构建传播——中国文化产业发展反思与对西方文化产业的借鉴》，《东岳论丛》2012年第9期。

[2] 沈望舒：《价值、核心价值观与文化产业建设》，《北京观察》2014年第10期。

传"而"宣传",缺乏跨学科的综合思考,就国内外形势的发展变化而提出与时俱进的观点和理念更为缺乏,因此,在这方面存在着很大的研究空间。

### 三 研究理路

本书以文化产业的价值取向为研究视角,以中国特色社会主义文化产业为研究对象,以马克思的精神生产理论为指导思想,按照绪论—理论基础—现实问题与分析—国外借鉴—得出结论—对策建议的逻辑思路搭建了研究框架。沿着这一框架,结合中国文化产业发展面临的问题,由表及里进行挖掘、提炼和升华,在分析其原因并借鉴国外文化产业发展价值取向的经验教训的基础上,提出正确引领中国文化产业价值取向的思路对策。具体研究理路如下。

绪论。对文化产业学相关文献进行梳理,对国内外研究现状进行述评,最后介绍本书的研究理路和方法,点明本研究的创新点。

第一章,中国文化产业价值取向理论基础:马克思精神生产理论。首先,对马克思精神生产理论进行历史考察;其次,明确马克思精神生产理论的科学内涵;再次,对马克思精神生产理论的经济价值与社会价值进行评判;最后,指出马克思精神生产理论对中国文化产业发展的现实指导意义。

第二章,中国文化产业价值取向建构的历史审视与现实问题。首先,对中国文化产业的发展进行梳理,归纳每个阶段价值取向的演变特征;其次,指出中国文化产业价值取向的现实问题;最后,分析文化产业价值取向出现问题的原因。

第三章,国外文化产业价值取向的理性审视。通过分析国外相关国家在文化产业价值取向建构方面的经验和教训,寻找出对中国文化产业建设的适用性之处。

第四章,中国文化产业价值取向建构的理论探索。首先,剖析了文化产业与社会主义核心价值观的内在关联;其次,明确了中国文化产业发展的价值目标;最后,指出中国文化产业价值取向的评价原则。

第五章，中国文化产业价值取向建构的对策性思考。首先，发挥社会主义核心价值观的引领作用；其次，加强和改进党和政府对文化产业的领导与管理职能；再次，增强文化产业发展的自觉意识；最后，树立文化消费的正确导向。

结论与展望。总结本研究的结论，指出文章的局限与不足，对未来进行进一步探讨和展望。

研究对象的性质、特点影响了研究方法的选择，而一定研究方法的确定则在一定程度上影响到了研究结论的科学性和信服力。探讨中国社会主义文化产业发展的价值取向，是一个系统工程，需要多种研究方法的综合运用才能推动研究的深入发展。本书综合运用了文献分析法、比较分析法、历史分析法、逻辑推理法等方法，对上述内容进行了研究和论述。

在继承前人研究成果及研究方法的基础上，本书力图为这一领域的研究尽一份绵薄之力，希冀能在以下四个方面有所创新或进一步的研究。

第一，总结出文化产业价值取向建构的中国特色。在本书中，笔者总结归纳出了文化产业价值取向建构的中国特色，集中体现在：其一，立足于中国的特殊国情。与西方国家明显不同，中国文化产业建设是基于社会主义初级阶段的背景下开展的，文化产业和文化事业一样都处于初级阶段，不成熟，对其引导要保持适度的张力。文化产业是社会主义文化建设重要组成部分，对于现阶段社会主义先进文化的规定性，同时也是对文化产业的规定性；其二，以马克思主义理论为指导并充分发挥党的领导优势、社会主义制度优势。马克思主义是社会主义现代化建设的指导思想，党的领导是现代化建设的根本保证，社会主义制度能够超越资本逻辑而关注社会的整体、长远、根本利益，这为正确实现文化产业价值取向提供了坚实的基础；其三，积极吸收借鉴中国优秀传统文化思想成分以及西方文化产业价值取向建构的有益经验。以"自强不息、刚健有为""以义为上、注重伦理"为内核的中国传统文化和西方发达国家文化产业价值取向建构的丰富经验均是中国社会主义文化产业建设过程中需要学习借鉴的。文化产业建设"中国特色"的归纳总结使得中国社会主义文化产业价值取向建构更有针对性、更具操作性。

第二，分析了西方发达资本主义国家文化产业状况，并指出了对中国的适用性。本书通过对以美国为代表的西方发达国家在文化产业建设经验剖析，充分阐释了文化产业发展的价值取向以及文化产业发展与主流价值观构建之间的关系，给中国的文化产业发展的价值取向研究提供重要的参照和启迪。这些参照和启迪主要有：其一，党和政府应高度重视文化领导权；其二，加大核心价值观对文化产业的引领；其三，注重文化产业政策的规范与引导；其四，重视文化软实力的构建。

第三，对中国文化产业发展的价值取向进行了系统的理论探索和规范分析。运用价值哲学基本理论，从经济、政治、文化、社会等多视角对文化产业价值取向进行了理论建构，分析了文化产业与社会主义核心价值观的内在关联，系统探讨了中国文化产业发展价值取向的目标选择及评价原则。中国文化产业发展的目标选择可以分为两个层次：最高目标和基本目标，其中最高目标是促进人的全面发展，表现有：确立以人为本的发展理念、满足人民群众多样化的精神文化需求、体现人民群众的主体地位和提高公民的素质等。基本目标表现有：政治目标、经济目标和文化目标。实现中国文化产业价值取向的目标过程中要坚持为人民服务和为社会主义服务相统一原则、经济效益与社会效益相统一原则、先进性与广泛性相统一原则、民族性与时代性相统一原则。

第四，基于研究的问题意识，在对文化产业价值取向进行历史探究、国外借鉴和理论探索的基础上，提出了正确实现文化产业价值取向的针对性措施。文化产业价值取向的引领是一项系统工程，需要将其放到社会主义经济、政治、文化、社会建设的各个领域之中考察和分析，协同推进方能完成。文化产业价值取向引领的关键是处理好社会效益与经济效益的辩证关系，具体来讲要从发挥社会主义核心价值观的引领、加强党和政府的领导与管理、增强文化产业发展的自觉意识和树立文化消费的正确导向等方面来实现文化产业的价值取向。

上述问题共同组成本书的研究内容和逻辑结构。

# 第一章　中国文化产业价值取向的理论基础：马克思精神生产理论

马克思精神生产理论在很大程度上是文化产业理论的逻辑起点。马克思对物质生产和人类自身的生产进行了系统的论述，对"精神生产"理论的论述和研究相对较少，也没有详细地、系统地加以展开，长期以来并未引起人们的充分关注。但是马克思在精神生产方面的思想还是很丰富的，在《1844年经济学哲学手稿》《神圣家族》《德意志意识形态》《共产党宣言》《资本论》等著作中得到了较为全面的论述，留下了一些至今极具指导意义的科学判断，这些论述为我们研究精神生产的本质、一般特征和科学内涵，为我们评判和分析精神生产的经济价值与社会价值奠定了理论基础，为我们研究今天中国市场经济条件下文化产业的健康发展具有重要的指导意义。

## 第一节　马克思精神生产理论的历史考察

### 一　马克思精神生产理论的历史渊源

精神生产理论并非马克思首创，早在马克思主义产生以前，黑格尔、费尔巴哈、亚当·斯密、李斯特等思想家就对精神生产进行了初步的论述和有益的探讨，并明确了精神生产的概念和内涵。尽管他们对精神生产的研究囿于其自身的局限性而不够科学和完善，但是他们仍然为马克思精神生产理论的形成提供了思想基础。

（一）马克思精神生产理论的哲学渊源

黑格尔是德国古典哲学的集大成者，其著作《精神现象学》《精

## 第一章 中国文化产业价值取向的理论基础：马克思精神生产理论

神哲学》等从唯心主义的角度阐释了精神生产的含义，在欧洲近代哲学史上对精神生产的认识最全面、最深刻。

黑格尔把"精神技能、科学知识、艺术甚至宗教方面的东西"①称为"精神产品"。黑格尔提出了"依照思想，建筑现实"的著名论断，在这一理念的支配下，他把"绝对精神"理解为万物的本原、创造万物的主体，人的意识不过是"绝对精神"发展的产物，因此，精神生产的实质也就变成了绝对精神的生产。黑格尔看到了人和劳动在社会发展中的重大作用，但是他依然认为生产的主体不是人而是抽象的绝对精神，精神生产就是围绕着绝对精神而展开的创造活动。虽然黑格尔的精神生产理论是唯心主义的，但是它有很多值得我们借鉴的合理因素。

首先，黑格尔认为精神生产与社会实践是统一的。黑格尔承认世界的可知性，认为精神生产本质上是一种实践活动，"理论的东西本质上包含于实践的东西之中"②。黑格尔认为，精神生产活动应该扬弃片面的主观性，把外界当作客观的现实加以吸收；实践活动应该扬弃客观世界的片面性，把外界看作虚幻的堆集而加以改造。这样黑格尔就把精神生产与社会实践统一起来，确立了精神生产在社会实践中的地位。其次，黑格尔看到了精神产品的商品化问题。黑格尔认为科学知识、艺术、精神技能都是契约的对象，"可以通过表达而给它们以外部的定在，而且把它们转让，这样就可以把它们归在物的范围之内了"③，这表明黑格尔认为精神产品的生产活动是创造价值的生产劳动，精神技能、艺术、宗教等都是可以变成物的形式而得以成为转移和买卖的商品。再次，黑格尔论述了精神产品的内在价值和社会功能问题。黑格尔认为，"精神产品旨在使人得到理解，并使他们的表象、记忆、思维等等掌握它而化为己有。"④ 实际上，黑格尔已经指

---

① [德] 黑格尔：《法哲学原理》，范扬、张企泰译，商务印书馆1961年版，第51页。
② [德] 黑格尔：《法哲学原理》，范扬、张企泰译，商务印书馆1961年版，第51页。
③ [德] 黑格尔：《法哲学原理》，范扬、张企泰译，商务印书馆1961年版，第51—52页。
④ [德] 黑格尔：《法哲学原理》，范扬、张企泰译，商务印书馆1961年版，第77页。

明了精神产品取得了物化形态而具备了教育、认知等社会功能。

继黑格尔之后，费尔巴哈明确提出了"精神生产"的概念，首先，从唯物主义的角度制定了精神生产的基本原则，重新确立了精神生产的主体。费尔巴哈指出，"绝对精神"不是精神生产的主体，现实社会中的人才是"真正的精神生产者"[①]，"新的道德、新的观点、新的精神之所以产生，只是因为不断地有新的物体、新的人产生。"[②]这样，费尔巴哈就把黑格尔颠倒了的东西重新拨正了过来，正确阐明了人和精神生产的关系，恢复了人的最高权威；其次，费尔巴哈强调了物质世界对精神生产的基础作用。与黑格尔精神性的实践概念不同，费尔巴哈提出精神生产者必须不断从现实世界中搜寻材料才能不断地维持精神创造，"只有当具备作诗的原因、材料时才有诗作出来"[③]，这样，费尔巴哈就在实践的含义上恢复了唯物主义的权威，把实践、生活与精神生产联系起来。但是费尔巴哈的精神生产理论有其局限性，把实践理解为人本主义和自然主义的实践，他把抽象的人作为精神生产的主体，把精神生产是看作人的本质的异化与复归。

综上所述，在马克思主义产生之前，黑格尔和费尔巴哈关于精神生产方面的思想就蕴含着许多积极的、合理的因素，构成了马克思精神生产理论的重要来源。马克思正是通过批判黑格尔走向费尔巴哈，再由费尔巴哈而走向科学的精神生产理论的。

（二）马克思精神生产理论的经济学渊源

在人类思想史上，资产阶级古典经济学家是最早系统探讨精神生产理论的学派，如亚当·斯密、李斯特、施托尔希等都从经济学的角度对精神生产进行了探讨，他们的研究主要集中在以下几个方面。

---

[①]［德］费尔巴哈：《费尔巴哈哲学著作选集》上卷，荣震华、李金山译，商务印书馆1984年版，第346页。
[②]［德］费尔巴哈：《费尔巴哈哲学著作选集》上卷，荣震华、李金山译，商务印书馆1984年版，第331页。
[③]［德］费尔巴哈：《费尔巴哈哲学著作选集》上卷，荣震华、李金山译，商务印书馆1984年版，第54页。

# 第一章 中国文化产业价值取向的理论基础：马克思精神生产理论

1. 精神劳动者是生产劳动者

18世纪末19世纪初，第一次工业革命如火如荼，资本主义的生产力获得了极大的发展。正是在这种社会背景下，精神劳动者和精神劳动开始被纳入资产阶级经济学家的视野，资产阶级古典经济学家认识到了精神劳动对国民财富增长的重要性，对否定精神劳动的观点进行了反驳。如亚当·斯密指出演员、教师都是生产劳动者，都创造利润。李斯特在《政治经济学的国民体系》一书中，批判了把交换价值作为唯一研究对象的错误观点：养猪的是生产劳动者而教育家却不是，口琴制造者的劳动具有生产性质而大作曲家的劳动却不具备生产性质。因此，在李斯特看来，"青年人和成年人的教师、作曲家、音乐家、医师、法官和行政官也是生产者"[1]。

李斯特还认为精神生产和物质生产一样，都是国家财富的来源，把一个国家的发展仅仅局限于物质资本方面是不正确的，"一千年以来在科学与艺术、国家与社会制度、智力培养、生产效能这些方面的进步"[2]，极大地促进了国民财富的增长。俄国资产阶级经济学家施托尔希在其经典著作《政治经济学教程》中明确将生产分为物质生产和精神生产，认为精神生产是生产劳动，是增加国民财富的重要手段。施托尔希对精神生产的论述，肯定了精神生产作为生产劳动，但是由于其阶级局限性，"不是历史地考察物质生产本身，他把物质生产当作一般的物质财富的生产来考察"[3]。

2. 物质生产与精神生产的均衡发展

精神生产和物质生产之间的关系非常复杂，二者都是社会生产的有机组成部分，相互促进、平衡发展。施托尔希明确提出原始的内在财富使用频率越高，其价值就能得到更大限度的实现，内在财富的生产是国民财富增加的有力手段。李斯特在《政治经济学的国民体系》

---

[1] ［德］弗里德里希·李斯特：《政治经济学的国民体系》，陈万煦译，商务印书馆1961年版，第127页。

[2] ［德］弗里德里希·李斯特：《政治经济学的国民体系》，陈万煦译，商务印书馆1961年版，第123—124页。

[3] 《马克思恩格斯全集》第33卷，人民出版社2004年版，第346页。

一书中认为物质生产和精神生产是相辅相成、相互促进的。精神生产的成就愈大,物质财富的产量愈大;物质财富愈多,精神生产就能更好地推进。李斯特还认为物质生产和精神生产保持平衡和协调是国家和社会健康发展的前提,物质生产和精神生产发展不平衡则会导致国家"越来越糊涂"和社会的"畸形状态"。资产阶级经济学家的这些思想,他们看到了精神生产具有生产劳动的一面,并且承认精神生产是增加国民财富的重要手段,对马克思精神生产理论具有重要的影响。

尽管以黑格尔为代表的德国古典哲学家和以李斯特为代表的资产阶级经济学家非常重视精神生产的研究,并为此作出了很多有益的探索,但囿于其本身的阶级局限性和唯心主义、形而上学的视域,他们还不能从整体上和本质上来把握精神生产的科学内涵,导致他们对精神生产的研究还存在重大的缺陷,必然陷入了片面性、抽象性、简单化和绝对化。

## 二 马克思精神生产理论的形成过程

在马克思主义产生以前,古典哲学家和资产阶级经济学家对精神生产的论述尽管有着不可避免的局限性,然而他们的思想为马克思探讨精神生产理论奠定了一定的基础。马克思就是在坚持继承他们思想的合理成分的基础上,创立了科学的精神生产理论。马克思精神生产理论的形成大致可以分为三个阶段:初创阶段、基本确立阶段、深化和完善阶段。

(一) 初创阶段(1844—1845年)

马克思在这一时期的代表作主要有《1844年经济学哲学手稿》(1844)(以下简称《手稿》)和《神圣家族》(1845)。这一时期,由于马克思受到了费尔巴哈人本主义思想的影响,抛弃了黑格尔的极端唯心主义,批判了资产阶级经济学家从"物"的角度来研究精神生产的局限性和黑格尔"绝对精神"为主体的精神生产思想,将黑格尔"头足倒置"的精神生产理论重新拨正了过来。

在《手稿》中,马克思已经将精神生产范畴明确纳入自己的研究

## 第一章　中国文化产业价值取向的理论基础：马克思精神生产理论

视野，马克思先后提到了"精神创造""精神享受"①"精神生活"②"精神食粮"③等相关论述。在"异化劳动"一节中，马克思虽然并没有提出精神生产的概念，但是已经指出自然界就是人们进行精神生产的客体，为提供精神食粮而对自然科学和艺术对象进行加工的过程，也就是精神生产的过程。在"共产主义"一节中，马克思指出"宗教、家庭、国家、法、道德、科学、艺术等等，都不过是生产的一些特殊的方式，并且受生产的普遍规律的支配"④。在这里，马克思不仅把精神生产当作是社会生产的一部分来看待，而且指出了精神生产的普遍规律。在《手稿》中，马克思还指出了精神生产领域和物质生产领域一样产生了异化，资本成为精神生产的统治力量，"它能吃，能喝，能赴舞会，能去剧院，它能获得艺术、学识、历史珍品、政治权力"⑤。这表明，马克思已经放弃了黑格尔哲学立场，看到了精神生产受物质生产的普遍规律的支配，马克思精神生产理论初见雏形。

在《神圣家族》一书中关于论述精神生产的阐释更加丰富，如"精神实质"⑥"精神产品"⑦"精神作品"⑧"精神财富"⑨"精神优势"⑩"精神活动"⑪等概念相继被提出和使用。在该书中，马克思首次提出"精神生产"概念，把在《手稿》中提到的一些概念，诸如宗教、道德、艺术等一些特殊的生产方式，直接规定为精神生产，并且对精神生产的普遍规律展开进一步阐释，明确指出了产品价值取决于生产该产品所需要的劳动时间这一规律不仅适用于物质生产，而且

---

① 《马克思恩格斯全集》第3卷，人民出版社2002年版，第233页。
② 《马克思恩格斯选集》第1卷，人民出版社2012年版，第56页。
③ 《马克思恩格斯选集》第1卷，人民出版社2012年版，第55页。
④ 《马克思恩格斯全集》第3卷，人民出版社2002年版，第298页。
⑤ 《马克思恩格斯文集》第1卷，人民出版社2009年版，第227页。
⑥ 《马克思恩格斯文集》第1卷，人民出版社2009年版，第285页。
⑦ 《马克思恩格斯文集》第1卷，人民出版社2009年版，第289页。
⑧ 《马克思恩格斯文集》第1卷，人民出版社2009年版，第270页。
⑨ 《马克思恩格斯全集》第1卷，人民出版社2009年版，第309页。
⑩ 《马克思恩格斯文集》第1卷，人民出版社2009年版，第354页。
⑪ 《马克思恩格斯文集》第1卷，人民出版社2009年版，第354页。

适用于精神生产。

　　这一时期，马克思的精神生产理论初步形成，精神生产概念明确提出，精神生产的主体、精神产品价值等思想论述更加明确，这表明马克思已经基本摆脱黑格尔唯心主义的立场，但是马克思的唯物史观仍处于形成过程中，尚未完全摆脱费尔巴哈人本主义影响。马克思所讲的人仍是从人和动物区别的"类"的角度来阐发的，是脱离了一定社会关系的抽象的人，仍然带有"类本质"的特征，"每一个领域都是人的一种特定的异化"，"道德""宗教""哲学"等都是人的本质的异化的存在方式，这些局限性的克服是在《德意志意识形态》中完成的。

　　（二）基本确立阶段（1845—1846年）

　　在《关于费尔巴哈的提纲》（1845）和《德意志意识形态》（1846）中，马克思比较系统地阐述了精神生产的基本思想，探讨了精神生产的主体、概念和物质性原则，建立了精神生产理论的基本轮廓，并且将精神生产建立在唯物史观的基础之上。在这一时期，马克思完成了从以费尔巴哈为中介批判黑格尔，到以批判费尔巴哈为中介架构新的世界观的转变。马克思的精神生产观点主要体现在以下几方面。

　　1. 科学界定了精神生产主体

　　马克思从实践的唯物主义出发，批判了费尔巴哈抽象的人本主义，把精神生产的主体界定为处在一定生产力和一定生产关系制约下的"现实的人""从事实际活动的人"。由于费尔巴哈并不了解实践，他对精神生产主体的理解成一般的"'人'，而不是'现实的历史的人'"[1]，"停留在抽象的'人'，并且仅仅限于在感情范围内承认'现实的、单个的、肉体的人'"[2]。在《关于费尔巴哈的提纲》中，马克思批评了费尔巴哈抽象的人本主义，"人们是自己的观念、思想

---

[1]《马克思恩格斯选集》第1卷，人民出版社2012年版，第155页。
[2]《马克思恩格斯选集》第1卷，人民出版社2012年版，第157页。

# 第一章　中国文化产业价值取向的理论基础：马克思精神生产理论

等等的生产者，但这里所说的人们是现实的、从事活动的人们"①，人是社会的产物和实践的产物，精神生产就是社会关系在思想领域的体现。

**2. 明确了"精神生产"的概念**

在《德意志意识形态》（以下简称《形态》）中，马克思继承了《手稿》中关于精神生产的合理思想，明确了"精神生产"的概念。精神生产不仅是社会生产的特殊方式，而且是全面生产的一部分，还进一步将精神生产内涵分为两个方面，"思想、观念、意识的生产……表现在某一民族的政治、法律、道德、宗教、形而上学等的语言中的精神生产也是这样。"② 在这里，马克思不仅给精神生产下了一个明确的定义，而且论述到精神产品的内涵：思想、观念、意识与政治、法律、道德、宗教等。在这篇著作里，马克思把现实社会中的人确定为精神生产的主体，并放在一定的社会关系中来考察，又在对精神生产和物质生产关系深入分析的基础上，给予精神生产以科学的界定。

**3. 深化了对精神生产的阶级性的认识**

在论述精神产品的阶级属性时，马克思得出了物质生产的性质决定精神生产性质的著名论断。在阶级社会里，精神生产的主体既不是黑格尔"绝对精神"，也不是费尔巴哈的"自然的人"，而是掌握物质生产资料的统治阶级。在《形态》第一卷第一章中，马克思用专门一节来论述"意识的生产"，指出："支配着物质生产资料的阶级，同时也支配着精神生产资料"，"占统治地位的思想不过是占统治地位的物质关系在观念上的表现，不过是以思想的形式表现出来的占统治地位的物质关系"③。这样，马克思就阐明物质生产资料与精神生产资料、精神生产资料与思想生产之间的关系，对精神生产的阶级倾向性也进行了考察。统治阶级不仅支配物质生产资料，而且支配着精

---

① 《马克思恩格斯选集》第 1 卷，人民出版社 2012 年版，第 152 页。
② 《马克思恩格斯选集》第 1 卷，人民出版社 2012 年版，第 151 页。
③ 《马克思恩格斯选集》第 1 卷，人民出版社 2012 年版，第 178 页。

神生产资料，统治阶级的思想也就理所当然地在社会中占据支配地位。在资本主义社会中，资产阶级往往抹杀阶级对立的事实，使他们的精神思想凸显出超阶级性的特点，表现为："赋予自己的思想以普遍性的形式，把它们描绘成唯一合乎理性的、有普遍意义的思想。"①

4. 考察了精神生产的物质性原则

"所谓精神生产的物质性原则，是指精神生产中的物质决定作用。"② 精神生产中的物质性原则包括两条：一是物质生产对精神生产的决定作用；二是要从物质生产出发考察精神生产的发展变化。一方面，马克思把精神能生产作为物质生产的产物，指出："'精神'从一开始就很倒霉，受到物质的'纠缠'，物质在这里表现为震动着的空气层、声音，简言之，即语言。"③ 马克思确立了精神生产的唯物主义原则，即物质生产的生产方式是人类的第一个历史活动，它是基础性的、本原性的，决定了精神生产性质和表现形式。因此，不是从精神出发来考察实践，而是从"直接生活的物质生产"来考察精神生产。另一方面，作为精神生产的主体，处在一定生产力和生产关系制约下从事活动的现实的人，是在进行物质生产事件活动的过程中来改变自己思维的。

（三）深化和完善阶段（1848—1875 年）

这一时期是马克思精神生产理论的深化和完善时期，在这一时期代表作有：《共产党宣言》（1847—1848）、《〈政治经济学批判〉导言》、《政治经济学批判》（1859）、《资本论》（第 1 卷）、《哥达纲领批判》（1875）、《剩余价值理论》等。马克思对精神生产的研究进一步深化和完善：一是对资本主义历史条件下精神生产的具体特点进行了翔实的分析；二是对精神生产的基本原理进行了丰富和深化。

1. 对资本主义条件下精神生产的特点进行了深入的分析

第一，精神生产具有商品生产属性。在资本主义条件下，精神生

---

① 《马克思恩格斯选集》第 1 卷，人民出版社 2012 年版，第 180 页。
② 吴元庆、周世中：《论马克思精神生产理论的渊源及其形成过程》，《社会科学家》1986 年第 1 期。
③ 《马克思恩格斯选集》第 1 卷，人民出版社 2012 年版，第 161 页。

## 第一章　中国文化产业价值取向的理论基础：马克思精神生产理论

产的目的是交换而获取利润，精神生产是"复杂的劳动"，精神生产变成一种职业，精神生产者是高级劳动者。马克思在《剩余价值理论》中进一步指出了精神生产与资本主义生产的内在关系，"连最高的精神生产，也只是由于被描绘为、被错误地解释为物质财富的直接生产者，才得到承认，在资产者眼中才成为可以原谅的"①。

第二，精神生产具有世界性。在资本主义条件下，由于资本的不断对外扩张和资本家对利润的追逐，资本主义生产方式具有开放性的特点，从而使一切国家精神生产和精神消费具有世界性的特点。马克思在《共产党宣言》中指出："资产阶级，由于开拓了世界市场，使一切国家的生产和消费都成为世界性的了……物质生产是如此，精神的生产也是如此。各民族的精神产品成了公共的财产。民族的片面性和局限性日益成为不可能，于是由许多种民族的和地方的文学形成了一种世界的文学。"②

2. 进一步阐释马克思精神生产理论的基本原理

第一，分析了精神生产的性质。在《资本论》中，马克思指出能够创造价值的劳动就是生产劳动，精神生产的目的不是自身的消费，而是为了交换以实现剩余价值。因此，精神生产具备了商品生产的属性，例如一个演员只要被资本家雇用并且创造价值，他就是生产劳动者。马克思还区分了生产性劳动和非生产性劳动，"演员对观众说来，是艺术家，但是对自己的企业主说来，是生产工人"③。

第二，明确了精神产品的分类。在《剩余价值理论》中，马克思根据精神产品的形态将精神生产分为两类，第一类是有形的独立的形态，如马克思提到的"离开生产者和消费者而独立的形态"④，如书法、绘画等艺术作品；第二类是无形的依附于人的形态，马克思所提到的"产品同生产行为不可分离"⑤，如表演艺术家、演说家、演员

---

① 《马克思恩格斯全集》第33卷，人民出版社2004年版，第348页。
② 《马克思恩格斯选集》第1卷，人民出版社2012年版，第404页。
③ 《马克思恩格斯选集》第2卷，人民出版社2012年版，第873页。
④ 《马克思恩格斯选集》第2卷，人民出版社2012年版，第872页。
⑤ 《马克思恩格斯选集》第2卷，人民出版社2012年版，第872页。

等。在这里马克思不仅分析了精神产品的两种形态，实际上还指出了精神生产的两种形式：第一种精神产品可以被物化，具备独立存在形态，如作家、画家的精神生产成果，这类精神产品的生产能够以物质形态的方式呈现并且被世代保存。第二类是精神生产不可以被物化，精神成果不具备独立存在形态，如歌唱家、表演家、演员从事的精神活动等，这类精神价值的生产不能被物化，精神生产一旦停止，精神产品也即不复存在。

第三，阐释了精神生产和物质生产的辩证关系。首先，物质生产决定精神生产。马克思在《共产党宣言》中，提出了"精神生产随着物质生产的改造而改造的"著名论断。在《剩余价值理论》中进一步指出精神生产性质由一定的社会结构和人对自然的一定关系这两者决定。在《〈政治经济学批判〉导言》中，马克思将物质生产比喻为"普照的光"，"它决定着它里面显露出来的一切存在的比重"[1]。在这里，马克思明确指出，物质生产对精神生产的决定作用是历史的、具体的，在不同社会历史条件下具有不同的表现形式。因此，要把握精神生产的性质和一定社会历史条件下的精神生产方式，就必须把它放在一定社会历史条件下去考察。其次，精神生产反作用于物质生产。精神生产不仅是社会意识的生产，而且是科学技术的生产，它们与社会生产越来越紧密地结合在一起，其中人类自觉的精神因素参与着社会本身的形成与发展过程，对社会生产起着越来越重要的促进作用。马克思在《资本论》中论述精神生产和物质生产的关系时，强调了精神生产的反作用。马克思曾明确指出：物质生产力的发展进步，"部分地又可以和精神生产领域内的进步，特别是和自然科学及其应用方面的进步联系在一起"[2]。在这里，马克思指出了物质生产和精神生产发展的不平衡关系。马克思认为物质生产精神生产的发展不成比例，二者之间的关系呈现不平衡的关系，精神生产的发展具有相对独立性。"关于艺术，大家知道，它的一定的繁盛时期决不是同

---

[1] 《马克思恩格斯选集》第2卷，人民出版社2012年版，第707页。
[2] 《马克思恩格斯选集》第2卷，人民出版社2012年版，第452页。

第一章 中国文化产业价值取向的理论基础：马克思精神生产理论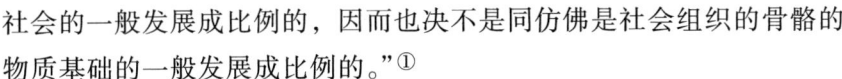

社会的一般发展成比例的，因而也决不是同仿佛是社会组织的骨骼的物质基础的一般发展成比例的。"①

## 第二节 马克思精神生产理论的科学内涵

### 一 马克思精神生产的本质解析

（一）社会的人的生产

马克思考察了资本主义的社会生产，指出："处于社会关系中的人本身，总是表现为社会生产过程的最终结果。"② 因此，精神生产作为社会生产的一部分，不仅仅是构建社会的意识形态，而且是塑造由一定的智慧、思想、观念和知识等武装起来的人，其本质是社会的人的生产。

首先，精神生产将人和动物区别开来。诚然，劳动、制造工具等社会属性完成了由"自然人"向"社会人"的飞跃，但是贯穿于其中的，那就是人类的精神属性。马克思认为，人与动物的根本区别在于，人是"有意识的存在物"③，"一旦人开始生产自己的生活资料，即迈出由他们的肉体组织所决定的这一步的时候，人本身就开始把自己和动物区别开来"④，在这里，马克思已经指出了人的精神属性、精神生产是人所特有的生活方式和存在方式，是唯一能够将人和动物区别开来的本质要素。事实上，没有精神的存在，就没有精神支配下的人类有意识的劳动，就不可能改造自然界，也就没有人类物种本身。随着人的精神力量的不断壮大，"精神生产使人日益降低其动物性而提升人性，使人从动物界中最终脱离出来，成为真正意义上的社会的人。"⑤

其次，精神生产不断提升人性，促进人的全面发展。在精神生产

---

① 《马克思恩格斯选集》第2卷，人民出版社2012年版，第710页。
② 《马克思恩格斯选集》第2卷，人民出版社2012年版，第791页。
③ 《马克思恩格斯选集》第1卷，人民出版社2012年版，第56页。
④ 《马克思恩格斯选集》第1卷，人民出版社2012年版，第147页。
⑤ 刘云章：《马克思主义精神生产研究》，学苑出版社2011年版，第72页。

· 25 ·

过程中，人们不仅按照"人的尺度"和"物的尺度"改造自然界，而且人们有意识地"按照美的规律"来塑造人本身。在《1844年经济学哲学手稿》中，马克思特别提到精神生产的"属人"的社会性方面。马克思从与任何动物的相区别的角度把精神生产理解为"全面生产"的一部分，是"不受肉体需要的支配也进行"的生产，是人的"真正的生产"，"懂得按照任何一个种的尺度来进行生产，并且懂得处处都把内在的尺度运用于对象"①，是"按照美的规律来构造"的生产。"艺术对象创造出懂得艺术和具有审美能力的大众——任何其他产品也都是这样。因此，生产不仅为主体生产对象，而且也为对象生产主体。"②马克思在某种程度上已经看到了精神生产与人的本质属性之间的内在联系，指出了精神生产就是完善人的本质，实现人的全面发展。马克思认为，社会生产（包含精神生产）就是"培养社会的人的一切属性，并且把他作为具有尽可能丰富的属性和联系的人，因而具有尽可能广泛需要的人生产出来"③。培养全面发展的"理想人"也是马克思精神生产理论的一个基本思想。

（二）阶级社会中的精神生产是占统治地位的社会关系的生产

人们在进行精神生产的同时，不仅仅是生产了精神产品，而且生产了社会关系。在精神生产中，人们不仅生产了思想、科学、艺术等精神产品，而且还以观念形态、思想关系的形式生产着自己的社会关系。正如马克思在《致安年柯夫》的信中指出："适应自己的物质生产水平而生产出社会关系的人，也生产出各种观念、范畴，即这些社会关系的抽象的、观念的表现。"④精神生产作为社会生产的一种形式，其目的并不仅仅是生产出精神产品本身，而是通过人们在精神生产中所处地位、精神生产资料的占有方式、精神产品的分配与消费等再生产出与一定社会经济形态相适应的社会关系。

精神生产与物质生产在本质上是一致的。马克思在《剩余价值理

---

① 《马克思恩格斯选集》第1卷，人民出版社2012年版，第57页。
② 《马克思恩格斯选集》第2卷，人民出版社2012年版，第692页。
③ 《马克思恩格斯选集》第2卷，人民出版社2012年版，第715页。
④ 《马克思恩格斯选集》第4卷，人民出版社2012年版，第415页。

## 第一章 中国文化产业价值取向的理论基础：马克思精神生产理论

论》中分析了精神生产的决定因素，指出了精神生产的两个决定因素，第一个因素就是人与自然之间的关系；第二个因素就是人与人之间的社会关系，包含物质的社会关系、思想的社会关系等。在阶级社会中，精神生产是占统治地位的社会关系的生产。精神生产不仅生产了精神产品，而且还生产了他们在思想、科学、艺术等活动中的关系。"思想的社会关系"是精神生产的产物，是一定的物质的社会关系的反映，它是联通经济基础与上层建筑关系的中介和桥梁。精神生产关系包括人们在生产中的地位和作用、对精神生产资料的占有关系以及精神产品分配和消费中形成的关系。在精神生产关系中，马克思首先强调了"精神生产资料"的占有情况，指出了物质生产资料的占有关系对精神生产资料的占有关系的支配地位，它决定了精神生产的性质、结构、表现形式和社会功能。马克思和恩格斯对此有过精辟的论断："占统治地位的思想不过是占统治地位的物质关系在观念上的表现，不过是以思想的形式表现出来的占统治地位的物质关系。"[1]这实际上指出，人们在精神生产中的不同的地位和关系归根结底是由物质生产资料的占有关系决定的。这也就形成了垄断生产资料的统治阶级的思想变为该时代占统治地位的思想的社会机制，这是我们了解"思想的社会关系"的基本出发点。

此外，在阶级社会里，统治阶级对精神生产的支配地位还体现在精神产品的分配关系上。精神产品的分配关系是由精神生产资料的占有关系决定的，统治阶级垄断了精神生产资料，也就控制了精神产品的分配方式。在资本主义社会里，资产阶级和知识分子垄断了社会的精神生产资料，也就控制了精神产品的分配权和享用权，而普通民众由于不占有精神生产资料，则与精神产品的生产、享用或消费无缘。马克思在《德意志意识形态》指出："他们还作为思维着的人，作为思想的生产者进行统治，他们调节着自己时代的思想的生产和分配：而这意味着他们的思想是一个时代的占统治地位的思想。"[2]

---

[1] 《马克思恩格斯文集》第 1 卷，人民出版社 2009 年版，第 550 页。
[2] 《马克思恩格斯文集》第 1 卷，人民出版社 2009 年版，第 551 页。

## 二 马克思精神生产的一般特征

与物质生产相比较,精神生产具有一般生产的质的联系和规定性,但是作为一种特殊的社会生产方式,它与物质生产有着根本的差异。它主要是运用脑力进行的精神劳动,即精神生产主体运用大脑思维机能对精神思想材料进行观念加工创造出观念产品的社会生产运动。从精神生产的内容、过程、意义来看,精神生产有着自己的特征,主要表现在以下几个方面。

(一)精神生产产品具有观念性特点

精神生产是一种脑力劳动,即人们利用大脑机能和物质手段生产和创造思想体系和意识形式的观念形态的生产活动。无论是思想、观念和意识,还是政治、法律、道德、宗教等社会意识,都反映了人们为取得精神生活资料而进行的对于自然和社会的观念活动,是在精神领域中观念地改造对象世界和创造新的观念世界的生产,其中观念性是精神生产的根本特征。马克思认为,所谓精神生产不外乎就是物质关系在特定历史条件下的观念形态的反映,马克思在批判普鲁东的错误观点时指出:"普鲁东先生更不了解,适应自己的物质生产水平而生产出社会关系的人,也生产出各种观念、范畴,即这些关系的抽象的、观念的表现。"[①] 在这里,马克思阐明了物质生产、精神生产和社会关系的生产三者之间的关系,揭示了精神生产的本质属性,即精神生产是思想关系的生产,是在物质关系的基础上形成和发展起来的,是物质关系的抽象的、观念的表现。

(二)精神生产的自觉性

马克思认为,"一个种的整体特性、种的类特性就在于生命活动的性质,而自由的意识的活动恰恰就是人的类特性"[②]。精神生产是人类自由自觉的创造活动,自觉性是精神生产的本质和灵魂,精神生产的本质内涵就是生产者通过大脑并借助一定的物质手段来自由地创

---

[①] 《马克思恩格斯选集》第4卷,人民出版社2012年版,第415页。
[②] 《马克思恩格斯文集》第1卷,人民出版社2009年版,第162页。

## 第一章　中国文化产业价值取向的理论基础：马克思精神生产理论

造观念形态产品。精神生产的自觉性可以从三方面来理解，首先是指精神生产的自主性，这主要体现在精神生产者在创作过程中按照自身的意向和需要自主地发挥自己的精神创造能力，而不受外界条件的限制，自由地表达自己的思想和感情，从而使精神产品呈现出生产主体的个性和风格，这是自觉性的首要内容。精神生产者可以根据自己的志趣、爱好、知识结构等，自由地选择生产内容，充分表达自身的意识倾向。正如马克思所指出的那样："人们是自己的观念、思想等等的生产者"[①]，"按照任何一个种的尺度来进行生产，并且懂得处处都把内在的尺度运用于对象"[②]。这就使得精神产品必然体现出生产者对世界、人生的独特见解和态度，渗透和反映着生产者的思想和情感。精神生产者还可以自由地运用生产工具和技术手段对精神生产对象进行观念改造和创造新的精神产品。精神生产的过程就是对思想资料加工创造，使这些思想资料发生观念或理论的改变，形成理论的或艺术的精神产品。精神生产者不能自主运用这些物质手段和精神手段也就不能顺利进行精神生产和最终创造出精神产品。所以，精神生产者运用手段进行观念加工的过程，实际上就是精神生产者自主活动的过程，精神生产者的自主选择和自主活动始终贯穿着精神生产的全过程。其次是指精神生产的目的性，这主要表现在精神生产者的劳动是自觉的、有计划的活动。马克思在《资本论》中指出了劳动的这一特性："劳动过程结束时得到的结果，在这个过程开始时就已经在劳动者的表象中存在着，即已经观念地存在着。"[③] 再次是指精神生产的限制性。精神生产的自觉性并不是指精神生产是随心所欲的，不受任何自然和社会条件的制约。精神生产除受到一定社会的生产力发展水平的限制外，还要受到社会环境、政治因素等条件的制约。马克思曾把科学、艺术活动叫作"可以自由支配的时间"内的活动，也就指出了精神生产活动的自由的相对性。人类科学文化的繁盛时期，往

---

[①] 《马克思恩格斯文集》第1卷，人民出版社2009年版，第524页。
[②] 《马克思恩格斯全集》第3卷，人民出版社2002年版，第274页。
[③] 《马克思恩格斯选集》第2卷，人民出版社2012年版，第170页。

往是政治民主、学术自由的时期。在精神生产中,只有给生产者提供宽松、和谐、自由的创造环境,才能使其充分发挥积极性、主动性和创造性,创造出更多更好的精神食粮。

### (三)精神生产具有意识形态性

精神生产与意识形态具有内在的一致性。精神生产产品是属于上层建筑的观念领域,是由占统治地位的物质关系决定的。精神生产的内容也是由一定社会的经济关系决定的,而其中最核心的因素是生产资料所有制关系、利益关系、阶级关系。一定社会条件下从事精神生产的主体总是处于特定的意识形态的氛围之中,精神生产活动不可能脱离当时的经济基础和政治上层建筑,精神生产总是反映和反作用于社会的经济和政治,所以意识形态性是精神生产的本质特征之一。正如马克思在《德意志意识形态》中所指出的那样:"统治阶级的思想在每一时代都是占统治地位的思想。"① 因此,精神生产不是自由的创造,总是受到一定阶级或阶层的利益的制约,作为哲学、道德、法律、政治等只能是具有意识形态性的精神生产。恩格斯在强调报刊的意识形态性时指出:"绝对放弃政治是不可能的;因为主张放弃政治的一切报纸都在从事政治。"② 因此,精神生产不仅仅是理论问题,而且是现实的政治问题。作为阶级社会中社会存在反映的精神产品总是体现出特定阶级的政治立场和价值观念,都具有鲜明的阶级性,每一种精神产品总是对与自己异质的社会现实采取批判态度,对与自己同质的经济和政治现实的维护起到正效应。

### (四)精神生产具有继承性

精神生产不仅是融合创新,而且需要继承积累。精神生产的继承性是指精神生产者继承前人积累下来的精神资料,对之批判分析,综合创新。继承是创造的前提,创造是在继承前人已有成果基础上的发展。每一时期的精神生产都是在不断批判、继承前人精神成果的基础上而发展和完善的,历史上精神产品唯有不断积累才能形成人类精神

---

① 《马克思恩格斯选集》第1卷,人民出版社2012年版,第178页。
② 《马克思恩格斯选集》第1卷,人民出版社2012年版,第178页。

第一章　中国文化产业价值取向的理论基础：马克思精神生产理论

文化的宝库。马克思主义正是在对德意志古典哲学、资产阶级经济学家思想扬弃的基础上发展起来的。马克思主义认为，每个深刻变革的时代都需要继承前人基础上的反映该时代要求的精神生产思想，"所有这些体系都是以本国过去的整个发展为基础的，是以阶级关系的历史形式及其政治的、道德的、哲学的以及其他的后果为基础的。"① 因此，任何有价值的精神产品不仅可以满足那个时代人的精神文化需要，而且还可以传承、弘扬，在一定程度上成为后代人的精神食粮。精神生产产品的价值在使用过程中不仅不会消耗掉，而且随着思想的传承而不断发展和丰富。一般意义上的个体的精神生产产品不会随着个体的消亡而消亡，反而会成为其他人进行精神生产的条件，为后代的人提供用以借鉴、启发的精神思想源泉。正如恩格斯所说："每一个时代的哲学作为分工的一个特定的领域，都具有由它的先驱传给它而它便由此出发的特定的思想材料作为前提。"②

（五）精神生产产品的公共产品属性

精神产品是人类创造的精神财富，在本质上属于全体人类，具有共享性。私人产品具有竞争性和排他性，不能为多人占有使用。而精神产品像公共产品一样，在消费过程中具有共享性和非排他性特点，同一种精神产品可以由多位消费者同时获得享用，而不影响其他人的消费。物质产品存在归谁占有、归谁享用的问题，但是精神产品的产权不会随产品的转移而转移，没有失去产权的情况下，别人也可以占有、分享。正因为如此，精神产品才是属于全人类的共有财富，而且享有的人越多，创造的财富也越多，其社会功能便表现得越充分。

精神产品的无国别性。马克思在谈到资本主义的发展趋势时指出："各民族的精神产品成了公共的财产。民族的片面性和局限性日益成为不可能，于是由许多种民族和地方的文学形成了一种世界的文学。"③ 随着全球化进程的加速和人类社会文明程度的提高，精神产

---

① 《马克思恩格斯全集》第3卷，人民出版社1960年版，第544页。
② 《马克思恩格斯选集》第4卷，人民出版社2012年版，第612页。
③ 《马克思恩格斯文集》第2卷，人民出版社2012年版，第35页。

品的这种公共属性将会越来越明显地表现出来。精神生产的无国别性取决于交往扩展的情况,"只有当交往成为世界交往并且以大工业为基础的时候,只有当一切民族都卷入竞争斗争的时候,保持已创造出来的生产力才有了保障。"①

### 三 马克思精神生产的规律

#### (一)精神生产的普遍规律

在《1844年经济学哲学手稿》中,马克思对精神生产规律做了初步的阐述:精神生产是"生产的一些特殊的方式,并且受生产的普遍规律的支配"②。这个"普遍规律"是什么,马克思没有做进一步的详细论述。这一"普遍规律"应该是物质生产和精神生产共同遵循的规律,可以从社会发展的一般规律和价值规律来理解。

1. 社会发展的一般规律

众所周知,社会发展具有自身的规律性,社会发展的规律有一般与特殊之分,其中社会发展的一般规律是指在一切社会都普遍发生作用的规律,包含了生产力与生产关系、经济基础与上层建筑的运动规律。经济基础决定上层建筑,生产关系要适应生产力的状况,科学地揭示了社会发展的一般规律,这些社会发展基本规律从根本上制约着精神生产的发展演变。作为社会生产的特殊方式,精神生产只有把它放到生产力与生产关系、经济基础与上层建筑的社会关系中考察,才能完全把握精神生产的起源、发展和兴衰沿革。

马克思在论述精神生产时指出,物质资料的生产方式是人类社会发展和变革的最根本力量,是社会发展的物质承担者,决定了社会阶级结构、意识形态、律令制度等,是人类进行其他一切活动的首要前提。恩格斯指出:"正像达尔文发现有机界的发展规律一样,马克思发现了人类历史的发展规律,即历来为繁芜丛杂的意识形态所掩盖着的一个简单事实:人们首先必须吃、喝、住、穿,然后才能从事政

---

① 《马克思恩格斯选集》第1卷,人民出版社2012年版,第188页。
② 《马克思恩格斯全集》第3卷,人民出版社2002年版,第298页。

## 第一章 中国文化产业价值取向的理论基础：马克思精神生产理论

治、科学、艺术、宗教等等。"① 这不仅表现在物质资料的生产方式决定着精神生产的结构、内容、性质，而且还表现为物质生产方式的变化决定着整个精神生产的发展变化，精神生产随着物质生产力水平的发展而提高。马克思指出："思想、观念、意识"和"政治、法律、道德、宗教"等形式的精神生产是与"物质交往"交织在一起的，是物质关系的产物。物质生产不仅决定着精神生产的发展演变，而且决定着精神生产的性质和内容。马克思在《剩余价值理论》中进一步指出：一定的社会结构和人对自然的一定关系决定了精神生产的性质。"社会结构"即社会的经济基础，它决定了精神生产的性质、方向问题，为谁生产，为谁服务；"人对自然的一定关系"，即社会生产力，它决定了一定社会的精神生产所需要的物质基础和技术水平。随着物质生产方式的不断变革，生产关系也发生根本性的变革，精神生产的性质也随之改变。随着物质生产力的发展进步，精神生产大致经历了三个阶段：原始社会虽经历三次社会分工，但是精神生产和物质生产尚未分化；奴隶社会和封建社会在社会分工为基础上，物质生产和精神生产发生分化，但尚未形成独立的精神生产阶段；资本主义社会精神生产成为独立的社会生产。

2. 价值规律

在资本主义生产关系下，资本介入精神生产领域，精神生产出现了部分商品化的趋势。马克思指出："宗教、家庭、国家、法、道德、科学、艺术等等，都不过是生产的一些特殊的方式，并且受生产的普遍规律的支配。"② 精神生产是"生产的一些特殊的方式"，是社会生产的一部分，理应像马克思所说的那样"受生产的普遍规律的支配"，而"生产的普遍规律"则是指物质生产的普遍规律，如价值规律、价格规律、供求规律等。张曾芳等认为，"价值规律就是这种'生产的普遍规律'之一，它对于社会化的物质生产和精神生产普遍地发挥作用。在文化产品的生产、流通和消费过程中，价值规律的作

---

① 《马克思恩格斯文集》第3卷，人民出版社2009年版，第601页。
② 《马克思恩格斯全集》第3卷，人民出版社2002年版，第298页。

■■■ 中国文化产业发展的价值取向研究

用具体表现为：文化生产受到供求机制、价格机制和竞争机制的强烈影响，等价交换原则、赢利最大化原则不以人的意志为转移地渗透到文化生产过程中并进一步影响到文化生产方向、效率和文化生产者的行为选择。"①

价值规律是市场经济条件下内在于商品生产的客观经济规律，它是商品生产和交换中不以人的意志为转移的客观必然性，不仅是物质生产领域的普遍规律，而且在精神生产领域也发挥重要作用。精神产品的价值问题是马克思精神生产理论的核心问题，精神产品的价值形成具有其特殊性，对"社会必要劳动时间"的界定也就更加复杂。关于精神产品的价值问题，马克思早有论述，认为"对脑力劳动的产物——科学——的估价，总是比它的价值低得多，因为再生产科学所必要的劳动时间，同最初生产科学所需要的劳动时间是无法相比的，例如学生在一小时内就能学会二项式定理。"② "在一定的生产条件下，人们能准确地知道，做一张桌子，需要多少工人，制成某种产品，需要劳动量应多大。许多'非物质产品'的情况却不是这样。这里，达到某种结果所需要的某种劳动量多大，和结果本身一样，要靠猜测。"③ 虽然说精神生产具有唯一性和独创性的特点，其价值形成具有复杂性和不确定性的特点，但是这并不能否定精神生产也受到价值规律的制约。

马克思通过对"生产劳动"和"非生产劳动"的分析，指出商品经济条件下精神生产依然属于"生产劳动"范畴，也要遵循商品交换的一般规律。马克思指出："在直接的物质生产领域，确定某物品是否应当生产，即确定这种物品的价值，这主要取决于生产该物品所需要的劳动时间。因为社会是否有时间来实现合乎人性的发展，就取决于时间。甚至精神生产也是如此。如果我想合理地行动，在确定某种精神作品的规模、结构和计划时，难道我不必考虑生产该作品所

---

① 张曾芳、张龙平：《论文化产业及其运作规律》，《中国社会科学》2002 年第 2 期。
② 《马克思恩格斯全集》第 37 卷，人民出版社 2019 年版，第 268 页。
③ 《马克思恩格斯全集》第 33 卷，人民出版社 2004 年版，第 326 页。

## 第一章　中国文化产业价值取向的理论基础：马克思精神生产理论

必需的时间吗？"① 对此，于光远认为，"生产非实物形态产品的劳动也是生产劳动，这种产品也具有使用价值和价值"。"作为科技成果的价格，是货币形态的价值物；科技成果取得过程所消耗的物资是价值物，科技员劳动报酬是价值物；他们消费的生活资料是价值物；运用这项科技成果所取得的经济效益是价值物；某些简单科技成果也可能不止一家来研究，也可能发生竞争，其中也有价值规律起作用的问题；科技成果在得到应用、取得效益过程中所消耗的劳动也会转移到物质产品的价值中去……"② 刘诗白认为，文化品是特殊商品，"作为商品的文化产出物，我们称之为文化品，或文化商品，它具有一般商品的二重属性：使用价值和价值。""在文化品作为商品生产和交换的体制下，上述生产主体的社会劳动耗费——主要是智力和情感力的耗费——'凝结''体现'和对象化于文化品中，成为文化品固有的价值实体或内在价值。在竞争性较充分的文化生产领域，由抽象人类劳动构成的价值实体，通过文化生产的'成本'范畴，对从较长时期看的文化产品市场价格变动起着制约作用。"③

可见，价值规律在精神生产商品化过程中起着重要的作用，资本主义是商品经济最发达的社会形态，资本主导了精神生产的全过程，价值规律在资本主义精神生产中起着决定性作用，"它把医生、律师、教士、诗人和学者变成了它出钱招雇的雇佣劳动者"④，"连最高的精神生产，也只是由于被描绘为、被错误地解释为物质财富的直接生产者，才得到承认，在资产者眼中才成为可以原谅的"⑤；在社会主义社会，精神生产商品化的过程中取得文化产业的现代形式，价值规律、竞争和供求规律等市场经济规律在资源配置中起重要作用，精神生产也要遵循"生产、分配、交换、消费"这样一个商品生产的普遍规律，正如周恩来所指出的那样"物质生产的某些规律，同样适用

---

① 《马克思恩格斯文集》第1卷，人民出版社2009年版，第270页。
② 于光远：《科技成果的商品化和价格形成》，《经济研究》1985年第10期。
③ 刘诗白：《论现代文化生产》（上），《经济学家》2005年第1期。
④ 《马克思恩格斯选集》第1卷，人民出版社2012年版，第403页。
⑤ 《马克思恩格斯全集》第33卷，人民出版社2004年版，第348页。

于精神生产"①。由于文化产品是一种特殊的商品,"文化产品具有潜在的精神价值和商品交换价值的两重性,在文化产品的生产和消费过程中有可能造成两种效益的分离和两种价值的倒挂"②,因此,中国文化产业发展必须"坚持马克思主义在意识形态领域的指导地位,坚持社会主义先进文化前进方向,坚持把社会效益放在首位、社会效益和经济效益相统一,既遵循社会主义先进文化发展规律,又体现社会主义市场经济要求"③,这也就决定了文化产业发展"不能不受价值规律的调节和影响,但由于它具有与物质产品各不相同的特点,因而价值规律发生作用的范围和程度有所不同"④。

（二）精神生产的特殊规律

马克思认为,精神生产有其特殊的一方面,具有内在的"文明要素的生产规律",即"美的规律"。

在精神生产领域中,不仅价值规律发挥基础性作用,而且"美的规律"同样发挥基础作用。马克思在《1844 年经济学哲学手稿》中提出,"动物只是按照它所属的那个种的尺度和需要来构造,而人却懂得按照任何一个种的尺度来进行生产,并且懂得处处都把固有的尺度运用于对象；因此,人也按照美的规律来构造。"⑤ 马克思从人与动物相区别的角度来考察精神生产,把精神生产理解为"不受肉体需要也进行"的生产,是人的"真正的生产",是按照"美的规律来建造"的自由自觉的创造。在这里,马克思提出了两个尺度,即种的尺度、内在的尺度和"美的规律"等重要范畴,牵涉到了真、善、美的内涵和精神生产本身的特有规律,即合规律性和合目的性的统一加上形式美的规律。它们是人类社会实践特有的规律,是精神生产特有的规律,同时也构成了美的规律的基本内涵。"内在的尺度"不仅包

---

① 《周恩来选集》（下）,人民出版社 1984 年版,第 328 页。
② 陈立旭：《论文化产品的社会效益和经济效益》,《中国社会科学》1998 年第 5 期。
③ 文化和旅游部：《"十四五"文化产业发展规划》,文旅产业发〔2021〕42 号,2021 年 4 月 29 日。
④ 陈天绶：《初学集》,福建人民出版社 2004 年版,第 9 页。
⑤ 《马克思恩格斯选集》第 1 卷,人民出版社 2012 年版,第 57 页。

含了合规律性的"真"、合目的性的"善",还要具备与真、善内容相符的美的要素,这是按照美的规律来建造的完整含义。其中,真就是客观事物的本质规律,它包含了自然规律和社会历史发展的规律;善是指对人类整体发展来说有益的功利,对社会发展和全面进步有促进作用;美,则是指"在实践中真、善的生动形象的体现,它是一种以真善为基础的更高层次和更高境界的东西"①,具有对人类潜移默化的教化作用。因此,精神生产是一种包含着人类丰富的审美经验和审美思想的生产活动,是一个合目的性和合规律性的生产过程,是真、善、美的统一。

"美的规律"是人类进行精神生产活动所遵循的最高规律,在于主体的实现,这是人类本性的发展使然。美是人的本质丰富性的对象化,自我本质力量的复现和审美观照。人一要生存,二要发展,三要完善,成为全面发展的人。这就要求人们按照美的规律来改造客观世界,创造出更加美好的未来。在价值规律大行其道之时,精神生产不应迷失自己的创造本性,更不能违背美的规律。

## 第三节 马克思精神生产理论的经济价值与精神价值评判

同物质产品一样,精神产品因能够满足人们的精神文化生活需要而具有价值。但是精神产品的价值问题比较复杂,与物质产品有所不同,其复杂性在于精神产品价值具有两重性,即经济价值与精神价值。经济价值主要是指商品所包含的人类的一般劳动。而精神价值则主要是从哲学的角度来考量的,是指客体对主体需要的满足。在研究精神产品时,纯粹从经济学的角度难以完全把握精神产品的价值要义,也难于完全避免"用对钱袋的影响来衡量每一种活动的意义"②。马克思的精神生产理论是立足于资本主义社会生产的现实,"关注精

---

① 陈代湘:《人类自由与"美的规律"》,《湘潭大学学报》2000年第6期。
② 《马克思恩格斯全集》第33卷,人民出版社2004年版,第349页。

神生产由历史上非经济的精神现象向资本主义社会的经济现象转变的历史过程"①，因此，对精神生产要综合运用马克思主义的经济学价值原理和哲学的价值论进行辩证分析才能作出符合客观历史的正确解释。

## 一 马克思精神生产的经济价值探析

精神生产的经济价值主要是指在市场经济条件下，精神产品以一定的物化形态作为载体并"部分地采取商品的形式"②，在市场中具有了交换价值。我们知道，商品的价值由生产该商品所需要的社会必要劳动时间所决定，它包含了人类的一般劳动。精神产品具有商品属性，与物质产品一样具有价值和使用价值，同样服从于"等价交换"法则的支配。

（一）精神生产的商品属性

马克思对资本主义条件下的精神生产进行了深入的探讨，认为精神生产是社会生产的一部分，精神劳动是生产剩余价值的劳动；精神产品具备商品的主要特征，是使用价值和价值的统一；精神产品的价值构成有其复杂性。

1. 精神劳动是"生产劳动"

马克思指出：精神劳动分为两种：生产劳动和非生产劳动，两者之间的区别在于是否创造价值。"弥尔顿创作《失乐园》得到5镑，他是非生产劳动者"，但是"在书商指导下编写书籍的莱比锡的一位无产者作家却是生产劳动者"③。作家是生产劳动者，并不是因为他生产出观念，而是因为他使出版商发财；演员是生产劳动者，是因为他们创造了价值让老板发财。马克思的这一定义很明确，精神劳动只有在创造了剩余价值时才是生产劳动。在这里，马克思肯定了精神劳动是生产性劳动，并指出生产劳动具有两层含义：一是生产商品；二

---

① 刘云章：《马克思主义精神生产研究》，学苑出版社2011年版，第240页。
② 《马克思恩格斯全集》第6卷，人民出版社2009年版，第158页。
③ 《马克思恩格斯文集》第8卷，人民出版社2009年版，第406页。

## 第一章　中国文化产业价值取向的理论基础：马克思精神生产理论

是生产剩余价值。在资本主义市场经济条件下，精神生产已经具备"生产劳动"的基本特征，以市场为导向，能够生产资本，带来利润，这就使精神产品具有了经济价值。马克思在对资本主义剩余价值生产过程中进一步考察了精神劳动与生产劳动的关系。马克思指出在资本主义生产条件下，有的人多用手工作，有的人多用脑工作，于是"劳动能力越来越多的职能被列在生产劳动的直接概念下，这些劳动能力的承担者也被列在生产工人的概念下，即直接被资本剥削的和从属于资本价值增值过程与生产过程本身的工人的概念下。"[①] 可见，马克思明确地将精神劳动划到生产剩余价值的劳动范围内。

马克思不仅肯定了精神劳动是生产性劳动，而且还探讨了精神劳动产品的两种表现形式。马克思在《剩余价值理论》中，指出了精神产品的两种存在形式：独立于生产者的精神产品、同生产行为不能分离的精神产品。马克思对资本主义时期的精神生产采取了不以为然的态度，认为"资本主义生产在这个领域中的所有这些表现，同整个生产比起来是微不足道的，因此可以完全置之不理"[②]。

2. 精神产品是使用价值和价值的统一

在马克思看来，任何社会的商品具有二因素，是使用价值和价值的矛盾统一体，具体劳动创造使用价值，抽象劳动创造价值。虽然精神生产是"生产的一些特殊的方式"，但是也"受生产的普遍规律的支配"，这也就决定了精神生产过程也是劳动过程和价值形成过程的统一，只不过是这种统一不能照搬经济领域的价值标准，因为精神劳动"表现为较高级的劳动，也就在同样长的时间内对象化为较多的价值"[③]，"社会劳动耗费——主要是智力和情感力的耗费——'凝结''体现'和对象化于文化品中，成为文化品固有的价值实体或内在价值"，"文化生产劳动的高熟练、高强度的性质，决定了文化产品中抽象人类劳动含量高，这是文化产品具有高内在价值的根本原因。"[④]

---

[①] 《马克思恩格斯文集》第8卷，人民出版社2009年版，第521页。
[②] 《马克思恩格斯选集》第2卷，人民出版社2012年版，第873页。
[③] 《马克思恩格斯全集》第44卷，人民出版社2001年版，第230页。
[④] 刘诗白：《论现代文化生产》（上），《经济学家》2005年第1期。

虽然说精神产品价值形成具有复杂性特点，但是并不能否认精神产品"具有一般商品的二重属性：使用价值和价值"①。

精神产品的使用价值是指精神产品能够满足人们精神文化需要的有用性，它包含了两层意思：一是精神产品本身的属性，二是这种属性能够满足人的需要。精神产品的使用价值属性多种多样，大体可以分为真、善、美三类，如科学的求真价值、道德的向善价值和艺术的臻美价值。精神产品的使用价值的目的在于满足人们的精神文化需求，提升民族文化素质，可以稳定社会秩序、提升社会文明程度。从使用价值来看，精神产品与物质产品有所不同，物质产品的使用价值的特性在于与物质产品不可分离，而精神产品的使用价值则始终是它的精神内容。虽然大多数精神产品具有物质载体，但是满足人的精神需要不是物质的外壳，而是蕴含其中的精神内容。物质产品的使用价值因消费而消失，精神产品精神价值却可以反复使用，并在使用中不断得到传承和弘扬。

精神产品的价值是指凝结在精神产品中抽象的人类劳动，这种劳动主要是以脑力劳动为主的复杂劳动，是较高级的劳动。精神产品是人类劳动的产物，它不仅要满足自身精神需要，而且要通过交换满足他人的精神文化需要，即凝结在精神产品中的劳动只有通过交换才能得到社会的承认。马克思在《政治经济学批判》里列举了一个精神产品和物质产品交换的例子，"1卷普罗佩尔提乌斯诗歌集和8盎司鼻烟可以是同一交换价值，虽然烟草和哀歌的使用价值大不相同。作为交换价值，只要比例适当，一个使用价值和另一个使用价值完全同值。"② 精神产品之所以具有交换价值，因为它凝结了一定量的无差别的人类劳动，即抽象劳动的凝结。

3. 精神产品的经济价值构成

精神产品作为人类劳动的产物，具备商品的一般属性，其基本的逻辑在于进入市场获得交换价值的属性。精神产品的经济价值是由所

---

① 刘诗白：《论现代文化生产》（上），《经济学家》2005年第1期。
② 《马克思恩格斯全集》第31卷，人民出版社1998年版，第421页。

## 第一章　中国文化产业价值取向的理论基础：马克思精神生产理论

消耗的社会必要劳动决定的，主要由以下三项构成。

第一，所蕴含的精神内容的劳动价值构成了精神产品的核心价值。精神内容价值是指精神生产过程中智力劳动所创造的价值。同物质产品一样，精神内容的价值也是由社会必要劳动时间决定的，社会必要劳动时间越长，精神内容的价值就越大。在谈到精神劳动力价值时，马克思指出："比社会的平均劳动较高级、较复杂的劳动，是这样一种劳动力的体现，这种劳动力比普通劳动力需要较高的教育费用，它的生产花费较多的劳动时间，因此它具有较高的价值。"① 马克思认为，精神劳动是复杂劳动，是多倍的简单劳动，精神劳动在形成过程中需要花费较多的时间，付出较高的费用。精神劳动不仅需要群体共同协作，而且需要在传承的基础上进行创新，这样耗费的精神劳动量是相当多的，因而精神劳动价值大大高于简单劳动创造的价值，精神内容价值也就构成了精神产品价值的核心部分。

第二，物质载体的价值是精神产品的形式价值。精神产品作为观念形态是无形的，它必须依托一定的载体才能生产和流通。不论是科技产品、文艺作品还是社科成果都有一定的物质载体。物质载体是精神产品的外在形式，如书籍、报刊、电视剧等，它们必须依赖一定的物质载体才能进行交换、流通和消费，如果不出版、不演出，我们很难欣赏到它的精神内容，它就不是价值物。精神产品的物质载体价值表现为外在体现价值，即实物载体的价值。只有它取得了物质形态——出版成书，拍成电视剧，才能流通和消费，当精神产品取得物质载体，便成为价值物，成为商品。

第三，附加价值是精神产品的突出价值。这里我们强调的是由精神产品的直接引导、促动所产生和带来的额外价值。也许任何产品都有一定的附加值，但精神产品的附加值注定成为其价值组合不可分割的部分，并且得到广泛认同。比如拍摄电视剧《康熙王朝》时的皇城相府，继 2013 年"五一"旅游收入高居山西榜首之后，皇城相府旅游持续火爆，门票收入突飞猛涨。皇城相府如此有名，除去自身的

---

① 《马克思恩格斯全集》第 44 卷，人民出版社 2001 年版，第 230 页。

历史文化底蕴之外，最主要是得益于多种形式的宣传，如《陈廷敬》《陈廷敬与皇城相府》等传记，其中影响最大的就是电视连续剧《康熙王朝》的拍摄。这个景区带来的旅游收益、品牌价值、就业价值、家庭旅社收入、旅游商品收入等的暴增，都是电视剧《康熙王朝》的附加价值。

4. 精神产品经济价值的衡量标准：经济效益

精神产品具有商品的一切主要特征，也是为了交换而生产，这就决定了精神产品的生产必须讲究经济效益。精神产品的经济效益是精神产品经济学意义上的价值实现，是精神生产顺利进行的前提和条件。精神生产在产业化过程中对象化为价值，由此创造出价值物，并通过交换，实现其经济效益。在资本主义社会，整个社会生产的根本目的就是最大限度地追逐剩余价值和高额利润，精神生产也不例外，也必须服从于社会"商业发展的迫切需要"。正如马克思所指出的那样："连最高的精神生产，也只是由于被描绘为、被错误地解释为物质财富的直接生产者，才得到承认，在资产者眼中才成为可以原谅的。"[①] 在马克思看来，资本主义精神生产完全屈从于资本的逻辑，表现为以直接追逐经济利润为最高目的，其生产特性和经济属性充分彰显，作家、诗人和学者不仅仅是从事创造性劳动的精神生产者，同时也成为以追求利润为目的的商品生产者，"资产阶级抹去了一切向来受人尊崇和令人敬畏的职业的神圣光环。它把医生、律师、教士、诗人和学者变成了它出钱招雇的雇佣劳动者。"[②] 经济价值的存在是一个历史范畴，社会主义国家的精神生产也要以市场为导向，面向市场进行生产和消费，必须考虑消费者的文化需求，追求必要的经济效益，这也是衡量精神生产的一个重要指标。

（二）精神产品价值具有复杂性特点

第一，精神产品是复杂劳动的产物。无论是精神产品还是物质产品，其价值大小一般是由所凝结的社会必要劳动时间决定的，衡量商

---

[①] 《马克思恩格斯全集》第33卷，人民出版社2004年版，第348页。
[②] 《马克思恩格斯选集》第1卷，人民出版社2012年版，第403页。

第一章　中国文化产业价值取向的理论基础：马克思精神生产理论

品价值量的劳动是以简单劳动为尺度的。精神生产是一种复杂劳动，劳动者必须具有丰富的知识积累和高度的创造意识，是一种高度知识化的复杂劳动，精神产品是复杂劳动的结晶。马克思曾经说过，"比较复杂的劳动只是自乘的或不如说多倍的简单劳动，因此少量的复杂劳动等于多量的简单劳动。"① 在精神生产中无论是自然科学技术发明还是文学、艺术、法律等社会科学成果的创造，都不是一般的简单劳动所能完成的，而是复杂劳动。甚至在许多情况下表现为投入量极大、独创性极高的复杂劳动，其劳动主体都经历过专门的教育培训，支出的劳动量有时难以用确切的数量来衡量，精神产品的价值量的衡量具有复杂性。正如马克思所指出的那样："在一定生产条件下，人们能准确地知道，做一张桌子，需要多少工人，制成某种产品，需要劳动量应多大。许多'非物质产品'情况却不是这样。这里达到某种结果所需要的某种劳动量多大，和结果本身一样，要靠猜测。"②

第二，精神产品的价格和价值相背离。精神产品的价值一部分是物质载体的价值，可以用社会最必要劳动时间来确定；而另一部分是精神内容所耗费的劳动量，难以用社会必要劳动时间来确定，它的交换价值的波动就很大。精神产品最终实现的价值与凝结于其中的劳动量不成正比，并非它包含的劳动量越多交换价值就越大，也并不是劳动量少交换价值就小。对此，马克思在《神圣家族》里曾分析道："真正的普鲁东认定'伊利亚特'具有无限的价格（或交换价值）；批判的普鲁东则断定它有无限的价值。真正的普鲁东把'伊利亚特'的价值，即它的政治经济学意义下的价值，同它的交换价值加以对比；而批判的普鲁东则把'伊利亚特'的'内在价值'，即它作为一首诗的价值，同它的'为交换的价值'加以对比。"③ 可见，精神产品交换价值难以估量，具有很大的不确定性，难以用衡量物质产品价值的方法来衡量精神产品的价值。马克思、恩格斯耗时近四十载创作

---

① 《马克思恩格斯全集》第44卷，人民出版社2001年版，第58页。
② 《马克思恩格斯全集》第33卷，人民出版社2004年版，第326页。
③ 《马克思恩格斯全集》第2卷，人民出版社1957年版，第58—59页。

的《资本论》所得报酬连抽雪茄烟的钱都不够;弥尔顿的《失乐园》只得了5英镑报酬,贝多芬每首曲子耗费近3个月所得报酬仅30—40杜拉。精神内容价值作为使用价值制约着精神产品的交换价值,但是交换价值往往不能准确反映精神产品的价值,这就使得精神产品的价值往往具有某种随意性,精神价值和交换价值相背离的情况大量存在。

## 二 马克思精神生产的精神价值探析

衡量物质产品价值的唯一客观尺度是交换价值,而精神产品除了具有商品价值以外还具有其内在的精神价值,这就决定了对其衡量除了交换价值尺度以外,还有其精神价值的衡量尺度即社会效益。在现代社会中,真正有创造性的精神产品价值是难以确定的,用交换价值来衡量的可能性就越小,用马克思的话来说,那就是"最有用的东西,例如知识,是没有交换价值的"[1]。因此,对精神生产进行内在的精神价值尺度的考量是必要的。

### (一)精神价值的本质内涵:真、善、美

经济学意义上的价值标准不能充分揭示精神产品的价值内涵,"专讲赚钱方法的科学"[2],而且也难以避免"用对钱袋的影响来衡量每一种活动的意义"[3]。精神产品是一种具有特殊作用,即"作用于人们的头脑的,渗透人们思想和心灵的社会产品"[4]。从哲学意义上讲,价值是客体对主体的意义,即"客体的存在、作用及它们的变化对于一定主体需要及其发展的某种适合、接近或一致"[5],或者进一步讲,价值是客体对主体的积极效应。精神产品,作为人类精神劳动的结晶,曾经被马克思称为我们"享用和消化的精神食粮"[6]。同物

---

[1] 《马克思恩格斯全集》第42卷,人民出版社1979年版,第254页。
[2] 《马克思恩格斯全集》第2卷,人民出版社1957年版,第565页。
[3] 《马克思恩格斯全集》第33卷,人民出版社2004年版,第349页。
[4] 董立人:《精神产品社会价值及其生产导向研究》,清华大学出版社2007年版,第99页。
[5] 李德顺:《价值论》,中国人民大学出版社1987年版,第13页。
[6] 《马克思恩格斯文集》第1卷,人民出版社2009年版,第161页。

## 第一章　中国文化产业价值取向的理论基础：马克思精神生产理论

质生产相比，精神生产的根本目的不是体现在其商品属性上，不是为了实现其交换价值；精神生产的根本目的在于其精神价值，首先应该体现在精神属性上，即满足人们对知识、道德、信仰、审美、真理等一系列的精神需要，从而实现人们对真、善、美的价值追求和"对人的自由精神、人的崇高性或者说人性本身的表现与提升"[1]。

精神价值可以分为认识价值、道德价值、艺术价值和宗教价值等，这些价值又可以归结为真、善、美的统一。真、善、美的统一是人类社会追求的理想目标，这是精神产品精神价值区别于物质产品的本质内涵。

精神产品是人的思想的凝练与结晶，首先满足了人们认识客观世界本质和规律的需求，它具有"真"的价值，即认识价值，是主体和客体的高度统一。认识价值在于其客观性和真理性，它能够实事求是地反映客观世界和主观世界。真、善、美是统一的，其中最基本的就是"真"。精神产品的根本价值就是"真"，如果没有"真"的价值，精神产品也就不配享有"精神食粮"的美名。马克思也曾经说过"精神的实质始终就是真理本身"[2]，"精神的谦逊总的说来就是理性，就是按照事物的本质特征去对待各种事物的那种普遍的思想自由"[3]。如果精神产品反映了人们对客观世界的科学认识，满足了人们正确把握客观世界的本来面目和本质规律去认识世界和改造世界的需求，它就具有"真"的精神价值。科学、文学、道德、艺术等，其根本的价值就在于"真"，就在于反映社会真实情况、世界发展的本质规律。事实证明，精神产品越是能客观地、正确地反映客观存在，即越是具有"真"属性，就越能满足人的求知欲望和文化需求。

精神产品不仅符合求真而且要引导向善。"善"，在哲学意义上就是对符合一定社会的道德原则和规范的行为的肯定性评价，是指"事

---

[1] 黄力之：《马克思主义与资本主义文化矛盾》，河南大学出版社 2010 年版，第 132 页。
[2] 《马克思恩格斯全集》第 1 卷，人民出版社 1995 年版，第 111 页。
[3] 《马克思恩格斯全集》第 1 卷，人民出版社 1995 年版，第 112 页。

物及人的言行后果达到了同社会关系和人的社会需要高度一致"①。"善"的精神价值，或者说社会功利价值是指精神产品要有一定的思想深度，能够营造良好的社会道德环境，给人以启迪和教育，提升人们的精神境界和道德水平。狭义的"善"仅指行为的合道德性，广义的"善"是指以主体尺度为基础的主客体统一状态。精神产品越是包含着积极、健康、向上、诚信、友善等优秀元素，就越能增强人们的价值判断力和道德责任感，推动社会形成奋发向上、崇德向善的积极力量。然而，"善"是有阶级倾向性的，任何社会的精神产品的"善"的表现都与其社会制度的价值取向一致，是从属于一定社会的经济基础和社会上层建筑的，具有时代性和阶级性的特点。恩格斯指出："善恶观念从一个民族到另一个民族、从一个时代到另一个时代变更得这样厉害，以致它们常常是相互直接矛盾的。"②

精神产品的艺术性在于臻美，对美的追求出自人的天性。精神生产是一种特殊的审美创造活动，精神产品通过具体形象的塑造来满足主体身心的"美感"需求，提升人们的精神情趣，并按照审美的原则再现社会生活，用美的感染力影响社会生活。这就决定了精神生产在现实发展过程中必须遵循美的规律，凭借审美创造赋予精神产品以美的形式和内容。马克思在论述异化劳动时论述了美和美的规律，"动物只是按照它所属的那个种的尺度和需要来构造，而人却懂得按照任何一个种的尺度来进行生产，并且懂得处处都把固有的尺度运用于对象；因此，人也按照美的规律来构造。"③ 人类在不断地按照美的规律发展和完善自身，发挥审美想象力和审美创造力实现对精神产品的美的创造，赋予精神产品以积极丰富的审美价值，不断满足人们的感官和精神的双重审美需求、引导大众审美品位的提升。

无论何种精神产品，其最根本的目的应该是满足人的精神需要，真、善、美的精神价值存在于各种精神产品之中，各种精神产品是

---

① 董立人：《精神产品社会价值及其生产导向研究》，清华大学出版社2007年版，第101页。
② 《马克思恩格斯选集》第3卷，人民出版社2012年版，第469页。
③ 《马克思恩格斯选集》第1卷，人民出版社2012年版，第57页。

第一章　中国文化产业价值取向的理论基础：马克思精神生产理论

真、善、美的存在形式，是它的物质载体，人们需要精神产品是为了享用其中的精神价值。真、善、美既相互区别，又相互贯通，求真、求善、求美内在地统一于精神生产和精神产品之中。求真是人类社会发展的内在原动力。真的、善的并非都是美的，但是美的都是真的、善的。真是善和美的基础，美是真和善的归宿。①

（二）精神价值衡量标准：社会效益

精神生产的商品化倾向，使它必须面对市场赢得利润，因此，经济效益成为衡量精神生产成败的重要标准。但是精神产品同一般的物质产品不同，它具有自身的特殊性，能够产生巨大的社会效益，因此对精神产品的价值衡量不能单纯地从经济效益的角度来看，否则就会导致精神生产陷入功利主义和拜金主义的泥潭。

精神生产本质上是一种自由自觉的创造活动，是人的本质力量的对象化，正如马克思所说，创作是"出于同春蚕吐丝一样的必要"，"天性的表现"②。它反映的是人与自然、社会的关系，主要指的是精神价值对人和社会所产生的影响和作用，即社会效益，这是衡量精神价值的标准和尺度。衡量精神价值，一定要看其社会效益。邓小平同志指出："思想文化教育卫生部门，都要以社会效益为一切活动的唯一准则。"③ 精神产品以社会效益为最高准则，这是由精神生产的特殊性决定的。精神生产在本质上属于社会意识形态的范畴，它能够影响人的精神世界，对人的价值观念、思想道德、科学文化素质起着重要的作用，对人类社会的发展进步起着巨大的推动作用，并且深深地反作用于上层建筑。这种特殊性决定了精神生产不能单纯依赖经济效益标准，而是以社会效益为首要标准。马克思说过"作者当然必须挣钱才能生活，写作，但是他绝不能为了挣钱而生活，写作。……诗一旦变成诗人的手段，诗人就不成其为诗人了。"④ 中国是社会主义国家，其精神产品必须把精神属性和促进社会发展的社会效益放在第一

---

① 陈代湘：《人类自由与"美的规律"》，《湘潭大学学报》2000年第6期。
② 《马克思恩格斯选集》第2卷，人民出版社2012年版，第862页。
③ 《邓小平文选》第3卷，人民出版社1993年版，第145页。
④ 《马克思恩格斯全集》第1卷，人民出版社1995年版，第192页。

位，甚至放在支配地位。

　　从社会效益的性质角度来区分，可以分为积极的社会效益和消极的社会效益。精神生产内容从本质上来说属于观念上层建筑，具有相对独立性的能动力量，能够反作用于经济基础，这种反作用既有积极又有消极：可能对经济及社会发展起推动作用，也可能起阻碍作用，由此决定了精神产品社会效益的积极和消极作用。精神产品对人和社会的精神需要满足程度越高，社会效益就越大；反之就越小，甚至是负效益。一般来说，体现真、善、美丰富内涵的精神生产品，就具有积极的社会效益。从积极的方面来看，非意识形态性的精神产品可以帮助人们更好地把握自然和社会发展的客观规律，使人获得知识、技能，提高实践能力，并满足自己的美感需要；意识形态性的精神产品具有价值导向功能，通过传播和消费，培养社会成员对国家和社会制度的认同感与归属感，从而维护国家和社会的统一与稳定；从消极的社会效益来看，由于精神生产受到经济利益的驱使，低级趣味和庸俗的精神产品不断得到生产和传播，社会还存在一些带有迷信、庸俗、颓废等色彩，甚至存在一些腐蚀人们精神世界、危害社会主义事业的有害产品。精神生产市场化是一柄双刃剑，它在推动社会发展进步的同时，也导致一部分人信仰缺失、价值观扭曲，拜金主义和享乐主义不断蔓延，这些精神垃圾对人的身心健康和社会的健康发展造成了很坏的影响。

### 三　马克思精神生产的经济效益与社会效益关系辨析

　　精神生产与物质生产相比具有特殊的属性和功能，其目的不仅在于实现经济效益，更深层次的目的在于发挥社会功能、实现社会效益。精神产品的双重价值及相互关系的复杂性，要求我们必须正确认识、妥善处理和准确把握精神生产的经济效益与社会效益的关系，在如何实现文化价值取向和市场价值取向之间的平衡，如何把社会效益放在首位，实现社会效益和经济效益的最佳结合等问题上都需要从理论上进行深入分析。探索社会效益和经济效益相协调是新形势下对马克思精神生产理论的新探索。

第一章　中国文化产业价值取向的理论基础：马克思精神生产理论

（一）社会效益和经济效益的统一性

在社会主义市场经济条件下，经济效益和社会效益是相辅相成、相互促进的，并在一定条件下相互转化。社会效益以经济效益为依托，经济效益以社会效益为目的和归宿，从长远趋势来看，经济效益和社会效益的有效结合是最理想的状态。

1. 社会效益以经济效益为依托

在市场经济条件下，商品生产要以市场需要为导向，进入市场的精神产品也不例外，没有经济效益，也就不能产生社会效益。购买优秀文化产品的人越多，文化市场规模越大，经济效益就越好，社会效益也就越广泛。精神生产的经济功能在于创造价值获取经济效益，为此就必须重视消费者的精神需求，尊重市场经济规律，以市场为导向组织生产；社会功能在于精神产品进入市场之后为更多的人所消费和享用，突出教化功能和社会责任感，起到提升精神素质和促进社会文明进步的作用。精神生产者以追求经济效益为原动力，通过产业化生产和商业化运作提高生产效率来满足人民群众日益增长的物质文化需要。如果精神生产效率低，不被消费者普遍认可，就不能形成具体的生产形态和丰富的传播方式，人民群众日益增长的精神文化需要也就失去了物质依托，更谈不上社会效益。从这个角度来看，精神产品的社会效益和经济效益是统一的，二者都必须以满足消费者精神需求为前提，得不到消费者认可和市场认同的精神产品是很难有社会效益的。经济效益好、精神价值高的精神产品，产品的教育和引导功能才能充分发挥出来，能够体现正确的世界观、价值观和人生观，引导人们对真、善、美的不断追求，并使人们的思想觉悟和精神内涵有所提升，最终会扩大教育和引导的受众面，也就能够获得较高的社会效益。

2. 社会效益是经济效益的目的和归宿

社会效益是衡量精神产品的最根本的价值尺度，精神生产的根本目的在于其社会效益，在于育人，在于促进人的自由而全面发展。精神产品由于其至真、至善、至美的核心精神价值所在，因此具有了认识功能、教育引导功能和审美功能，这也就构成了精神产品的社会效益。在市场经济条件下,我们发展精神生产,其目的固然是追求经济效益,但是精神产品是特殊的商品,具有精神价值和社会效益,这不是用金钱所能衡量的,因此,要在坚持将社会效益放在首位的前提下实现经济效益与社会效益的统一。社会效益与经济效益不仅不是对立的,社会效益蕴含了潜在的经济效益,更多更好的经济效益是与精神产品更佳的社会效果成正比的。精神产品应该在满足人们的多种需求中实现经济效益和社会效益的最佳结合,健康向上的精神产品是思想性、艺术性、科学性和商品性相统一的产品,既有受人们欢迎的精神内容,又有成熟的运作经验和广泛的市场价值。

(二) 社会效益与经济效益的矛盾性

在市场经济条件下,经济效益与社会效益也有相矛盾的一面。市场机制对精神生产来说是柄双刃剑,它既是促进精神生产发展的着力点,同时也带来了精神生产的负效应。从理论上来说,精神产品的经济价值与精神价值是成正比例关系的,精神价值含量高、社会效益好的精神产品其产生的经济效益应当是高的,但是事实并非如此。市场经济是功利经济,自身的运作逻辑决定了其功利性的价值取向的不断膨胀,最终导致了物质和精神的失衡,经济效益与社会效益的不断背离,产生了"搜奇猎艳、一味媚俗、低级趣味"[1] 的庸品、俗品甚至危险品。

在资本主义市场经济条件下,社会效益与经济效益从根本上来讲是相矛盾的。资本主义社会的精神生产是普遍异化的,最根本的特征就是精神生产的完全商品化,资本成了精神生产的实际统治者,利润成了精神生产的唯一动力。"资本主义生产就同某些精神生产部门如艺术和诗歌相敌对"[2],这是马克思对资本主义市场经济条件下精神生产的经典预判。在资本主义市场经济条件下,资本逻辑控制了文化逻辑,经济效益成为最高标准。马克思指出:"这个时期,像德性、爱情、信仰、知识和良心等最后也成了买卖的对象。这是一个普遍贿

---

[1] 《十八大以来重要文献选编》(中),中央文献出版社2016年版,第124页。
[2] 《马克思恩格斯全集》第33卷,人民出版社2004年版,第346页。

赂、普通买卖的时期，或者用政治经济学的术语来说，是一切精神的或物质的东西都变成了交换价值，并到市场上去寻找最符合它的真正价值的评价时期。"①

中国的社会主义市场经济既具有社会主义本质属性，又体现了市场经济的一般共性，这就决定了精神生产的社会效益与经济效益的关系在根本上一致的基础上也存在着相当程度的矛盾性。中国社会主义市场经济体制决定了经济效益与社会效益两者的关系在根本上是一致的，党领导文化建设的基本政策决定了我们能够实现经济效益与社会效益的有机统一。但是由于中国处于社会主义初级阶段，有的时候精神生产对经济效益和社会效益的追求是不一致的，是相矛盾的。一些精神价值较高的精神产品难以产生较高的经济效益，而一些精神价值低甚至有害品却给生产者带来较高的利润。社会效益与经济效益并非呈现出理想状态，而是出现了二律背反的现象。在这样的情况下，要坚持以社会效益为最高原则，对经济效益的追求服从于对社会效益的追求，这是由社会主义市场经济的本质属性决定的。

应当说精神生产是一种特殊的商品生产，马克思的精神生产理论与当今文化产业的发展具有某种意蕴上的相通性。马克思所讲的艺术规律与价值规律的问题，实际上就是涉及我们现在常说的社会效益和经济效益之间的关系问题。如果说以经济效益为首要目的，那就是要艺术规律服从于价值规律。反之，以社会效益为首要目的，就是要使价值规律服从于艺术规律。

## 第四节　马克思精神生产理论对中国文化产业发展的指导意义

我们讨论中国目前文化产业的发展状况，不能简单地套用马克思的一些具体论断，毕竟时代已经大不相同，但是马克思的精神生产理论与当今文化产业的发展具有理论上的相通和意蕴上的一致性，我们

---

① 《马克思恩格斯全集》第4卷，人民出版社1958年版，第79—80页。

可以基于当今的现实背景和时代特色，重新认识马克思的精神生产理论，以此来审视文化产业的发展，这对中国文化产业的发展具有重要的理论价值和启发意义。

## 一 文化产业：精神生产发展的现代形态

在精神生产历史上，直到资本主义社会以前，精神生产规模小，物化手段比较低，到了资本主义中后期，随着工业革命进展和科学技术的大幅进步，精神生产的专业化和市场化程度大大提高，文化与市场、科技的联系越来越密切，融合度、关联度越来越高，文化产业逐渐成为精神生产发展的现代形态。

### （一）文化产业的本质是精神生产

文化产业是人类精神生活领域的一次精神产业革命，现代文化产业的发展是马克思主义精神生产理论的生动体现，二者具有理论上的相通之处。文化产业是以精神产品生产和服务为主要内涵的产业，是现代的产物，批量化生产的结果。《中国大百科全书》认为精神生产就是"政治法律思想、道德、宗教、文学艺术、科学和哲学等精神产品的生产"，随着社会生产和社会分工的急剧发展，特别是20世纪70年代以来高科技产业的崛起，人类的精神生产活动与社会经济加速融合，文化领域发生革命性变革，精神生产转化为文化产业便应运而生。

在当代，文化产业是人类精神生产发展的现代形态，是精神价值"物化"形式，精神生产者通过精神劳动创造出精神价值，并通过一定的物质载体表现出来，这种物化的新形式就是文化产业。它是在现代社会化大生产条件下，以精神文化产品的生产和再生产的市场化、规模化方式，为人们提供多样化的文化产品和文化服务。自文化产业产生以来便有着同物质产业不同的特殊性，这就是以精神价值的生产为核心特征的属性。文化产业不是一般意义上的产业，它是有自己内在规律和本质特征的行业。文化产业首先是文化，然后才是产业。虽然离不开物质的外壳，但是在文化产业的价值链中，文化的精神价值始终处于核心地位，它是文化产业的商品价值的来源。无论哪个国家的文化产业，只要以内容生产为核心，就必然蕴含着一定的价值观

## 第一章　中国文化产业价值取向的理论基础：马克思精神生产理论

念、精神追求和道德标准，就是社会的思想关系的生产，就是对物质关系的抽象的、观念的表现，其实质就是精神生产。马克思指出："一个阶级是社会上占统治地位的物质力量，同时也是社会上占统治地位的精神力量。"[①] 文化产品所蕴含的价值观念和道德标准必然会对受众的价值追求产生潜移默化的影响，其内容积极向上，可以传承文化、凝聚民族精神；反之就会导致道德滑坡、思想混乱。没有高质量的、富有精神价值的文化内涵，再多的文化产品也没有实质意义，或者富有文化内容，但是不真、不善、不美的文化产品只能产生负功能，起到反作用，不仅不会满足人们的精神需求，而且会损害人们的价值观念和人文环境。只有文化产品中的精神价值处于饱满和积极向上的状态时，其商品属性和精神属性才会具有实际价值和实际意义。文化产品作为精神产品，其决定的价值意义取决于文化产品中的文化含量和精神意义，一部《西游记》之所以流芳百世，关键在于它的正确的精神属性和积极的文化价值。

（二）文化产业是精神价值物化的现实途径

早在19世纪，马克思就关注了精神生产的产业属性，"宗教、家庭、国家、法、道德、科学、艺术等等，都不过是生产的一些特殊的方式，并且受生产的普遍规律的支配。"[②] 精神生产与物质生产一样，都是生产劳动，都要遵循商品生产的"普遍规律"，换句话说就是都要受到"普遍规律"支配。在《1844年经济学哲学手稿》中马克思把艺术、文学理解为"工业本身的一个特殊部门，因为从前人类活动都是劳动，都是工业，都是本身已经异化的活动"，在这里马克思阐述剩余价值时，界定了生产劳动是被资本家所雇用，"为增加资本的价值才完成"。如在书商指示下编写书籍的作家和为了赚钱被剧院老板雇用的歌女等。在这里马克思已经指出了精神生产商品化的现实表现。马克思提出"精神生产"理论时，当时的精神生产并未成为一个产业，精神生产作为资本的生产只是局限在有限的规模和很小的范

---

① 《马克思恩格斯文集》第1卷，人民出版社2009年版，第550页。
② 《马克思恩格斯全集》第3卷，人民出版社2002年版，第298页。

围内,都对资本主义社会生产谈不上重要影响,是一种过渡的形式。因此,马克思在论述"非物质生产领域中的资本主义表现"时,指出精神生产同资本主义生产相比是微不足道的,可以完全置之不理。

但是,在马克思作出这样的论述之后,精神产业发展很快,精神生产已发展成为具有自己特殊结构和使精神产品物质化的特殊手段的社会生产领域。从当代精神生产的嬗变来看,"作为精神生产现代形态的文化产业与传统精神生产有重大差异,不仅在结构和质量上增添了新的内容,而且产生了功能性变化"[①]。现代科学技术为精神产品的物质化创造了前提条件,一部分精神产品借助物质载体取得和具有了有形的与物化的形态,正如马克思所说:"艺术和科学的一切产品,书籍、绘画、雕塑等等,只要它们表现为物,就都包括在这些物质产品中。"[②]当前,精神产品的物化主要是通过发展文化产业来实现的,是与现代大工业的发展并列而行的。随着20世纪科技革命深入开展,机械复制、电子传媒促使精神生产摆脱了固有的个人的限制,把曾经专属于少数人的精神产品转化为文化商品,并迅速地产业化,从而成为一个工业性的生产与再生产过程。精神产品越来越多地附着于多样化的物质载体,如电影、电视、唱片、录音、录像等。传统上的一二三产业都是随着物质生产力的发展、产业结构的不断升级而形成的不同产业形态,而文化产业只是现代精神生产的一部分,是精神生产力发展的必然产物,但是文化、精神内涵的生产和产品越来越离不开物质的载体和包装。市场经济条件下,文化产品的商品化是一种不可阻挡的潮流,文化产业已经成为一些国家和地区的支柱性产业,成为经济和社会发展的重要推动力量。恩格斯在论证科技的社会作用时指出"精神要素当然就会列入生产要素中"[③],马克思还着重论证了"一般社会知识"和"一般智力"转变为"社会实践的直接器官,作为实际生活过程的直接器官",就是精神要素转化为直接的社会生产力。[④]

---

[①] 谢名家:《文化产业:精神生产发展的现代形态》,《思想战线》2007年第1期。
[②] 《马克思恩格斯全集》第33卷,人民出版社2004年版,第158页。
[③] 《马克思恩格斯全集》第3卷,人民出版社2002年版,第453页。
[④] 《马克思恩格斯选集》第2卷,人民出版社2012年版,第785页。

第一章　中国文化产业价值取向的理论基础：马克思精神生产理论

在一些发达国家中，文化产业的产值成为国民经济中增长最快的产业，"2017年美国文化产业占GDP的比重为17%左右，日本达到20%，欧盟平均水平超过13%，发达国家无一例外文化产业占GDP的比重都是高于13%。"① 中国2020年文化产业产值达到44945亿元，占GDP的4.43%。文化产业作为一种新兴的产业，以现代科技为依托，从根本上改变了传统的文化形态和观念形态，文化产业作为文化有机体的综合反映，几乎囊括了精神生产相关的一切门类和产品，是文化领域的革命性变革。

## 二　马克思精神生产理论对异化现象批判的警示意义

拜物教就是对物的崇拜，商品拜物教就是商品这种物的崇拜。马克思很早就谈到了商品拜物教的问题，在《资本论》第一卷第一章第四节中对此曾有过生动的描述："例如，用木头来做桌子，木头的形态就改变了。可是桌子还是木头，还是一个普通的可以感觉的物。但是桌子一旦作为商品出现，就转化成一个可感觉又超感觉的物。它不仅用它的脚站在地上，而且在对其他一切商品的关系上用头倒立着，从它的木脑袋里生出比它自动跳舞还奇怪得多的狂想。"② 对商品的崇拜，并不是对于某一个别商品的崇拜，而是对作为商品的一般等价物货币的崇拜，马克思在《资本论》中应用了莎士比亚的话充分说明了货币的神秘力量。

莎士比亚在《雅典的泰门》中讲：

金子！黄黄的，发光的，宝贵的金子！
只这一点点儿，就可以使黑的变成白的，丑的变成美的，
错的变成对的，卑贱变成尊贵，老人变成少年，懦夫变成勇士。

---

① 刘元春：《文化强国目标下文化产业发展的三点思考》，http://icit.ruc.edu.cn/zx-dt/c240785f1a444e16b74fe3ade55f5ff8.htm。
② 《马克思恩格斯全集》第44卷，人民出版社2001年版，第88页。

> 吓！你们这些天神们啊，为什么要给我这东西呢？
>
> 嘿，这东西会把你们的祭司和仆人从你们的身旁拉走；
>
> 把健汉头颅底下的枕垫抽去；
>
> 这黄色的奴隶可以使异教联盟，同宗分裂；
>
> 它可以使受诅咒的人得福，使害着灰白色的癞病的人为众人所敬爱；
>
> 它可以使窃贼得到高爵显位，和元老们分庭抗礼；
>
> 它可以使鸡皮黄脸的寡妇重做新娘……
>
> 来，该死的土块，你这人尽可夫的娼妇……①

在资本主义条件下，商品、货币、资本代替王公贵族成了外在的凌驾于人之上的异己的力量，精神生产者拜倒在货币的脚下，精神生产对货币的追逐达到了最极致的状态，外在的价值规律和内在的"美的规律"相互距离越来越远，并不时地发生着冲突。"资产阶级抹去了一切向来受人尊敬和令人敬畏的职业的神圣光环。它把医生、律师、教士、诗人和学者变成了它出钱招雇的雇佣的劳动者。"② 在物质生产领域生产劳动变成了异化劳动，在精神生产领域，自由的精神生产被资本所驱使，现实化变为非现实化、对象化变为异化，正如马克思所指出的那样，"知识等等的创造，表现为从事劳动的个人本身的外化"③。

精神生产具有不同于物质生产的特殊性，它是人类特有的生命活动和存在方式，是人的自由全面发展的向度和需要。精神生产是社会意识的特殊形式的生产，精神生产的性质和目的不是由个别艺术家和作家所坚持的自由创作的天性决定的，而是由生产资料所有制的性质决定的。在资本主义社会生产系统中，生产的性质是生产资料的资本主义私有制的性质和资本积累的逻辑决定的，精神生产也不能脱离这

---

① 《马克思恩格斯全集》第31卷，人民出版社1998年版，第339页。
② 《马克思恩格斯选集》第1卷，人民出版社2012年版，第403页。
③ 《马克思恩格斯全集》第30卷，人民出版社1995年版，第540页。

## 第一章 中国文化产业价值取向的理论基础：马克思精神生产理论

个运行的轨道，精神产品与物质产品一样成为与生产者相对立的异己的力量，"只有创造的价值大于本身价值的劳动才是生产的"，因为只有创造剩余价值，才会转化为资本。这样，"势必会催生出一种以工业生产方式制造文化产品的行业，势必导致文化被资本所控制，势必导致使文化成为获取高额利润的手段，最终从本质和机制上破坏和消解艺术的独特性和审美性。"[1] 基于以上的判断，马克思尖锐指出："资本主义生产就同某些精神生产部门如艺术和诗歌相敌对。"

精神生产的异化效应必然带来一系列消极的社会效应。商品化趋势使得精神产品成了一种商业性存在，不再是人类的精神食粮，精神产品变成了谋求利益的工具，丧失了对人类价值的终极关怀。金钱目标的生产与自由性质的精神生产表现为整体而非局部的"相敌对"的关系。马克思将精神生产分为两类：一类是"春蚕吐丝"式的，另一类是"为赚钱而歌唱"。前者可以保持精神生产的自由本质，后者的自由本质难免被金钱所侵蚀。在致恩格斯的一封信中，马克思指出："职业诗，只不过是给最干瘪的散文式的词句戴上假面具。"[2]

毫无疑问，马克思敏锐地观察到了资本主义条件下精神生产的异化现象，并提出了"相敌对"这个命题。当今市场经济条件下文化产业的发展状况同马克思所讲的商品性的精神生产具有理论上的相通性，作为精神生产物化形式的文化产业只是改变了文化的生产方式和传播方式，并没有改变文化产业的本质属性——精神属性。文化产业发展的第一规律是文化规律，然后才是商品价值规律。应当承认文化产业是一种产业，应当考虑利润问题，但它是一种特殊的产业，如果靠牺牲文化艺术价值来换取商业利润，那就走上了邪路。不可否认，文化产业与生俱来的商业性在一定程度上会对文化生产造成干扰和损害。现阶段中国文化产业获得了快速的发展，在国民经济中逐渐趋向于支柱性产业地位，但是中国的社会主义市场经济体制并没有天然规

---

[1] 郑崇选：《马克思主义理论与都市文化的生产》，《华东师范大学学报》（哲学社会科学版）2008年第4期。

[2] 《马克思恩格斯全集》第32卷，人民出版社1974年版，第10页。

避市场经济负面作用的功能,精神生产中的异化现象依然存在,那些具有商品拜物教观念的文化生产者不屑于谈论文化艺术价值,以"三俗"和商业利润作为自己识时务的标榜。置身于社会主义市场经济中的文化生产者理应充分正视并积极回应这个"相敌对"的矛盾,在实施过程中使文化产业与艺术精神、经济效益与社会效益之间保持双赢,为中国文化产业的健康发展探索一种新的发展模式。

### 三　马克思精神生产理论对研究文化产业特殊性的启发意义

文化产业已经成为国民经济的一个重要部门,它和其他生产部门相比有何特殊性呢?毫无疑问,文化产业具有自己的特殊属性和特殊的发展规律。文化产业不仅具有与资本相交换的商品属性,而且具有不同于物质产品的特殊性——意识形态性。

文化产业的意识形态性源自文化属性,这是文化产业区别于物质产业的本质特征。文化具有教化的社会功能,有"人文教化"之意,"人"是前提,"文"是内容和基础,"教化"是规范和引导。同其他商品一样,文化产业生产的文化产品也具有使用价值和价值,其中使用价值是用它的文化内涵中的文化属性去满足消费者的需求,消费者接受和享用的是文化产品中的内容要素或精神要素。文化属性的功能主要体现在其社会效应上,江泽民同志指出:"精神产品又具有不同于物质产品的特殊属性,它的价值实现形式更重要地表现在社会效益上。"[①]

依据其文化属性,我们可以发现文化产业具有意识形态性,这是文化产业属性最根本的表现。文化是民族的血脉,人民的精神家园,从文化的内涵来看,它是价值观、是精神、是信仰、是道德、是审美,因而具有意识形态属性。物质产品没有意识形态性,我们从小麦的滋味中尝不出它是源于俄国的农奴还是英国的资本家,但是精神产品与物质产品不同,它总是反映特定阶级和集团的利益要求,从精神产品内涵上可以折射出特定阶级和阶层的政治信仰、价值观念、道德

---

① 《十四大以来重要文献选编》(上),人民出版社1996年版,第657页。

## 第一章 中国文化产业价值取向的理论基础：马克思精神生产理论

情操和生活方式，透视出不同制度、不同国家的人民的精神风貌和生活状况。因此，马克思在《德意志意识形态》中才有了如此论断："一个阶级是社会上占统治地位的物质力量，同时也是社会上占统治地位的精神力量。"马克思在"关于生产劳动和非生产劳动的理论"一章中对精神生产的意识形态属性再次精辟论道："一旦资产阶级有了足够的教养，不是一心一意从事生产，而是也想从事'有教养的'消费；一旦连精神劳动本身也愈来愈为资产阶级服务也越来越为资本主义生产服务；——一旦发生了这些情况，事情就反过来了。这时资产阶级从自己的立场出发，力求'在经济学上'证明它从前批判过的东西是合理的。"[1] 应该说，马克思的上述论断表明，他已经把握住了精神生产与物质生产的基本关系，对于精神生产的特殊性——意识形态性给予了明确的论述。

马克思对于精神生产特殊性的论述对于我们了解文化产业的多重属性具有重要启示。文化产业是文化与经济的有机融合体，既是生产形态，又是文化形态，具有经济和文化双重属性，集经营性和公益性于一身的特殊产业。在两种属性中，经济属性是普遍属性，文化属性是特殊属性。对于物质生产，人们研究比较多。而对于精神生产的研究，则重视不够，相关研究明显不足，对于文化生产的特殊性没有引起足够的重视，因而对于文化产业价值取向可能出现的偏离不可能有真正的认识。

文化生产属于社会意识形态范畴，文化产品具有较强的意识形态属性，在任何一个社会中，文化生产反映谁的意志，符合谁的意愿，为谁服务的问题都是不可回避的。在当代西方发达国家，文化产业也越来越多地渗透着价值观念、思维方式和娱乐方式等，我们不能小看一部美国大片、一部动画片、一张光盘，甚至可口可乐、音乐等都无孔不入，"现在纸质媒体已经变成美国富豪手中的玩具，他们将利用报纸来达到个人的政治目的。"[2] 可见，在所谓的资本主义"自由"

---

[1] 《马克思恩格斯全集》第33卷，人民出版社2004年版，第365页。
[2] 《美国纸媒恐沦为富豪玩具》，《参考消息》2013年8月21日第8版。

国家，文化生产也不是听凭人意的自由生产，而是由资产阶级的代言人直接管制和主导的。

当前，文化产业得到蓬勃发展，文化没有真正繁荣，归根究底在于对文化产业的特殊性没有充分重视，"两个效益"没有得到有机统一。在文化产业发展过程中，充分发挥文化引领风尚、教育人民、服务社会、推动发展的功能，我们必须充分考虑到文化产业的文化属性的特殊要求，不能一味强调文化产业的经济属性，而忽视其中的文化属性和意识形态性。文化产业是内容产业，文化是文化产业的根本，应该充分重视具有核心竞争力的文化的生产，对文化产业的意义价值、文化的传播规律和文化产业的发展规律的认识还需要进一步深化。如果在市场化进程中放弃或弱化文化的引领功能，文化产业就有可能误入歧途，人们对于社会主义核心价值观的认同，文化产业发展的价值取向对社会主义生产目的的偏离、物质生产同化精神生产的机制等问题就难以得到有效的解决。

## 四 马克思精神生产理论对文化产业发展价值取向的借鉴意义

社会主义市场经济条件下，中国现阶段文化产业发展的特殊国情决定了其意蕴多维、价值取向多样的发展现状。资本的逐利性和文化的非功利性迫切要求我们以理性的眼光重新审视当前中国文化产业发展的多维价值意蕴，为文化产业的发展提供强有力的思想保障和智力支持。

### （一）文化产业发展的价值取向是历史的具体的

马克思指出：只有在一定的社会历史条件下，才能够"既理解统治阶级的意识形态组成部分，也理解这种一定社会形态的自由的精神生产"[1]，还指出"如果物质生产本身不从它的特殊的历史的形式来看，那就不可能理解与它相适应的精神生产的特征以及这两种生产的相互作用。"[2]

从马克思论述可以看出，对精神生产的考察应该坚持历史的标

---

[1]《马克思恩格斯全集》第33卷，人民出版社2004年版，第346页。
[2]《马克思恩格斯全集》第33卷，人民出版社2004年版，第346页。

## 第一章 中国文化产业价值取向的理论基础：马克思精神生产理论

准，对不同时代、不同国家、不同民族的精神生产难以作出此优彼劣的价值判断，评判精神价值的绝对尺度是没有的。在中世纪，欧洲是一个黑暗的社会，科学成为宗教的奴婢；在中国虽然创造了灿烂的思想文化，但却成为封建士大夫手中的专有物。到了现代资本主义社会，文化产业获得迅速发展，但是资本家把文化生产纳入了资本的逻辑轨道，精神生产的本质被异化，价值取向被扭曲，精神生产者被资本、货币所统治。

社会主义社会是迄今为止最适合精神生产自由发展的社会形态。社会主义消除了异化的生产关系，消灭了脑力劳动和体力劳动的分工，为精神生产的发展提供了良好的条件。用马克思的话来说，文化产业发展的根本目的，就是"培养社会的人的一切属性，并且把他作为具有尽可能丰富的属性和联系的人，因而具有尽可能广泛需要的人生产出来——把他作为尽可能完整的和全面的社会产品生产出来"[①]。

中国目前处于社会主义初级阶段，以公有制经济为主体多种所有制经济共同发展的社会主义市场经济体制，既是一种利益激励体制，肯定人们在文化生产中追求物质利益的合理性和正当性，又要坚持社会主义生产目的，确立人在文化生产目的中的最高地位。

在当代中国社会发展中，文化产业承载着发展经济、传承文化的社会使命。当前，中国文化产业的发展表现在物质财富的创造、人际关系的调和、社会秩序的稳定及对人们精神文化需求的满足，这无疑是文化产业发展的价值正效应。但是中国的社会主义市场经济发育不健全，市场经济那只"看不见的手"牵引着人们专注于经济价值的满足，打破了经济价值和精神价值追求的平衡与统一，威胁着中国的精神文化价值和伦理道德，导致文化产业的发展伴随着日益增多的世俗化和功利化倾向。

（二）正确处理经济效益与社会效益的关系是文化产业健康发展的关键

文化生产朝产业化方向发展，是马克思所不愿意看到的，马克思

---

① 《马克思恩格斯全集》第30卷，人民出版社1995年版，第389页。

对此持抵制，甚至是反对的态度。在马克思看来，资本介入文化会带来文化生产的异化，"资本主义生产就同某些精神生产部门如艺术和诗歌相敌对"①。"敌对"一词足以反映出马克思对资本介入文化生产的态度。文化生产是真、善、美的生产，是人的天性真实表现，而文化生产的商品化会驱使产品的生产一开始就隶属于资本，片面迎合资本的需要，从而降低，甚至曲解、异化文化产品的精神价值。可见，马克思反对的不是文化产业，而是资本对文化生产的介入可能带来的精神价值降低和社会效益的下滑。马克思并不是简单地将文化与资本对立起来，毕竟这种"敌对"是由资本主义生产关系、所有制形式造成的，这是资本主义所不能克服的。

马克思预测到了文化生产产业化的可能性，并提出了自己的担忧，历史的发展在一定程度上证实了马克思对文化产业发展的可能性分析，到了20世纪初期，资本大规模地渗透进了文化领域，经济与文化高度融合，文化产业的发展呈现出不可逆转之势。进入21世纪，中国的文化产业蓬勃发展，到了2020年文化产业产值达到了44945亿元，在国民经济中的比重进一步提升，对社会经济发展的带动作用逐渐增强。

我们应该理性地认识到，社会主义性质为我们处理文化产业经济效益与社会效益失衡提供了前提和保障，但是中国的社会主义市场经济体制并没有天然规避各种风险的功能，如若不加规范和引导，中国的文化产业就有可能陷入发展的误区。《人民日报》在批判当今文化产业发展带来的副作用时，明确指出："市场经济情景下，再坚持文化贞洁主义显得有些迂腐。但文化与资本的结合，文化显然是弱势，而两者的价值取向在很多时候是相反的，需要保持足够的警惕。"② 毫无疑问，我们不应该从文化上彻底否定文化产业存在的合理性，但是我们必须认识到不仅在资本主义条件下文化产业活动已经被纳入到以资本的逻辑为同质化操控轨道上来，而且社会主义市场条件下，资本的商业逻辑也有可能使文化商品成为凌驾

---

① 《马克思恩格斯全集》第33卷，人民出版社2004年版，第376页。
② 《莫让文化沦为资本的游戏》，《人民日报》2013年10月24日第17版。

## 第一章　中国文化产业价值取向的理论基础：马克思精神生产理论

于人之上的异己之物。对此，马克思早有断言：随着资本逻辑的发展，"那些和创造物质财富没有直接关系的生产领域实际上也日益依附于资本"①。

在文化产业发展的评价维度上，我们必须坚持将社会效益放在首位，明确社会主义文化产业的使命：一是利用市场机制促进文化的繁荣；二是满足人民多样化文化需求，促进人的自由全面发展。这就要求我们在考察文化产业发展状况时，不仅要看到文化产业对经济的带动作用，而且要看到文化产业在促进文化繁荣和人的发展中的作用，文化产品是否满足了人们多样化的文化消费需求，是否提升了国民素质，是否提高了人们的文化品位等。

这就要求我们关注文化产品的精神价值和社会效益，确立文化产业评价的社会效益维度，正确处理文化产业的精神价值和商品价值的关系，在张扬文化生产的最高价值取向的同时，又充分满足市场经济引发的人们追求物质利益的需求，"实现一个健全社会所必需的文化最高价值取向与市场的最高价值取向的平衡，融通文化理想主义与市场经济现实功利主义"②，这是实现文化产业健康发展的关键所在。这在一定程度上道出了马克思的心声，也是我们在谈论文化产业问题时难以回避的根本问题。如果我们对此不能作出合理的选择，文化产业发展就可能陷入资本循环的怪圈。

市场经济追求的是利益最大化，中国文化产业观不应当以市场经济的价值取向作为文化产业发展的价值取向，而应当坚持超越市场经济价值的精神价值。我们必须从思想上分清，哪些应当超越经济价值，哪些应当遵循经济价值。在文化产业发展过程中，经济效益固然重要，但应当放在当代社会主义国家、民族和个人发展的基础之上。在市场经济条件下，在物质利益原则不断强化的条件下，怎样坚持社会效益优先，怎样实现社会效益和经济效益的平衡等，都是我们必须要深入思考的新课题。

---

① 《马克思恩格斯全集》第33卷，人民出版社2004年版，第163页。
② 谢名家：《文化产业的时代审视》，人民出版社2002年版，第188页。

# 第二章 中国文化产业价值取向建构的历史审视与现实问题

## 第一节 中国文化产业价值取向的历史演变

尽管文化产业发展涉及的问题比较多，但是首要回答的是"文化产业发展有什么用""对谁有用""能够解决什么问题""经济效益与社会效益如何平衡"等，这实际上就构成了文化产业发展的价值取向问题。在这里，我们以文化产业的发展历程和社会主导价值观的变迁为线索，并根据当时国家和社会发展对文化产业发展的不同需求和文化产业发展的价值目标，把文化产业发展划分为三个阶段，并研究每个阶段文化产业的价值取向及其特点。

### 一 价值取向单一性时期（1949—1978年）

对于中国而言，文化产业是改革开放以来经济体制改革和创新的产物，是当代中国社会主义文化建设的重要内容。但是在计划经济时代一定时期一定范围内也存在文化产业，只不过文化市场尚未发挥资源配置的基础性作用，文化企业并不具备市场主体的身份，只是一种有限度的产业化。这一阶段中国文化产业的价值取向呈现出单一的政治化倾向，虽然文化生产是面向市场并谋求一定的经济利润，但其呈现鲜明的政治色彩。

中华人民共和国成立初期，国家对文化及传媒产业的产业属性予以鼓励和支持，私营文化单位和公营文化单位的企业化探索得到一定程度的发展，产业属性得到一定程度的释放，文化产业开始萌

## 第二章　中国文化产业价值取向建构的历史审视与现实问题

芽。当时不仅私营文化单位按照原有的生产经营模式来进行生产和销售，而且国营文化单位也都实行了企业化管理，面向市场生产和经营，来最大限度地提高生产效率，其中以传媒业的探索最具代表性。1949 年，新闻总署在北京召开会议，通过了《关于报社经营的决议》，决定实行报纸企业化经营方针，"多登有益广告"①。在这一方针的指导下，报纸发展按照企业方式组织生产和经营，通过"多登有益广告"的方式既注重了报纸的意识形态属性，又注重了报纸的经济属性，改善了报纸的收益状况。1950 年 9 月，中宣部发出了《关于报纸实行企业化经营情况通报》，指出企业化经营方针是完全正确的，条件较好的公营报纸应实现全部或大部自给，条件较差的公营报纸应在政府补贴下实现最大可能的自给。"私营报纸亦须在已有基础上，进一步改善经营方法。"② 在这一政策的鼓励下，报社一方面裁汰冗员，一方面通过发行广告改善经济状况，《人民日报》等报刊相继扭转亏损状况。在文化产业其他行业领域，也进行了企业化探索。1952 年 12 月 26 日《中央人民政府文化部关于整顿和加强全国剧团工作的指示》提出"国营剧团应采取企业化经营方针"，逐步达到自给，但是"应该防止单纯营利的错误观点"③。1953 年 2 月 27 日《中共中央宣传部关于改组文艺团体和加强对文艺创作领导的报告》指出：要改变作家的生活制度，鼓励作家创作，"实行'按劳取酬'原则"，"使作家们依靠自己的稿酬、版税和上演税来维持生活"④。1956 年 3 月 8 日，刘少奇在《对于文艺工作的几点意见》中指出：对于民间职业剧团演员，"首先要用物质利益去促进他们的劳动"，"好演员工资要高些，差一点的，工资可低些"⑤，"小书摊可采取代销或经销办法"，"推销多少给多少手续费"⑥。

---

① 刘海贵：《中国报业发展战略》，上海人民出版社 2006 年版，第 46 页。
② 《全国报纸经理会议通过关于报社经营的决议》，《人民日报》1950 年 1 月 1 日第 4 版。
③ 《建国以来重要文献选编》第 3 册，中央文献出版社 2011 年版，第 403 页。
④ 《建国以来重要文献选编》第 4 册，中央文献出版社 2011 年版，第 68 页。
⑤ 《建国以来重要文献选编》第 8 册，中央文献出版社 2011 年版，第 148 页。
⑥ 《建国以来重要文献选编》第 8 册，中央文献出版社 2011 年版，第 149 页。

1957年1月,《文化部关于改进电影制片工作若干问题给中央的报告》对领导方式和经营管理进行改革,提出了自选题材、自由组合、自负盈亏和导演为中心的"三自一中心"方案,"在创作人员中准备实行一种基薪、酬金的制度,根据各种不同性质的创作人员分别订出基薪数目和酬金办法,以刺激生产","推动制片厂(或制片单位)厉行经济核算,自负盈亏"①。

总之,中华人民共和国成立初期党和国家重视文化企事业单位的企业化经营,文化企事业得到了一定程度的发展。1950年全国仅有1676个剧团、1083座剧场,出版报纸179.5百万份、出版杂志35.3百万份、出版图书274.6百万份。到1957年,全国已有剧团3162个、剧场2358个,报纸出版份数、杂志出版份数、图书出版份数分别达到了2442.4百万份、315.0百万份、1278.0百万份。电影业也获得了飞速的发展,从1949年的9部影片、646个电影放映单位、595个电影院发展到1957年的119部影片、9965个电影放映单位。②(见表2.1、表2.2、表2.3)

表2.1　　　　　剧团、剧场数(1950—1957)　　　　(单位:个)

|  | 剧团 | 剧场 |
| --- | --- | --- |
| 1950年 | 1676 | 1083 |
| 1952年 | 2017 | 1562 |
| 1957年 | 3162 | 2358 |

资料来源:《伟大的十年——中华人民共和国经济和文化建设成就的统计》,人民出版社1959年版。

---

① 吴迪:《中国电影研究资料1949—1979》中卷,文化艺术出版社2006年版,第94页。

② 《伟大的十年——中华人民共和国经济和文化建设成就的统计》,人民出版社1959年版,第182—183页。

## 第二章　中国文化产业价值取向建构的历史审视与现实问题

表2.2　　　　　　出版事业的发展（1950—1957）　　　（单位：百万份）

|  | 报纸出版份数 | 杂志出版份数 | 图书出版份数 |
| --- | --- | --- | --- |
| 1950年 | 179.5 | 35.3 | 274.6 |
| 1952年 | 1609.0 | 204.2 | 785.7 |
| 1957年 | 2442.4 | 315.0 | 1278.0 |

注：本表中的报纸及图书出版是指专区以上报纸、杂志及图书馆出版册（份）数。

资料来源：《伟大的十年——中华人民共和国经济和文化建设成就的统计》，人民出版社1959年版。

表2.3　　　　　　**电影事业的发展**（1949—1957）

|  | 摄制和译制艺术影片数（部） | 电影放映单位（个） |
| --- | --- | --- |
| 1949年 | 9 | 646 |
| 1952年 | 43 | 2282 |
| 1957年 | 119 | 9965 |

资料来源：《伟大的十年——中华人民共和国经济和文化建设成就的统计》，人民出版社1959年版。

但是在当时高度集中的计划经济体制下，以报刊业为代表的文化企业的产业化探索只能是有限度的产业化。对当时大多数人而言，实行产业化是超越时代的问题，人们对文化的认识仍然局限于事业单位、政治属性和意识形态功能。文化企事业单位的社会效益始终是第一位的，经济效益处于从属地位甚至是可有可无的，宣传功能、政治功能是第一位的，企业运营则处于从属地位。在文化企业产业化经营获得了一定程度的发展同时，国家也不断加强对文化企事业单位的思想政治领导，发挥文化企事业单位的意识形态功能。1955年5月20日《中共中央关于处理反动的、淫秽的、荒诞的书刊图画问题和关于加强对私营文化事业和企业的管理和改造的指示》指出，对于私营文化企业，"加强文化工作的思想政治领导，掌握影片、戏剧、出版物及其他文化活动的内容的前提下，正确地利用私营文化事业和企业的力量"[①]。1955年6月18日《人民日报》刊载了《反对刊登广告中的

---

① 《建国以来重要文献选编》第6册，中央文献出版社2011年版，第198页。

"铺张浪费"现象》一文,该文实名批评了许多报刊登广告是铺张浪费,指出报社不是企业机关,"首先是政治机关",报纸上刊登的一行字"都要经过政治上的考虑,对于广告也不例外"①,说有些报纸在刊登广告时,不从国家和人民利益出发,而是"表现了资产阶级的浮夸作用","或多或少地表现了这种资本主义的经济思想"②,这都是应该反对的。

  随着三大改造完成和计划经济体制的全面确立,商品属性逐渐萎缩,各类私营文化企业、文艺团体都被纳入了社会主义公有制的经济体系中,所有关于文化的生产和流通都纳入计划经济体制,统购统销的供给型、福利型、宣传型文化管理模式开始形成,政府及其所属文化部门成为文化管理的唯一主体。文化企业的生产并不是根据市场需要来安排,而是根据国家意志和政治任务,文艺越来越和意识形态宣传、阶级斗争联系起来。1964年8月1日《人民日报》发表社论《把文艺战线上的社会主义革命进行到底》指出:"京剧要不要革命、演不演革命的现代戏,是意识形态上一场激烈的阶级斗争。"③"京剧的内容,应该是革命的思想内容。"④"京剧现代戏的演出是一场大革命。"⑤

  "文化大革命"时期,国家政治形势急剧变化,文化完全成了阶级斗争和政治斗争的工具,文化产品的意识形态属性被过分强化,文化生产被纳入了政治体制之中。文化生产赖以存在的市场因素全部消失,文化的商品性经营活动全部停止,文化生产的企业化经营的探索戛然而止。文化生活贫乏、单调,没有选择余地,中国人民的文化生活被八个样板戏包围了,以致出现了"八个样板戏被八亿

---

① 包金:《反对刊登广告中的"铺张浪费"现象》,《人民日报》1955年6月18日第2版。
② 包金:《反对刊登广告中的"铺张浪费"现象》,《人民日报》1955年6月18日第2版。
③ 《建国以来重要文献选编》第19册,中央文献出版社2011年版,第99页。
④ 《建国以来重要文献选编》第19册,中央文献出版社2011年版,第99页。
⑤ 《建国以来重要文献选编》第19册,中央文献出版社2011年版,第103页。

第二章　中国文化产业价值取向建构的历史审视与现实问题

人看了八年"①。

总之,这一时期,中国文化生产和文化消费活动在一定时期、一定范围内以市场形态而存在,文化商品流通领域也客观存在,但是文化产业并没有取得合法性地位,正如胡惠林所指出的那样:"尽管中国政府在 20 世纪 50 年代的有关文件中,也曾使用过诸如'电影工业'这样的概念,然而,中国的文化建设却一直为'意识形态领域里的阶级斗争'所困扰,而没有获得其生长与发展应有的形态和合法性身份。"②

## 二　价值取向单一性向多样性转变时期（1978—2002 年）

这一阶段是文化产业发展的自发阶段,文化产业发展摆脱了依附于政治的局面,经济属性逐渐显现,文化产业的教育价值、经济价值、娱乐价值和审美价值都有了深度挖掘,文化产业的价值取向呈现出多样性的特征。但是由于传统的理想型的以集体为本位一元价值观与社会发展的实际脱节,对社会的规范、引领和调控力度减弱,国家对文化产业的性质、定位和作用的认识仍处于探索阶段,对于文化产业发展与价值观的传播之间未形成明确的思路,对文化产业发展的政策规范、评判标准尚未形成,对于如何实现文化产业合理的价值取向等问题的认识都是模糊的,加之西方文化的涌入、大众文化的兴起、国民个体意识觉醒,导致文化产业在兴起的同时也呈现出了崇外主义、个人主义、功利主义等错误取向,对社会的主流价值观构成了相当大的冲击。

文化产业的兴起离不开中国文化政策的松绑。在国家的宏观政策方面,自改革开放以后经济体制改革的推行和不断深入,国家对文化产业属性、文化产业与经济社会发展的关系认识不断深化,国家不断出台政策,鼓励文化事业单位进行体制改革和企业化转型。1980 年

---

① 陈煜:《中国生活记忆:建国 60 年民生往事》,中国轻工业出版社 2009 年版,第 120 页。
② 胡惠林:《文化产业概论》,云南大学出版社 2005 年版,第 221 页。

邓小平提出文化为人民服务、为社会主义服务的方针，打破了文化发展从属于政治的藩篱，文化事业发展改革开始走上正轨。1985 年中国发布《关于建立第三产业的统计报告》，国务院将"文化""广播电视"计入第三产业第三层次"为提高科学文化水平和居民素质服务的部门"①，在国民经济中确认了文化的"产业"地位。1988 年 2 月，文化部发布《关于加强文化市场管理工作的通知》明确提出"文化市场作为社会主义精神产品的生产和消费的中介"②，承认文化市场合法地位，确认了精神产品和文化服务的商品属性，为后续的文化产业改革发展奠定了基础。1991 年在国务院批转的《文化部关于文化事业若干经济政策意见的报告》中，正式提出了"文化经济"概念，肯定了"以文补文"的经营活动，标志着对文化的产业属性的认识上升到了一个新水平。1992 年，江泽民在党的十四大报告中，提出"建立社会主义市场经济体制"和"完善文化经济政策"，在这个背景下，中国文化体制改革的步伐加快，开始从"办文化"向"管文化"，从"直接管理"向"间接调控"方向转变。1996 年，事业单位改革全面启动，中共中央办公厅、国务院办公厅发布《中央机构编制委员会关于事业单位机构改革若干问题的意见》（中办发〔1996〕17 号），提出把"政事分开"放到首位，推动各类事业单位在市场经济体制下转变为独立法人参与市场竞争。1998 年 8 月文化部文化产业司正式成立，标志着文化产业发展由民间自发进入政府推动时期，这有利于进一步推动文化产业发展与文化产业政策制定。2000 年 10 月党的十五届五中全会首次提出了"文化产业"和"文化产业政策概念"，指出要"完善文化产业政策，加强文化市场建设和管理，推动有关文化产业发展"③。

在国家文化事业政策改革的刺激下，与意识形态关系不密切的文化行业出现了市场化的趋势，文化的商品属性开始展现，娱乐功能开

---

① 《中国第三产业年鉴：1993》，中国统计出版社 1993 年版，第 35 页。
② 商业部办公厅：《1988 商业政策法规汇编》，中国商业出版社 1989 年版，第 636 页。
③ 《十五大以来重要文献选编》（中），人民出版社 2001 年版，第 1395 页。

## 第二章　中国文化产业价值取向建构的历史审视与现实问题

始受到重视。中国社会公众迫切希望破除思想束缚，了解新生活、新观念，文化需求日益增长，文化消费得到复苏，以民营为主的娱乐业、广告业迅猛发展，文化娱乐业的复苏被视为中国文化产业发展的起点。1979年广州东方宾馆开设了国内第一家音乐茶座，成为新中国文化市场兴起的标志。1979年被称为中国广告"元年"。1979年1月4日《天津日报》登天津牙膏广告；1月28日，上海电视台播出中国第一条电视广告——"参桂补酒"，3月15日，上海电视台播出中国第一条外商电视广告——"瑞士雷达表"，1980年1月1日中央人民广播电视台播出中华人民共和国成立以来第一条商业广告。1985年《今古传奇》期发行量270万册，《故事会》期发行量达到700多万册。在这一时期，中国出现了各种形式的以营利为宗旨的文化企业和广告公司，以市场需求为导向，以大众文化娱乐项目为核心，文化产业获得了相当程度的发展，中国社会公众的文化消费越来越朝着娱乐型、多样化、可参与性的方向发展。以党的十四大确立社会主义市场经济体制为标志，中国的文化产业发展又进入了一个新阶段。文化事业单位体制改革进程启动，在管理体制、经营机制、投资机制等方面出现较大变革，并在一定市场化的基础上开启了产业化的过程。文化领域的崭新实践有力地冲击了人们原有的价值观念，使人们的思想发生了革命性变化，文化产业的市场价值、娱乐价值、审美价值、教育价值都有了进一步的发掘，文化产业发展的价值取向呈现出多样化的趋势，主要体现在以下几个方面。

首先，文化产业的意识形态话语系统在减弱。1996年10月《中共中央关于加强社会主义精神文明建设若干重要问题的决议》指出，"坚持正确舆论导向，繁荣社会主义文化"，"贯彻百花齐放、百家争鸣的方针，弘扬主旋律，提倡多样化"；党的十五大报告再次提出"弘扬主旋律，提倡多样化"，对主旋律文艺加以弘扬，作为多样化的文艺而加以提倡。文化产业已经摆脱了政治需要的束缚，文化产业发展呈现出价值取向多样化的特点。社会主义市场经济体制的目标确立、文化多样化、利益多元化、主体多元化，促成了文化产业发展价值取向的多样化。

其次，大众文化产品中个体意识觉醒。人既是文化的创造者，又是文化的服务对象。在计划经济时代，坚持国家和集体本位，个体意识缺失。随着经济体制改革的进行和西方思想的传入，到了80年代作为精神个体的人重新获得了文化上的合法性和自觉性，大众文化产品输入了崭新的个体意识，表现现实生活的人的种种思想、情绪和要求成为当时大众文化产品的一个突出特征。崔健的一首《一无所有》诞生出"我"的概念，宣告了个体独立意识的觉醒；《大众电影》期刊不再拘泥于传统的集体主义风格，封面中逐渐出现了爱情题材照和歌星、演员的个人照。

最后，文化产业的经济价值、娱乐价值得到进一步发掘。文化产业的娱乐价值得到充分阐释。2001年，全国文化部门主管的文化市场（娱乐、演出、音像、美术等门类）共有22.3万个经营单位，从业人员91.9万人，主要营业收入182亿元，利润44亿元。1990年社会力量兴办的文化产业在总量上还远远小于文化系统。到2001年，仅在文化娱乐业，社会力量兴办的文化产业总数均已达到文化系统的4.4倍以上。[1]

文化产业的市场价值进一步发挥。2002年，全国文化部门2393个表演团体，全年国内演出场次共41.6万场，吸引4.6亿名观众，演出收入6.5亿元，比上年增加0.8亿元，增长14.3%。演出收入占事业收入达29.1%；2002年，城乡居民消费中，"娱乐、教育、文化服务"类支出总额约为5300亿元，中国城镇居民文教娱乐用品及服务人均消费性支出902.28元；2001年，广告业已经发展成为电视、广播、报纸和杂志四大传媒的主要收入来源。据统计，2002年中国广告经营单位89552户，从业人员75.6万人，广告营业额903亿元，占国民生产总值0.882%。

文化产业的教育价值得到进一步彰显。2002年，全国共有出版社568家，出版图书170962种，新出版图书100693种，总印张数

---

[1] 秦杰等：《文化生产力的又一次大解放》，http://ent.sina.com.cn/m/2002-10-02/1017104405.html。

## 第二章 中国文化产业价值取向建构的历史审视与现实问题

68.70亿册（张），总印张数456.45亿印张；共出版期刊9029种，平均期印数20406万册，总印数29.51亿册，总印张数106.38亿印张；共出版报纸2137种，平均期印数18721.12万份，总印数367.83亿份，总印张数1067.38亿印张；共有音像出版单位292家（音像出版社208家，图书出版社音像部84家），出版录音制品12296种，出版数量2.26亿盒（张），发行数量2亿盒（张）。出版录像制品13576种，出版数量2.18亿盒（张），发行数量1.74亿盒（张）。①

虽然这一阶段文化产业获得了相当的发展，但是由于国家对文化产业的性质、定位和作用的认识仍处于探索阶段，与有中国特色社会主义相符的社会主导价值观尚未建构，对于文化产业发展与主导价值观的传播之间未形成明确的思路。市场化改革极大地刺激了文化产品的商品化，原有的政治藩篱被打破，文化产品的意识形态功能被忽略，个人主义、功利主义、享乐主义和世俗主义对社会主流意识形态构成了冲击，文化产业发展的价值导向不明确，价值取向多样化，相互冲突，主要体现在以下几个方面。

首先，国家对文化产业的认识上仍然是矛盾的，一方面对文化产业属性认识不全面，认为其仍属于事业属性，意识形态属性和教化功能是主要的；另一方面逐渐放开对文化的管制，从直接限制走向宏观管理，但并无很大空间，对文化产业发展和价值取向引导之间并未形成明确的思路。

其次，大众文化生产的功利主义驱动导致文化市场的混乱。这一时期，文化市场乱象丛生，假冒伪劣、盗版现象严重。据统计，1999年查获的盗版类图书音像总量为2052.35万件，到了2002年则达到6790.43万件，增长了3倍，其中盗版图书、盗版期刊、音像制品、电子出版物、盗版软件分别增长了2倍、3倍、10倍、4倍、28倍。②这扰乱了文化市场正常秩序，并对文化生产者的创作热情和中国的国

---

① 《中国出版年鉴2003》，中国出版年鉴社2003年版，第672—673页。
② 胡惠林、王婧：《2013：中国文化产业发展指数报告（CCIDI）》，上海人民出版社2013年版，第266—269页。

家形象造成了严重影响。

最后,大众文化产品对中国主流价值观造成很大冲击。由于这一时期,中国仍然是计划经济体制,宽松的文化市场和文化生态环境并未形成,这时候文化产业的发展很大程度上是自发的。因此,在文化产业发展的价值目标、价值标准等的认识和定位上都是模糊的,导致文化市场乱象丛生、良莠不齐,海外和港台大众文化产品大量涌入,模仿西方和港台的大众文化成为当时最流行的生产样式,很多种情况下文化层面的价值是相矛盾的,文化产品的价值取向同国家主流价值观是相冲突的,掺杂其中的价值观对中国的主流意识形态的影响从很多方面来讲甚至是负面的。

总的来说,这一阶段中国对文化产业发展与价值取向的关系已经有了较为理性的认识,处理二者的关系上开始从被动走向主动,一方面,加强对文化市场的管理和执法力度,开始了从行政管理为主到依法管理为主的转变;另一方面坚持对文化产业价值取向进行合理引导,在坚持"双为"方向的前提下,贯彻"双百"方针,允许一元价值观主导下的多样价值观并存,坚持社会效益与经济效益相统一。不过仍然未能把大众文化作为推广主流价值观的有效的传播方式,文化市场仍未得到有效的规范,导致文化产业多样化的价值取向对中国社会的主流价值观产生了很大的冲击。

### 三 价值取向主导性与多样性结合时期(2002年至今)

这一阶段,中国文化产业发展由自发进入自觉阶段。无论是从经济效益来看还是从社会效益来看,文化产业发展开始走上了规范发展的道路,在文化产业产品的励人方面、社会主义核心价值观的融入方面、在把社会效益放在首位的前提下实现经济效益和社会效益的统一等方面国家和文化产业单位开始达成了共识。文化产业既坚持了社会主义先进文化的方向,同时价值取向呈现出多样性特征,文化产业呈现出蓬勃发展的局面,这主要得益于党和政府对文化产业发展的领导与管理和社会主义核心价值观的提出。党对文化产业经济价值厘清和文化产业对人、社会和国家发展具有的积极意义有了充分认识,已经

## 第二章 中国文化产业价值取向建构的历史审视与现实问题

把文化产业作为推动文化繁荣的重要途径和传播社会主义核心价值观的重要载体。

2002年党的十六大报告明确提出了"发展文化产业是市场经济条件下繁荣社会主义文化、满足人民群众精神文化需求的重要途径"。这是第一次在中央报告中正式提出"文化产业"概念，并指出文化产业的价值不仅在于增强"整体实力"和"竞争力"的经济价值，而且具有"繁荣文化"和满足人们"精神文化需求"的社会价值。2006年党的十六届六中全会明确提出"建设社会主义核心价值体系"，这为新形势下文化产业发展的引导提供了理论基础。2011年10月党的十七届六中全会，首次将"文化命题"作为中央全会的议题，第一次提出社会主义文化强国的宏伟目标和战略任务，这对中国文化产业的发展具有里程碑式的意义。会议通过的《关于深化文化体制改革 推动社会主义文化大发展大繁荣若干重大问题的决定》指出"社会主义核心价值体系是兴国之魂，是社会主义先进文化的精髓"[1]，把社会主义核心价值体系"体现到精神文化产品创作生产传播各方面"[2]。该决定提出了文化产业发展的基本原则，即"坚持以人为本""坚持以马克思主义为指导""坚持把社会效益放在首位，坚持社会效益和经济效益有机统一"和实现"文化强国"的战略。这样不但厘清了文化产业与社会主义核心价值观的内在联系，指明了文化产业发展与社会主义核心价值观的传播思路，为实现对文化产业价值取向的引领提供了条件，而且还从个人、社会和国家三个层面阐明了文化产业发展对社会主体需要和利益的满足，即文化产业发展对社会主体生存和发展的积极意义。2012年党的十八大再次提出了"要坚持把社会效益放在首位、社会效益和经济效益相统一，推动文化事业全面繁荣、文化产业迅速发展"[3]，对中国文化产业的社会效益和经济效益的协调发展问题、社会功能和价值取向问题有了更加明确的认识。

---

[1] 《十七大以来重要文献选编》（下），中央文献出版社2013年版，第564页。
[2] 《十七大以来重要文献选编》（下），中央文献出版社2013年版，第564页。
[3] 《十八大以来重要文献选编》（上），中央文献出版社2014年版，第26页。

2013年党的十八届三中全会通过的《中共中央关于全面深化改革若干重大问题的决定》指出，要"坚持以人民为中心的工作导向""培育和践行社会主义核心价值观""健全坚持正确舆论导向的体制机制""健全文化产品评价体系"等，这对中国文化产业发展的根本目的、价值目标、评价标准和核心价值观的融入等方面有了更加深入的认识。2014年党的十八届四中全会提出，"建设中国特色社会主义法治体系""贯彻社会主义核心价值观""建立健全坚持社会主义先进文化前进方向、遵守文化发展规律、有利于激发文化创造活力、保障人民基本文化权益的文化法律制度。"[①] "制定文化产业促进法，把行之有效的文化经济政策法定化，健全促进社会效益与经济效益有机统一的制度规范。"[②] 这表明，中国文化产业发展的合理化的价值取向的实现，不仅依赖于国家政策规范和核心价值观引领，而且越来越注重法律的保障作用。

在这一时代背景下，中国文化产业获得了突破式发展，经济效益和社会效益协调发展开始进入良性轨道。2018年文化及相关产业增加值为41171亿元，占GDP的比重为4.48%，正稳步迈向5%的支柱产业目标。其中文化服务业实现增加值24832亿元，文化制造业增加值11999亿元，文化批发零售业增加值4340亿元，分别占文化产业法人单位增加值的比重为60.3%、29.1%、10.6%。[③] 文化市场规模不断扩大，过8000亿元的行业有1个，即数字出版行业达8330亿元；过4000亿元的有艺术品行业；过2000亿元的行业有1个，即网络游戏行业达2100亿元（见表2.4）。其中，2014年中国已成为世界第二大电影市场，电影票房增加到296亿元，2019年全国票房达到642.66亿元，国产片份额达64.07%。文化产业不仅在量上"井

---

[①] 《中共中央关于全面推进依法治国若干重大问题的决定》，《人民日报》2014年10月29日第1版。

[②] 《中共中央关于全面推进依法治国若干重大问题的决定》，《人民日报》2014年10月29日第1版。

[③] 国家统计局：《2018年全国文化及相关产业增加值占GDP比重为4.48%》，http://www.stats.gov.cn/tjsj/zxfb/202001/t20200121_1724242.html，2020年1月21日。

## 第二章 中国文化产业价值取向建构的历史审视与现实问题

喷",而且在质上也取得重大进步,出现了一大批"力作"。以《哪吒之魔童降世》《流浪地球》《中国机长》等为代表的国产影片分别刷新了国产电影票房的高纪录,而且做到了思想性、艺术性和观赏性的统一,被评价为坚持社会责任与主流情感相统一,是中国电影实践"三贴近"创作原则的一个重要收获。党的十八大以来,一大批优秀文艺作品不断涌现,《全家福》《我的父亲母亲》《十送红军》《北平无战事》《原乡》等电视剧,《北京遇上西雅图》《致我们终将逝去的青春》《战狼2》《我和我的祖国》等电影,都从不同的角度彰显出时代精神,承担了弘扬主流价值的文化责任,体现了人文关怀。中国文化、媒体机构也顺应民间的关注热点,着力褒扬"最美女教师""最美司机""最美妈妈""最美孝心少年""最美检察官"等普通公民,感动了公众,启迪着人们在思考如何超脱功利、机会主义,跟随美好的德行。

表2.4　　2018年中国文化产业主要行业构成与市场规模　　（单位：亿元）

| 序号 | 行业名称 | 细分行业 | 市场规模 |
| --- | --- | --- | --- |
| 1 | 图书、期刊、报纸 | 图书 | 1870.87 |
|  |  | 期刊 | 217.92 |
|  |  | 报纸 | 393.45 |
| 2 | 数字出版 |  | 8330 |
| 3 | 电影 |  | 609 |
| 4 | 动漫 |  | 1765 |
| 5 | 在线音乐 |  | 561 |
| 6 | 网络游戏 |  | 2100 |
| 7 | 演艺 |  | 500 |
| 8 | 艺术品 |  | 4000 |

资料来源：(1)图书、期刊、报纸以及数字出版的数据来源于新闻出版总署。市场规模指营业收入。(2)电影的数据来源于广电总局。市场规模指票房。(3)其他数据来源于文化部。除艺术品为交易额外,其余均为市场规模。

但是,经济的高速增长未必带来文化的真正繁荣。当前文化市场的现状是大众文化过度膨胀，低俗化倾向滋长，文化与经济发展的不平衡现象再度展现。如何进一步增强政府对文化产品创作生产的引导力、调控力，如何增强以社会主义核心价值观对文化产业主体的创作生产的引领力，如何实现主旋律和多样化的统一、社会效益和经济效益的统一等，这些依然是我们需要深入认识和实践的课题。

## 第二节 当前中国文化产业价值取向的现实问题

当代中国的社会转型和文化体制改革，促成了文化产业的发展高潮，文化产业成为当今满足人们精神文化生活的重要途径和推动文化发展的重要抓手。但是，文化产业在创造巨大经济价值带给人们欢欣鼓舞的同时，也带来了潜在的文化问题和社会问题，即过度的市场化导向以及利益驱动机制使得文化产业发展的价值取向出现了诸多问题。

### 一 文化产品思想性有待提升

优秀的文化产品是思想性、艺术性和观赏性的统一。思想性是指文化产品铸造灵魂、引领方向、凝聚共识的作用，文化产品要弘扬中国精神、凝聚中国力量。当前中国部分文化产品在思想性层面出现了一些问题，主要体现在国内部分文化产业行业对真、善、美追求的淡化、对主流价值观的疏离和国外文化产品价值观带来的挑战等方面。

（一）国内部分文化产业发展对真、善、美的价值追求淡化

改革开放以来，中国文化产业出现了一个前所未有的发展和创新时期，文化创造和文艺创作快速流转，文化观念、文化形态、文化范式深刻变革，但是在这种表面繁华和快速发展的镜像中，对文化价值并没有足够的认识和关注，对真、善、美的价值追求淡化，不少人认为发展文化产业的最终目的就是赚钱，影视、动漫和通俗读物等大众文化产品都不过是赚钱的工具，在这一思想误导下，文化产品和服务的价值观念出现了扭曲，造成了与社会主义文化建设不相协调的地

## 第二章 中国文化产业价值取向建构的历史审视与现实问题

方,如某些方面价值观迷茫、道德失范、诚信缺失和社会责任淡化等诸多问题。

文化产业的价值追求的本质就是文化产品体现出来的真与假、善与恶、美与丑的总体倾向和基调,这种倾向和基调是积极的、健康的,能够在潜移默化中影响着人们的理想信念、价值判断、道德追求和审美取向。文化产业具有追求经济效益的一面,这是文化产业动力所在,也是市场经济条件下文化产业的本能属性之一。然而文化产业是内容产业,具有鲜明的意识形态属性,能够对受众的价值观念和道德追求产生重大影响,这就决定了其发展不能片面追求经济利益,还必须树立其正确的价值观念,把握好健康向上的价值指向意义,从而达到社会效益和经济效益的统一。文化产业发展需要有正确的价值导向和舆论引导,价值导向是文化产业的灵魂。近年来,文化产业迅速发展,在文化产品数量倍增、质量提高的情况下,有些文化企业片面追求经济效益,忽视社会责任,价值导向不明确。一些国产大片虽然商业运作成功、市场火爆,但是其价值取向值得商榷,部分影片内容与中国传统价值观背离,"颠覆历史""扭曲经典""以丑为美"[1],这样的产品即使"走出去"也很难扩大中国文化的正面影响力。例如《甄嬛传》,著名学者陶东风在《人民日报》撰文指出,"甄嬛终于通过这种比坏的方式成功地加害皇后并取而代之,这就是《甄嬛传》传播和宣扬的价值观。"[2] 后宫戏本是可以深度挖掘和好好表现的题材类型,但是如果一味地展现你死我活的宫廷斗争,不惜一切手段和权谋争宠固荣,缺失道德操守和人文关怀,混淆真、善、美与假、恶、丑区分,没有起到应有的引导人向真、向善、向美的方向发展的作用,这就直接导致了文化产品价值观的扭曲。如果秉持这样一种价值观的文化产品畅销市场、风行一时,这就会误导和扭曲人们的历史认知和价值取向,这不能不引起我们的认真思考和高度重视。

文化产业诚然不是文化事业,但与事业一样,都表现出一定的文

---

[1] 《十八大以来重要文献选编》(中),中央文献出版社2016年版,第124页。
[2] 陶东风:《比坏心理腐蚀社会道德》,《人民日报》2013年9月19日第8版。

化价值观念或取向，都承担起精神教化的社会责任，这也是文化作品具有生命力的关键所在。真、善、美代表着最广大人民群众普遍的价值取向和利益认同，良好的经济效益并不一定意味着社会效益高，也不代表文化产品都是崇真向善的。如果仅仅为了"收视率"和"码洋"，满足于简单的"娱乐需要"，而置真、善、美于不顾，是一种舍本逐末的做法，是价值观的扭曲和迷失。

（二）国内部分文化产业发展对主流价值观的疏离

主流价值观是文化产业回避不了的问题，在发展健康的文化产业的同时，必须重视文化产业对主流价值观的传播与建构，这是关系文化产业发展方向的核心问题。市场经济条件下，用文化产业来构建社会主义主流价值观的关键是把握社会效益和经济效益相统一的平衡机制，在二者出现背离情况下，文化产业对主流价值观的建构明显受到挑战。

在新时代文化产业被赋予了更高的期望，文化产业发展要以习近平新时代中国特色社会主义文化思想为指引，必然承担起了弘扬社会主义核心价值观、强化"四个意识"、树立新发展理念、实现中华民族伟大复兴的使命，这就必然要求"创作生产更多传播当代中国价值观念、体现中华文化精神、反映中国人审美追求，思想性、艺术性、观赏性有机统一的优秀作品"[①]。但是在现实的文化生活中，相对于主流文化和精英文化，大众文化产品的娱乐性和世俗化的消费趋向则更容易被大众接受。市场导向和价值规律使得主流文化和精英文化产品的生产和销售受到巨大的冲击，严肃的交响乐被摇滚乐取代，学术著作被娱乐型书籍取代，一大批知识分子在经济利益的驱动下转向了大众文化的创作，"调侃崇高""丑化人民群众""过度渲染社会阴暗面"[②]，这就直接导致了主流文化产品的市场和作用的空间不断地被泛娱乐化的文化产品所侵蚀，主流价值观教化的正当性也不断地被弱化和边缘化。

---

① 《十八大以来重要文献选编》（中），中央文献出版社2016年版，第123页。
② 《十八大以来重要文献选编》（中），中央文献出版社2016年版，第124页。

第二章 中国文化产业价值取向建构的历史审视与现实问题

以马克思主义为指导的主流价值观更强调文化产业的社会效益，积极引导文化产业健康发展，并以此来实现文化发展、繁荣目的和人的全面发展的终极目标。然而市场经济在促进文化产业大发展的同时，也导致了大众文化产品曲解、疏远主流价值观的现象。中国一些文化产业主体，基于经济利益的驱动，以满足大众精神文化需要为幌子，故意迎合市场中低俗、庸俗甚至有严重政治问题的消费取向，努力消解文化的政治性、严肃性和思想性。一些作品甚至嘲讽、丑化社会主义意识形态和主流价值观，这必然带来人们对主流意识形态的排斥、政治权威的否定和国家观念的淡化。例如，2010年上半年，江苏电视台《非诚勿扰》女嘉宾"宁愿坐在宝马车里哭，也不愿意在自行车上笑"的低俗言论在社会广为传播；小沈阳的男扮女装和低俗幽默，在收获无数拥趸的同时，也在疏离崇高和远离政治。这样的"泛娱乐化"的现象导致的结果就是麦克切斯尼所提出的"政治疏离"，即公众对政治漠不关心。由于公众长期"浸泡"在缺乏"公共性"、低俗的娱乐节目当中，一点点消融文化价值的内在凝聚力量，直接导致了主流价值观的匮乏和丧失。

大众文化产品与主流价值观价值旨趣不同，但也决然不是二元对立的关系，文化产品的意识形态属性决定了它能够成为建构主流价值观的重要载体。当今时代，文化产业的发展成为一种社会趋势，主流价值观不可能通过过去那种刻板的说教方式让受众接受，而应当遵守市场规律，改变传播方式，结合价值标准和受众要求，加强对文化产业的引导与规范，以充分发挥文化产业对主流价值观传播与建构作用。

（三）国外文化产品对主流价值观的挑战

在全球文化交流中，西方文化以其强势的地位占据世界文化产业的制高点，并借助大众文化产品来推销其价值观，对中国的以马克思主义为指导的主流价值观构成了严峻的挑战。

在当前的文化产业格局中，西方文化产业依然处于主导和统治的强势地位。根据国家统计局相关数据，2018年中国文化及相关产业增加值为41171亿元，占GDP的比重为4.48%，而美国、日本、韩国的比重分别达到了24%、10%、7%。目前，美、德、英、法、日五国共占据了全世界65%的文化产业市场份额。"以美国为例，'好莱坞'影片占据了世界三分之二的电影市场总票房，美国年对外发行的电视节目总量达3万小时。"① 人们在观赏"好莱坞"影片的过程，也就不知不觉地接受影片中所渗透的美国的价值观念和生活方式，这正是大众文化产品传递核心价值理念的典型表现，其对受众国的影响是不言而喻的。

在当前的对外文化交流中，中国处于明显的入超地位，存在严重的文化赤字。西方发达国家很重视通过文化产品输出其价值观念和生活方式，法国采用国家补贴的方式用"法语联盟"的形式推动对外输出文化，以达到"维护文化纯洁性"的目的；英国的经济总量虽居世界第五位，但是文化出口却高居第二位，在足球文化、音乐制作、时尚设计、艺术品经营等方面形成了英国人引以为豪的资本和国际名片。相比之下，中国的文化产业则相形见绌，国家新闻出版广电总局统计数据显示：2018年中国共引进版权16829种，输出版权12778种，进出口比为1.3∶1，其中对美国、英国、德国、法国、日本进出口比分别为4∶1、7∶1、2∶1、4∶1、5∶1；2018年共引进图书、音像制品和电子出版物版权16602项，输出11830项，进出口比为1.4∶1，其中对美、英、德、法、日的进出口比例分别为5∶1、7∶1、2∶1、4∶1、5∶1。② 可见，和西方发达国家相比，我们在文化产业这个门类还处于严重的"弱势"地位。这使得中国在经济实力日益增强的同时，文化领域却面临着十分严峻的挑战。文化产品传播的不是物质产品而是思想观念，它是价值观念的载体，西方国家的价值观念随着文化产品大量涌入，通过产业的延伸广泛地拓展到其他产业的领域，改变着人们的生活方式和思维方式。从全球化的角度来看，文化的交流与传播可以实现优秀文化产品的共享，推进社会文明进步，但

---

① 赵涛：《中华民族复兴的必然选择》，《瞭望》2011年第43期。
② 《2018年全国新闻出版业基本情况》，《中国新闻出版广电报》2019年8月29日第2版。

第二章 中国文化产业价值取向建构的历史审视与现实问题

是处于文化强势地位的国家"一方面攫取更多的经济利益,另一方面也会把它的价值观念强加到处于文化弱势的国家,从而产生一系列的不利影响。"① 以美国为首的西方国家正是通过"文化跟着贸易走"的战略,不断加大对中国的文化输出和思想渗透,西方价值观正是以这种潜移默化的方式投射到中国文化产品中。一些西式的价值标准、精神信仰、生活方式和审美情趣搭载大众文化产品的平台纷至沓来,干扰了中国主流文化和价值观的良性运行,形成了对中国社会主义核心价值观的冲击和消解,这种文化交流中"西强我弱"的现象值得警惕和重视。

## 二 文化产品艺术性有待提高

"艺术性是指文化产品审美育人、提升情趣、陶冶情操的作用"②。当"GDP""票房""点击率""码洋""收视率"等以经济数据为特征的主题词成了考核文化产业的量化指标时,文化产业的发展不可避免地走向了另一个极端,文化产品的艺术性必然下滑,格调不高、导向不明确甚至低俗等消极现象成了困扰文化产业发展的主要问题。这些问题同社会主义文化大发展大繁荣的主流相比,虽然只是支流,但是带来的负面影响极其严重。

（一）过度商业化现象

我们发展文化产业不仅要有利润指标、产值指标,同时更本质的,要有文化和精神指标,无论人们怎样强调文化产业的经济属性,其文化属性是文化产业的根本属性,在文化产业的总体结构中永远处于主导地位。然而在文化产业发展过程中,个别企业或个人在经济利益的驱动下,违背文化发展规律,刻意淡化文化产业的"文化"规范,过多地从经济方面规划文化产业的发展,呈现出了只追求单一的经济指标的"过度商业化"的倾向。

---

① 谢名家:《文化产业的时代审视》,人民出版社2002年版,第265页。
② 李长春:《文化强国之路:文化体制改革的探索与实践》（下）,人民出版社2013年版,第683页。

所谓过度商业化,"指的是丝毫不考虑文化产品的精神属性,一味追求商业价值,唯利是图地攫取文化市场的超额利润。"① 对经济效益的盲目追逐在文化产业的发展历程中一直居于举足轻重的地位,对文化产业过度商业化的批判一直不绝于耳。在资本主义条件下从马克思到法兰克福学派都对文化工业持批判甚至否定的态度,因为文化变成商品导致了文化的世俗化与拜物教倾向。马克思很早就谈到了"商品拜物教"的问题,"它使医生、律师、牧师、诗人和学者变成了受它雇佣的奴仆。"② 法兰克福学派对文化产业发展的商业逻辑批判入木三分,其中雷克海默与阿多诺在《启蒙辩证法》中提出:"由于出现了大量的廉价的系列产品,再加上普遍进行欺诈,所以艺术本身更加具有商品性质了。"③ 马尔库塞所言资产阶级的艺术产品都是商品,"肯定文化用灵魂去抗议物化,但最终也只好向物化投降。"④

在社会主义初级阶段,在市场经济大潮的冲击下,中国文化产业的发展也出现了片面追求经济效益的过度商业化倾向。邓小平同志严肃地指出:"有些混迹于艺术界、出版界、文物界的人简直成了唯利是图的商人。"⑤ 文化产业的"过度商业化"表现在以下两方面:一是混淆了文化产品与精神产品的区别。只看到了文化产品所具有的物质产品的一般商品属性,没有充分认识到文化产品的特殊性,放弃了文化生产过程中特殊规律和文化产品的独有的精神特征。这也就导致了文化生产消极、庸俗地迎合市场,发展文化产业注重收效、收入和利润,把文化产业简单地理解为赚钱的工具,见利忘义、见商忘文,生产格调低下甚至有严重政治问题的文化劣品。二是片面强调市场在文化资源配置中基础性作用,将文化产业发展推给市场。毫无疑问,

---

① 肖舒楠:《过度商业化正使我们的文化遭遇灭顶之灾》,《中国青年报》2011年7月28日第7版。
② 《马克思恩格斯全集》第4卷,人民出版社1958年版,第468—469页。
③ [德]马克斯·霍克海默、西奥多·阿道尔诺:《启蒙辩证法》,洪佩郁、蔺月峰译,重庆出版社1990年版,第48页。
④ [美]赫伯特·马尔库塞:《现代文化和人的困境》,李小兵等译,上海三联出版社1989年版,第189页。
⑤ 《邓小平文选》第三卷,人民出版社1993年版,第43页。

## 第二章 中国文化产业价值取向建构的历史审视与现实问题

市场具有其自身的优点，能够较为合理地实现资源的优化配置，在发展社会主义市场经济过程中，我们要发挥市场在资源配置中的基础性作用。但是文化建设有别于经济建设，一味强调市场的基础性作用就会造成文化生产以市场马首是瞻的后果，并诱发了发展文化产业就是文化产业化的误解。针对这种倾向，针对这种一切向钱看的现象，正如冯骥才所言，申遗不是为了文化遗产而是为了金钱，"就像有的人对待曹操墓，并不是考虑曹操墓被发掘出来，会给社会带来多大的精神文化价值，而是首先想到4.5亿元的产值"。

因此，在发展文化产业时，我们要充分考虑到文化产业双重属性，既要按市场规律办事，又不能唯市场是从，以保证国家对文化市场的调控能力，实现将社会效益放在首位的前提下经济效益与社会效益的统一。

（二）"三俗"现象

"三俗"是指低俗、庸俗和媚俗，这是自20世纪90年代开始在文化领域蔓延的一种不良文化倾向，特指文化产品从创作理念到表现形式上受经济利益驱动，迎合观众窥视、猎奇的低级趣味，消解了文化产品的思想内涵和品位格调，严重影响了整个文化产业发展的生态环境。文化部部长蔡武在接受新华社记者采访时表示："近年来，文艺创作存在一些问题，特别是低俗化、娱乐化倾向严重。"[1] 应该说，市场机制的介入为中国的文化产业的发展注入了巨大的活力，它在多层次满足人民精神文化需求同时也带来一些负面的影响，利益导向机制导致文化产业盲目迎合受众口味，出现了低层次产品、低级趣味产品充斥市场的现象，存在着真、善、美和假、恶、丑的矛盾，出现了片面追逐经济效益而忽视甚至放弃社会效益的问题，透出一种"庸俗""低俗""媚俗"倾向。"有的调侃崇高、扭曲经典、颠覆历史，丑化人民群众和英雄人物；有的是非不分、善恶不辨、以丑为美，过

---

[1] 《蔡武强调用新的文化发展理念解决我国文化发展中的问题》，《文化市场》2010年第5期。

度渲染社会阴暗面"①，从争夺名人故里到兴办假历史祭祀活动，从商标名称滥用到假洋文化，从"选美热"到"网游企业邀请苍井空参会"，从网络红人"芙蓉姐姐"到"不雅照女主角做代言人"，还有被大众传媒不断炒作的明星三角恋情、隐私以及绯闻艳照等，这些丧失道德底线、混淆是非的文化活动被大肆炒作以满足小市民的猎奇心理。同时，非法出版物问题也日益突出，严重干扰了文化市场秩序，侵蚀了身心健康。虽然，近些年来非法出版物查缴数量不断呈下降状态，但是数量依然很大（见表2.5），其中2019年全国取缔关闭淫秽色情网站4.3万个，这都表明文化产业发展不仅存在"有数量缺质量、有'高原'缺高峰的现象"，而且存在"搜奇猎艳、一味媚俗、低级趣味"②的问题。

表2.5　　　　　2010—2021年全国查缴非法出版物总量　　　（单位：万件）

| 年份 | 2010 | 2011 | 2012 | 2013 | 2014 | 2015 | 2016 | 2017 | 2018 | 2019 | 2020 | 2021 |
|---|---|---|---|---|---|---|---|---|---|---|---|---|
| 总量 | 4437 | 5200 | 4508 | 2053 | 1579 | 暂缺 | 1600 | 3090 | 1590 | 1710 | 1700 | 1500 |

资料来源：中国扫黄打非网，www.shdf.gor.cn。

（三）泛娱乐化现象

娱乐化既是文艺作品赢得观众的一项重要指标，也是实现世俗利益最大化的手段。大众文化兴起，受众娱乐要求膨胀，受"注意力经济"的利益驱动，文化产品越来越疏远宣教功能，过度彰显娱乐功能，当今大众文化产品越来越打上娱乐化的标签。我们在感慨文化产品越来越丰富的同时，也不得不正视娱乐文化包含的负面因素，即文化产业的"泛娱乐化"倾向。泛娱乐化，是指大众传媒通过制作或播出格调不高，甚至低俗的节目，并通过人为制造笑料以取悦观众、赢得收视率，如选秀、征婚、戏说历史；等等。

市场经济条件下，文化产业的娱乐化在一定区域、范围、方式上

---

① 《十八大以来重要文献选编》（中），中央文献出版社2016年版，第124页。
② 《十八大以来重要文献选编》（中），中央文献出版社2016年版，第124页。

第二章　中国文化产业价值取向建构的历史审视与现实问题

有其合理性，是客观的社会现实，这也是文化产业本身具有的功能之一，它能够陶冶情操，给予受众轻松与美感的同时赢得审美认同。但是文化产业的精神属性决定了我们不能把文化产业理解为单一的"功利性"产业、"娱乐化"产业。泛娱乐化是用娱乐表象消解文化内涵，容易造成人的精神肤浅化、庸俗化等，娱乐过后留给消费者的不过是一地文化垃圾，如美国学者尼尔·波兹曼在《娱乐至死》一书中所写："如果文化生活被重新定义为娱乐的周而复始，如果严肃的公众对话变成了幼稚的婴儿语言，总之，人民蜕化为被动的受众，而一切公共事务形同杂耍，那么这个民族就会发现自己危在旦夕，文化灭亡的命运就在劫难逃。"①

### 三　文化产品民族性有待增强

任何一个国家要发展自己的文化产业就要充分利用本国的传统文化，追寻自己文化传统，保护民族文化资源，认识自己的文化特性，这是发展文化产业的一个重要前提。然而现阶段，中国文化产业的发展民族特性彰显不足，具体表现如下。

#### （一）民族传统文化面临边缘化危险

文化产业的全球化，使文化产品的生产、传播和消费具有了全球性的特点，文化产品的互动趋势总是从文化产业发达国家流向发展中国家，这一特性在促成了不同国家文化交流和文明进步的同时，也导致弱势国家的民族传统文化面临边缘化的危险。

在历史上，中国的丝绸、茶叶、陶瓷曾作为中国的文化名片而畅销世界；在现实中，圣诞老人、好莱坞、GRE、迪士尼、麦当劳、可口可乐、苹果手机等具有西方象征意义的文化符号席卷而来，中外文化交流中我们处于严重的文化"赤字"。深厚的民族传统文化，不仅是我们文化发展的母体，也是我们国家安身立命的根基。中国的文化产业发展要从传统文化中汲取营养，比如"仁义礼智信""温良恭俭

---

① ［美］尼尔·波兹曼：《娱乐至死》，章艳译，广西师范大学出版社2004年版，第202页。

让",生产蕴含民族文化特色、文化元素的产品。但令我们感到尴尬的是,在中国走向现代化的过程中,传统文化的民族特色和时代价值面临被边缘化的危机。在现实生活中,民族传统节日让位于西方节日,传统文化精品让位于西方文化快餐。圣诞老人、好莱坞、迪士尼、麦当劳等具有西方象征意义的文化符号席卷中国,使人们在生活方式和消费方式上越来越趋同于西方。在文化心理上,中国知识分子依然在"审父"与"审己"两种思维之间徘徊,将一切问题都归结为"'去中国化'不够彻底"①。在这场不对等的中西文化交流和碰撞中,一方面,我们坐拥丰富的传统文化资源,如神话、史诗、舞蹈、剪纸、刺绣、端午节等有形的和无形的文化遗产,然而体现民族文化特色和具有国际影响力的精品力作没有充分涌现;另一方面,我们拥有95家世界500强企业,却任由众多跨国文化公司在中国"跑马圈地",如时代华纳、迪士尼、梦工厂、贝塔斯曼、索尼、日本广播公司等强势登陆中国文化市场,"通过电影,人们逐渐熟悉美国的产品、美国的生活方式、行为模式和价值观念,……想开美国的车,吃美国的食品,穿美国的衣服,更糟糕的是,人们将会对自己的本土文化和传统失去尊敬。"②

近十几年来,中国虽然也培育出了万达文化产业集团、凤凰出版传媒集团、南方报业集团、上海文广新闻传媒集团等大型文化产业公司,但是与海外跨国文化公司相比,在资金实力、管理经验、技术创新、原创内容等方面存在着较大的差距。国内一些大众文化产品缺乏文化自觉和文化自信,常常流露出一种对民族文化的疏离与鄙夷情绪,文化创新创意不是去发掘和解读民族文化所秉有的深邃而崇高的民族精神,让人们在娱乐休闲中感受和传承传统文化,而是追捧和模仿美日韩模式,导致文化产业核心创意缺失、文化产品主流价值诉求模糊。这不仅为中国的文化安全敲响了警钟,也为中国民族文化的生存和发展提出了新的挑战:文化产业不仅创造经济价值,而且建构文

---

① 王岳川、胡淼森:《文化战略》,复旦大学出版社2010年版,第83页。
② 参见张骥《中国文化安全与意识形态战略》,人民出版社2010年版,第197页。

## 第二章 中国文化产业价值取向建构的历史审视与现实问题

化身份,当我们在疏远民族传统文化的时候,也必然失去国内观众的认同。中华民族正在经历最伟大最深刻的历史巨变,优秀的传统文化要为中华民族的伟大复兴提供精神文化支撑,体现优秀传统文化的文艺作品的创作正当其时。习近平总书记在全国宣传思想工作会议上提出了"四个讲清楚",这对于我们进行文化产品生产创作时正确弘扬中华民族优秀传统文化提供了所要遵循的基本原则。

### (二)行为方式上的崇外主义

所谓崇外主义,就是在文化产业发展过程中,由于西方发达国家的文化强势地位,文化产品生产和创造者迷信西方思想文化,盲目模仿西方生产方式和生产理念,而对自己的民族文化弃之不理。

中国作为有着五千年文化底蕴的文明古国,有着鲜明的民族特色和丰富的历史文化资源,但是我们在发展文化产业的过程中经常是弃之不用,而富含国外文化元素的娱乐节目却被顶礼膜拜和倾力效颦。如《超级女(男)声》是湖南台模仿《美国偶像》此类节目而来;《中国达人秀》的节目模式是移植《英国达人秀》;《中国好声音》内容购自全球热播的《The Voice》(荷兰之声);《爸爸去哪儿》版权和模式源自韩国MBC电视台综艺节目《爸爸我们去哪儿》。诚然,这些节目的出现带来了火红的收视率和关注度,但从文化的传承和创造来看,让过多的舶来品充斥中国电视文化市场无疑会危及中华传统文化。"文艺创作不仅要有当代生活的底蕴,而且要有文化传统的血脉。""如果'以洋为尊'、'以洋为美'、'唯洋是从',把作品在国外获奖作为最高追求,跟在别人后面亦步亦趋、东施效颦,热衷于'去思想化'、'去价值化'、'去历史化'、'去中国化'、'去主流化'那一套,绝对是没有前途的!"[①] 一味地"崇洋媚外"让传统文化精髓流失,创造力缺失,反映资本主义意识形态的文化形式在传播的过程中必将培养出具有西方风格的消费群体。

与此形成鲜明对比的是同期的西方国家则重视本土文化资源的挖掘,如欧洲更加重视电视节目的本土化,大多数欧洲成员国能够遵守

---

① 《十八大以来重要文献选编》(中),中央文献出版社2016年版,第135—136页。

有关促进欧洲地区音像作品创作和生产的法规,这些国家播放或可点播的电视节目中有65%产自欧洲本土,独立创作或制作的电视节目占总播出时间的34%,远高于欧盟要求的10%的标准。① 因此,我们在中西方文化交流中,既不崇外,也不排外,既要大力引进国外文化产业技术、管理模式以及文化资源,又要深刻认识到中国弱势的文化产业所受到的冲击和挑战,要做到兼收并蓄、综合创新。

(三)民族文化资源大量流失

文化资源是一种动态的、非独占的精神财富,文化产业发展的过程"实质就是文化资源不断转化为文化产品、文化服务的价值实现过程"②,这决定了文化资源的开发利用在文化产业发展过程中具有不可替代的重要地位和作用。但是长期以来中国一直没有对传统文化资源进行较好的保护和开发,民族传统文化资源遭到严重侵权和大量流失,文化资源保护意识的缺失和文化创意的孱弱都造成了中国文化产业的难言之痛,如楼兰古城最完整的资料在大英博物馆,敦煌文书在日本,湖南滩头年画在德国和日本的收藏家那里。入世之后,跨国文化产业集团利用其成熟的市场运作模式、雄厚的资金实力和先进的技术把中国的文化资源重新制作,进行创新,生产出具有现代价值取向的大众文化产品。如中国的花木兰、葫芦娃、宝莲灯等传统经典故事家喻户晓,但没有一个真正走向世界的。同样的故事,同样的文化元素,迪士尼却能赢得全球票房,《功夫熊猫》文化元素全是中国的,却赢得6亿美元全球票房;花木兰是中国的,被美国拍成了电影;《三国志》是中国的,被日本开发成网络游戏;药膳文化源自中国,却体现在韩剧《大长今》中;少林功夫是中国的,却被美日等国注册成商标。

文化资源的挖掘和开发位于文化产业链的上游,决定了文化产品的价值含量,是文化产业可持续发展的基础。文化资源的流失意味着文化产业发展优势的丧失,西方国家对中国文化资源的"西方式"

---

① 《寰球传媒》,《现代视听》2012年第9期。
② 丹增:《文化产业发展论》,人民出版社2005年版,第101页。

第二章 中国文化产业价值取向建构的历史审视与现实问题

解读,容易误导人们对传统文化的认知。迪士尼版的《花木兰》不再是具有中国传统文化底蕴的"巾帼英雄"和"孝烈将军",而是进行了大胆的符合西方人心理和习惯的改编,"孝"的概念淡化了,着重突出了花木兰强烈的个人意识和实现个人价值的欲望,体现了美国主流文化的个人主义价值观和西方社会的价值体系。在《功夫熊猫》中,中国功夫、中国故事、中国元素完美地体现于好莱坞电影中,水墨山水背景、描绘、针灸、杂耍、功夫、店小二等中国传统文化表现得淋漓尽致,善恶对立的武侠背景和美式励志的普世价值交相融合,"东方神秘主义通过极具中国或者东方色彩的视觉元素,完美呈现在电影中,乌龟大师仙逝的段落,完全是羽化升仙的视觉再现,显示了创作者对东方生命哲学,从内在因果逻辑到外在物化的表象,都有非常精湛的了解和认同。"[①] 这些耳熟能详的经典故事和文化元素,被海外文化工厂按照他们的价值标准和商业逻辑重新打造,跨越了国家、民族界限,将一个海外的后现代的电影文本推向世界,给观众带来不同的视觉冲击和文化冲击,这将导致文化资源流失、传统文化精神和价值被扭曲、民族意志被消解。

## 四 文化产品国际认同度有待改善

(一)国际文化市场份额低

中国文化产业处于全球文化产业链低端,"尽管输出了大量文化产品,但在国际文化市场中文化品牌的认知度依然较低,直接影响了国际文化市场的保有量和单位产品的经济效益。"[②] 联合国《2008创意经济报告》显示,中国的创意产业出口主要集中在低端的文化产品制造,而不是技术和观念,如电视机、电子游戏机、工艺品、设计产品等,而核心文化产品输出仍然不足,尤其是视听内容产品及版权贸易还相当匮乏。2009—2018年中国与西方国家的版权引进和输出情

---

① 梁捷等:《"〈功夫熊猫〉热"引发的文化思考》,《光明日报》2008年7月31日第5版。

② 张骥:《中国文化安全与意识形态战略》,人民出版社2010年版,第207页。

况存在巨大逆差,虽然逆差从 2009 年的 11∶1 降到了 2018 年的 4∶1 (见图 2.1),但是版权贸易逆差依然维持在较高的比例上。版权业作为文化产业的核心组成部分,直接关系文化产业的国际竞争力,版权引进与输出的巨大逆差则意味着文化逆差,导致的后果之一就是国外受众尤其是西方不了解中国,反映中国民族特色和时代精神的核心文化产品走出国门依然任重道远。

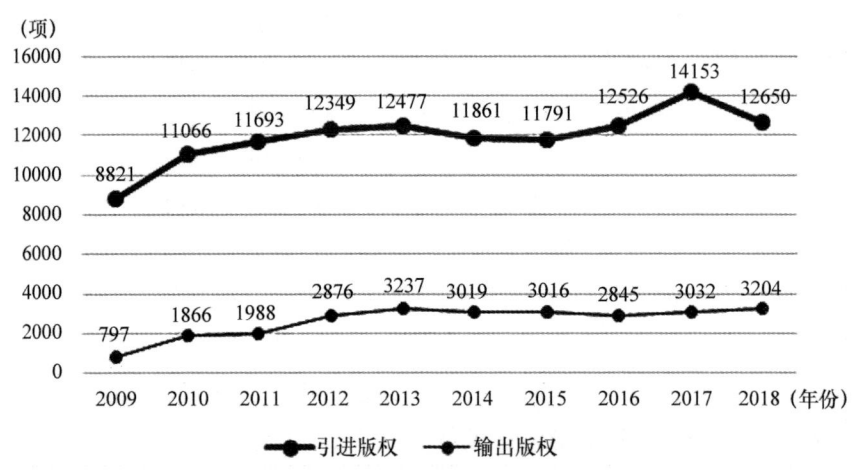

**图 2.1　2009—2018 年中国与西方国家的版权引进和输出**

引进版权:2009年8821,2010年11066,2011年11693,2012年12349,2013年12477,2014年11861,2015年11791,2016年12526,2017年14153,2018年12650。

输出版权:2009年797,2010年1866,2011年1988,2012年2876,2013年3237,2014年3019,2015年3016,2016年2845,2017年3032,2018年3204。

资料来源:根据 2009—2018 年全国新闻出版业基本情况整理而成。

2013 年《国际文化产业发展报告及资讯》显示,2012 年美、德、英、法、日五国占据了世界文化市场 65% 的份额,其中美国高达 23%,德国为 15%,英国为 14%,法国为 7%,日本为 6%。在文化服务贸易领域,发达国家表现为高额顺差,其中美国高达 811 亿美元,英国为 165 亿美元,日本为 76 亿美元,法国为 37 亿美元,德国为 14 亿美元。而中国占世界文化市场份额不到 3%,文化贸易逆差为 63.87 亿美元。这说明在中国国际贸易体系中,文化贸易额显得微不足道,中国外向型文化产业只占文化产业整体很小的一部分,文化产业对国际市场的参与程度很低。

第二章 中国文化产业价值取向建构的历史审视与现实问题

（二）国际文化传播存在误读

中国文化产品"走出去"在内容和形式上相对单一、单薄，"走出去"的过程并不通畅，传统文化虽然占据了中心位置，但却饱受质疑；而在中国文化发展中起主导地位的社会主义先进文化，尚未被全面认知，甚至存在一定程度上的误读现象。

首先，中国传统文化输出遇阻。在中华文化"走出去"的过程中，传统文化由于包含了更多的普适性的价值因素更容易走进西方社会，从而占据了文化输出的中心位置。在法国市场上销售的中文图书大部分为中医保健、食谱和武术；在俄罗斯，中国功夫、烹饪和风水书籍长期畅销。一方面由于东西方文化理念差异，另一方面由于受制于意识形态因素，再加上中国的传统文化创造性转化不够，致使不少民众对中国文化产生了误解，甚至对改革开放的中国产生了误判。

其次，中国主流文化产品难以被全面理性认知。长期以来，由于中西方在经济、政治和文化等方面存在着较大的差异，再加上中国的国际话语权相对较弱，西方国家对中国文化的认知仅仅停留在实用文化层面，而对反映中国思想文化和时代精神的主流文化产品则关注度不够，致使中国特色社会主义文化难以被全面理性认知，甚至被抵制。根据《中国国家形象全球调查报告2018》显示，海外受访者认为中餐（55%）、中医药（50%）、武术（46%）是最能代表中国的三个方面，而反映现代中国的影视作品（10%）、文学作品（11%）则认可度很低。[①] 而国外尤其是英语圈国家对中国特色社会主义政治话语总体知晓度更低，比如中国梦（8.2%）、共产党（8.1%）、命运共同体（8%）、中国道路（7.7%）、中国声音（7.6%）、中国特色社会主义（6.7%）、和平发展道路（6.6%）等。[②] 可见，主流文化产品不"走出去"就意味着中国现代国家形象难以被西方主流社会接受，中国特色社会主义价值观念就很难被西方世界所认知、理解

---

[①]《中国国家形象全球调查报告2018》，中国外文局2019年版，第32—34页。

[②] 中国外文局：《中国话语海外认知度调研报告》，http://guoqing.china.com.cn/2018-02/17/content_ 50550737. htm。

和认同,而负面形象则不断被夸大和炒作。

表2.6　　　　英语圈国家民众对中国话语知晓度分榜单　　　（单位:%）

| 选项 | 中国梦 | 共产党 | 命运共同体 | 中国道路 | 中国声音 | 中国特色社会主义 |
|---|---|---|---|---|---|---|
| 选项百分比（美国） | 8.2 (5.8) | 8.1 (7.1) | 8 (6.5) | 7.7 (5.8) | 7.6 (4.5) | 6.7 (4.5) |

资料来源:《中国国家形象调查报告2013》,中国外文局2014年版,第10、11、14、15页。

### (三) 国家形象塑造存在偏差

在全球化的潮流下,要提升中国的国际地位就必须提升国家形象,其中重要的就是文化形象,这一目标的实现离不开中国文化的推广和传播,而文化产业是推动中国文化"走出去"的主导力量。当前,中国文化产业发展并未取得与经济相匹配的地位,国家形象的塑造方面做得还不够。根据2019年9月25日《环球时报》所属环球舆情调查中心发布的《新中国成立70周年变化的跨国民意调查报告》,新中国的发展变化最受海外关注的依次是经济发展(59%)、国际地位(42.9%)、科技实力(40.7%)和人民生活水平(40%),海外受众对中国经济影响力认可度最高,但是对文化认可度较低。从调查问卷结果可以看出,中国在国际上是经济与文化影响力不匹配。

文化产业是文化"走出去"的主导力量,在提升国家软实力方面具有举足轻重的作用,然而现阶段中国的文化产业提升中国国家形象的作用方面明显支撑不够。2010年英国经济总量第五位,文化出口却高居第二位,以创意为基础的设计、电影、艺术、建筑和时装形成了世界级品牌,大大提升了软实力和国际形象;而同期中国经济总量居世界第二位,文化产业总量排在第六位,文化出口额排在第七位,中国文化产品在海外市场占有率很低,文化的影响力相对经济而言相形见绌,在绝大多数西方人眼中,舞龙舞狮、踩高跷、扭秧歌、大红灯笼、好吃的中国餐加上非常模糊的孔夫子成了"最中国"的文化符号。中国缺少享誉全球的文化品牌,主流文化产品"走不出去","走出去"的很难落

## 第二章 中国文化产业价值取向建构的历史审视与现实问题

地生根,有的甚至产生负面影响,"其中有些文化产品营造的是'东方情调'和被凝视的'他者'形象","比如裹小脚、抽大烟、三妻四妾等属于早被抛弃了的文化糟粕,却在某些走出去的作品中被津津乐道"①。如《霸王别姬》《卧虎藏龙》《英雄》《十面埋伏》等影片无疑传播了中国的传统文化,让中国功夫享誉全球,极大地提升了中国的文化软实力,但是,令人担忧的是,"这些影片均有意回避了主流价值的宣扬,在国家形象的塑造上陷入了一种边缘叙事"②。这些影片大多反映的是古代中国,文化信息的缺失扭曲了现代的中国形象,认为中国人还梳着长辫子、穿着长袍、会功夫等,观众目光聚集于银幕显示的宫廷争斗、骨肉相残和权力斗争,中国传统文化的精髓遗弃殆尽。这些文化产品案例也说明,国家形象的正面塑造对文化产品的内容要求越来越高,合格的文化产品必须植根本土文化土壤、具有本国文化特色和时代特色,同时有鲜活的艺术性和审美情趣,这样的文化产品进入市场才能够产生巨大的社会效益和经济效益,才能够起到宣传中国主流文化价值、提升国家形象的作用。

同发达国家相比,中国文化产品对受众的影响力还存在很大差距。据统计,中国青少年最喜爱的动漫作品中,中国原创动漫仅占11%,而日本动漫则高达60%,欧美占了29%;中国青少年最喜爱的20个动漫形象中,有19个来自国外,来自中国的只有孙悟空一个。中国青少年在大量消费这种文化产品时,逐渐成为"哈韩""哈日""崇美"一族。美日韩等国借助于娱乐产品实现了文化传播价值和资本价值的双赢,伴随而来的中国国家文化软实力与文化安全问题也引起了学界的关注和担忧。"全球化进行同时是一种控制和权力的过程,在这一进程中,主导社会的主流文化模式成为范本,是他者必须追求的目标。"③ 然而,中国的文化产业在建构国家形象、弘扬社

---

① 范玉刚:《道可道非——关于文化价值的祈想》,人民日报出版社2011年版,第212页。
② 顾江:《文化产业研究》,东南大学出版社2009年版,第60页。
③ [英]拉雷恩:《意识形态与文化身份:现代性和第三世界的在场》,戴从容译,上海教育出版社2005年版,第214页。

会主义核心价值观、提升文化软实力方面没有起到应有的担当。

文化产业是文化软实力重要资源,如何在发展文化产业的同时,借助于文化贸易提高中国的国际影响力,让世界感受中国文化价值、中国文化精神和接受中华民族的核心价值观是当下亟待解决的研究课题。

## 第三节 中国文化产业价值取向问题的原因分析

### 一 文化产品商品属性和精神属性的矛盾

（一）文化产品的双重属性及其运行机制

文化产品的双重属性问题,是文化产业领域争议最大的问题,既是经济问题,又是哲学问题,这也是涉及文化产业价值取向的最深层次根源。在社会主义市场经济条件下,文化产品作为一种特殊商品,既有通过市场实现利润的商品属性,又有教育人民、引导社会的精神属性,其中商品属性是一般属性,精神属性是特殊属性。

文化产品具有商品属性,决定了文化产品具有商品价值,文化生产要受到商品价值规律制约。马克思指出:"宗教、法庭、国家、法、道德、科学、艺术等等,都不过是生产的一些特殊的方式,并且受生产的普遍规律的支配。"[①] 这个"普遍规律"其中就包含价值规律,价值规律是市场经济的基本规律,商品的价值由生产商品的社会必要劳动时间决定,商品交换要以价值为基础进行等价交换。价值规律既是调节商品生产的规律,又是调节商品交换的规律。在市场经济条件下,文化产业发展是以市场为取向,以利润最大化为目的,绝大多数文化产品都是以商品形式进入市场消费的,通过市场消费实现自身价值。因此,文化产品的生产、流通、消费等环节也是遵循市场的一般法则,要以价值规律为基础,遵循一般产业的机制、规律、特点进行生产,受供求机制、价格机制和竞争机制的制约和影响。

---

[①] 《马克思恩格斯全集》第3卷,人民出版社2002年版,第298页。

## 第二章 中国文化产业价值取向建构的历史审视与现实问题

文化产品不仅具有商品属性,而且具有精神属性或社会属性,这也就决定了文化产品还是一种社会产品,具有精神价值或社会价值,具体表现为社会效益,体现社会的主体价值标准,受社会价值规律的制约。文化的社会价值是指文化内在的社会属性在价值层面的外化和凝结,是哲学意义上的价值,具体表现为"文化生产、文化产品、文化发展以其要素、结构、属性和功能对社会的生存、发展和完善的积极意义"①。文化生产的社会价值规律是指"文化的社会属性反作用于文化活动所形成的规定性,是社会价值规律在文化领域的具体化"②。

(二)文化产品双重属性之间的矛盾及表现

文化产品具有商品属性和精神属性决定了文化产业发展存在着经济效益与社会效益并存的多元化目标追求。一方面文化产品的商品属性决定了其生产和传播要遵循市场规律运作,即文化产品的产业化和商业化运营,以取悦人的感官需要为主,以实现利润最大化为目的,削平审美空间,助长享乐主义,造成对文化价值的贬损;另一方面文化产品的精神属性决定了其发展是为了满足人们多样化的精神需求和提高人的素质,文化产业要以社会效益为首要目的。在商品属性和社会属性的双重决定下,在市场经济规律和社会价值规律的双重运作下,经济效益和社会效益的追求就发生了原则性的矛盾和冲突。文化产业发展过程中就出现了"劣币驱逐良币"的现象,其深层次的根源就在于文化产品的社会属性和商品属性、社会价值和商品价值的矛盾,这一矛盾表现为"文化生产中一些创作者往往会产生将商业价值追求超越和脱离艺术、社会价值创造的非理性行为"③。一旦文化产业偏离了社会价值创造这一本质目标,在缺乏政府的有效引导和管理下,这一矛盾就会激化,社会价值就会屈从于经济价值,文化逻辑就会屈从于资本逻辑,文化产业的价值取向就进入了误区。

---

① 张曾芳:《论文化产业及其运作规律》,《中国社会科学》2002年第2期。
② 蔡尚伟:《文化产业导论》,复旦大学出版社2006年版,第120页。
③ 刘诗白:《论现代文化生产》(下),《经济学家》2005年第2期。

## 中国文化产业发展的价值取向研究

马克思早就对资本主义精神生产的商品价值与艺术价值的矛盾作出了精湛的说明,"资本主义生产就同某些精神生产部门如艺术和诗歌相敌对"。文化批评家詹明信曾说,"美感的生产已经完全被吸纳在商品生产的总体过程之中","美的生产也就愈来愈受到经济结构的种种规范而必须改变其基本的社会文化角色与功能"①。这都说明了文化生产的商品属性与社会属性的矛盾。这不仅适应于资本主义社会,也适应于社会主义初级阶段的文化生产和传播。

在社会主义初级阶段,一旦缺乏政府有效的调控、引导和先进文化的指引,文化产品的商品属性与社会属性的矛盾就会激化,资本逻辑就会主宰文化产业的发展进程。文化产业一旦受到资本的宰制和把控,对社会效益的追求就会屈从于经济效益的创造,文化生产就会偏离正轨,文化产业内容贫乏、质量下降,文化价值也就逐渐丧失,就会出现"文化产业没文化"的现象。自1978年改革开放以来,中国文化产业获得了突破式的发展,自20世纪80年代大众文化兴起,到2001年文化产业合法性身份确立,再到党的十七届六中全会文化产业"支柱性产业"目标的确立,文化产业发展对中国经济的贡献越来越大,文化产业在国民经济中的地位越来越高。但是进一步看,文化产业的发展在推动经济增长、满足人民群众日益增长的精神需求的同时,也出现了劣质文化产品驱逐优质文化产品、经济效益主导了社会效益的现象。经济效益好的文化产品社会效益未必好,社会效益好的文化产品经济效益未必好。

但是社会主义市场经济条件下文化产品的商品属性与精神属性的矛盾并非不可克服,随着社会主义核心价值观引领力的不断增强,随着市场经济发育日益成熟、政府调控不断完善和人民素质不断提高,文化产品生产和创作者会自觉地提高产品质量,丰富产品内涵,体现社会效益要求。社会效益的提高促进人的素质的提升,文化产品受众广,市场占有率高,经济效益必然也有了保障。这样文化产业的社会

---

① [美]詹明信:《晚期资本主义的文化逻辑》,陈清侨译,生活·读书·新知三联书店1997年版,第429页。

第二章　中国文化产业价值取向建构的历史审视与现实问题

属性与商品属性、社会效益与经济效益就实现了统一。

## 二　市场失灵与政府缺位

### （一）市场失灵与文化产业发展

充分发挥市场机制在资源配置中的决定性作用，是最有效的促进经济繁荣、实现文化产业快速发展的前提之一，但是市场有自身弱点和消极面，单纯依靠市场自身调节，就会出现"市场失灵"的现象，文化市场作为市场经济的一种存在形态，也同样存在这个问题。中国现阶段文化产业发展，不仅包含了市场经济一般的"市场失灵"，还包含了中国现阶段特有的文化市场发育不成熟的问题。

1. 文化市场的功能局限性

虽然市场机制能更好地实现资源的优化配置和满足人民精神文化需求，但是市场机制不是万能的，不是包治百病的灵丹妙药，它也有自身的局限性，在一定程度和一定范围内不可避免地存在失灵的现象，文化市场同样存在这个问题。1958 年，贝托·M. 弗朗西斯首次提出市场失灵的概念，此后法国学者罗奈·勒努阿从六个方面分析了与市场失灵相联系的市场局限性：①市场有政治上的界限；②市场有分配上的界限；③市场有社会化上的界限；④市场有伦理上的界限；⑤市场有生态环境上的界限；⑥市场有作用上的界限。[①] 市场在推动经济发展的作用上有其功能局限性，文化产业发展中存在着普遍的市场失灵的现象，就会导致文化产业发展偏离社会的预期目标。

文化产业是特殊的产业，具有商品和意识形态双重属性。文化产业的意识形态属性决定了其外部性特征更为明显，不仅体现在经济领域，而且体现在政治、社会、文化领域，不仅有正外部性，而且有负外部性。文化产业的健康发展需要鼓励正外部性和规制负外部性，需要把经济效益与社会效益、整体利益与局部利益有效结合与平衡协调，但是市场的自发机制难以有效地达到这一点。单纯依靠市场调

---

① 李其庆编译：《法国学者勒努阿谈市场与市场经济的效益和局限》，《国外理论动态》1992 年第 41 期。

节，把利润最大化作为目标，是文化市场主体的集体无意识。在利益的驱动下，文化市场主体行为往往会发生经济效益与社会效益、先进性与广泛性、民族性与时代性、整体利益与局部利益等很难有效结合的矛盾，放之任之就会造成文化市场泥沙俱下，人文环境日益恶化，拜金主义、消费主义泛滥，市场取向就会压倒文化价值取向，这些都是文化产业负外部性的体现和文化市场功能性缺陷导致的结果。根据市场失灵理论，要对负外部性进行限制，依靠政府的宏观调整政策来弥补这一缺陷。

2. 文化市场发育不成熟

中国现阶段文化产业发展中出现的乱象，不仅仅在于一般性的市场失灵，更在于市场体系的不健全，这同样会导致文化产业经济效益与社会效益的背离。市场失灵是市场经济本身固有的现象，无法依靠自身的力量来消除，而市场不健全则是中国处于转型阶段所特有的现象。中国现阶段市场经济体制初步建立，但还不成熟、不完善，保留了不少传统体制的因素。市场不健全在文化产业领域表现得尤为突出。一方面，文化市场主体发育不足。政府职能转变滞后，"管""办"尚未分开。国有文化部门还未形成真正独立的法人实体和市场竞争的主体，缺少优胜劣汰和不断创新的机制，这也就造成了文化资源流动不畅和国有大型文化企业创新意识不足及竞争力缺乏。另一方面，市场制度不健全，缺乏建立长效管理机制进行管理的做法，在监管体制、社会评价体制、文化产品评价体系、利益表达机制和舆论导向机制等方面不完善。文化市场本身的不健全，也就难以有效实现文化市场管理的科学化、规范化和制度化，难以达到文化产品社会效益与经济效益的有机统一。

(二) 政府缺位与文化产业发展

政府对文化市场的干预、调节是必要的，合理的调控可以规制文化产业发展方向、优化文化产业运行环境和规范文化产业发展秩序。但是由于中国文化产业起步较晚，许多经济制度和政策还不完善，随着文化产业迅猛发展，文化产业的管理、运作不可避免地出现了一系列问题，政府职能发挥存在着不少的"缺位"和不足值得反思。

## 第二章 中国文化产业价值取向建构的历史审视与现实问题

1. 管理理念和机制存在欠缺

由于存在着"市场失灵",政府采取一系列的措施来干预和调节市场机制的运作,弥补市场的功能缺陷。然而随着政府对社会经济生活各领域干预的扩大和加强,在弥补市场缺陷的同时,也导致了政府对文化企业经营管理干预过多,同时政府本身存在着职能交叉、多头执法、政事不分、管办不分等造成缺位或错位并存等诸多问题,这都给文化市场环境的改善和文化企业的引导造成种种乱象。

政府的管理理念和管理机制仍未完成转变,多数地区尚未建立统一高效的文化产业管理体制。过去,中国采取的是"政府办文化"计划管理模式,政府对文化事业发展从生产到营销大包大揽。随着文化体制改革推进,文化产业和文化事业分开,文化产业面向市场进行生产和经营,政府并未完成由办文化向管文化、服务文化的转变。且在文化产业推进过程中都会遇到部门"多头管理"和"无人管理"并存的问题以及政府职能的"缺位"与"越位"问题。中国现有的管理机构和管理模式对于庞大的文化市场而言,显然力不从心,造成了文化市场管理不规范,负面效应时有发生,这在很大程度上暴露了中国文化产业发展不够成熟的一面。

2. 文化产业法规、政策建构不健全

中国自20世纪80年代以来就开始文化体制改革,至今已经确立了一系列行政法规和规章制度构筑起来的文化产业政策系统,为促进文化产业快速、健康发展发挥了重要作用。但是中国目前的制度建构仍然远远落后于文化产业的发展速度,中国现行的政策法规体系与中国文化产业发展的要求之间仍然存在矛盾。与西方发达国家相比,中国关于文化产业立法相对薄弱,和文化产业发展需求相比还有很大差距,极大地制约了文化产业的发展繁荣。除了2017年出台的中国文化产业领域的第一部法律——《中华人民共和国电影产业促进法》,文化产业其他领域的立法还处于空白状态,《文化产业促进法》《文化市场管理法》《新闻出版广播影视从业人员廉洁行为规定》《互联网法》都亟须出台。

同时,中国文化产业相关政策的制定对文化产业属性缺乏全面认识和把握。由于文化产业在中国起步晚,在文化产业政策制定过程中,对文化产业属性认识不全面,对政策目标多重性认识不足,政府在市场资源配置的基础上还缺乏有效的宏观调控。在贯彻先进文化的引领方面、社会效益的标准方面、文化产品的评价机制和文化市场的监管方面的政策、规则尚未规范,导致政策稳定性和延续性较差。"在目标设定时往往存在只强调一点而忽视其余的现象,要么过于强调文化产业的经济属性,要么过于强调意识形态属性,而没有真正将经济效益和社会效益结合起来。"[1] 文化产业政策制定对文化产业特殊性缺乏全面把握,这就容易造成文化产业生产、制作和经营者的商业行为、职业道德和获利方式不规范,文化产品商品属性被过分强化,文化市场非正当竞争加剧。在文化产业政策制定的过程中,缺乏整体规划。由于文化内容具有相融性,文化产业涉及多个部门,各部门职能界定难以明确划分,职能交叉,可能造成相互推诿或管理缺位;同时可能因为条块分割、行业和部门利益保护,难以保证文化市场的公平竞争。另外,还存在涉及文化产业发展体制和制度上的一些根本性问题,如管办分离、产权关系不明晰、行政垄断、市场准入过高等。这形成了中国文化产业发展呈现点多、数量分散、规模狭小、竞争力弱的特点。

## 三 文化产业缺乏社会主义核心价值观的有效引领

社会核心价值诉求同文化产业价值取向密切相关。近年来的文化产业价值取向走入误区的一个重要原因就是核心价值观引领问题。

(一) 社会主义核心价值观未有效融入文化产品

中国文化产业的成就有目共睹,但是在文化贸易市场中始终存在着"有'数量'缺'质量'、有'高原'缺'高峰'"[2] 的问题。正如有的学者所指出的那样,文艺生产"有高原缺高峰"的问题根源在于核心价值观缺位。社会主义核心价值观是文化产品所蕴含的精神价值、文化思想性的根本体现,是社会主义的灵魂和支柱,是文化产

---

[1] 欧阳坚:《文化产业政策与文化产业发展研究》,中国经济出版社2011年版,第32页。
[2] 《十八大以来重要文献选编》(中),中央文献出版社2016年版,第124页。

## 第二章 中国文化产业价值取向建构的历史审视与现实问题

业发展的内在依托。文化产业缺乏核心价值观的引领，文化产业发展就失去了精神支撑，就会失去思想性和生命力，甚至偏离正确的方向。

首先，社会主义核心价值观的引导还未做到外化于形。社会主义核心价值观的提炼工作已经完成，但是做到普及和融入还需要一个很长的过程。当前社会主义核心价值观还未有效地融入和渗透到精神文化产品的创作和生产中去，没有做到外化于形，文化产品表达文明高位、雅俗共赏，体现先进文化意境者凤毛麟角。在文化产品、文化服务、文化项目和产业机构的产业表达中还没有充分体现核心价值观理念，没有做到"像空气一样无所不在、无时不有"①，仍然存在不体现价值、不传播价值的现象：文化产品中社会主义核心价值观的建构没有注重艺术的引导，内容和形式还未有机结合，核心价值观融入简单、僵化，还普遍存在着喊口号、贴标签的现象；文化产品中核心价值观的建构没有贴近生活，没有与人民群众的日常生活相对接；文化项目设计片面追求速度、规模和效益，不重视文化精神和社会效益；核心价值观的建构没有观众意识，没有充分考虑观众的认同度和接受力。

其次，社会主义核心价值观的引领还未做到固化于制。将社会主义核心价值观融入文化产品和服务中，关键还需要法律法规的制约和保障。党的十九届四中全会提出"坚持以社会主义核心价值观引领文化建设制度"，但是当前社会主义核心价值观在物态文化之中的统领地位的文化法律制度还不健全，文化产品的生产、创作未纳入法律体系内进行基本的规范，文化产品的社会效益评价标准问题还未形成科学的机制，文化产品创造、传播和管理部门承担着的现实社会责任问题还未进一步明晰。对此党的十八届四中全会指出，要建立健全"坚持社会主义先进文化前进方向、遵循文化发展规律"的文化法律制度，"健全促进社会效益和经济效益有机统一的制度规范"②。党的十九届四中全会

---

① 《把培育和弘扬社会主义核心价值观作为凝魂聚气强基固本的基础工程》，《人民日报》2014年2月26日第1版。

② 《中共中央关于全面推进依法治国若干重大问题的决定》，《人民日报》2014年10月29日第1版。

提出"把社会主义核心价值观要求融入法治建设和社会治理,体现到国民教育、精神文明创建、文化产品创作生产全过程"①。

(二)社会主义核心价值观未能有效转化为大众的文化诉求

文化产业是内容产业,既要有中华文化传承和创新,也要注重核心价值观的传递。中国文化产业发展的主要目标之一就是"文化产品和服务更加丰富多彩,社会主义核心价值观得到进一步弘扬"。但是当前中国文化产业大发展的同时面临着更多的问题和挑战,创作中存在不少回避主流、疏离信仰的现象,背后隐藏的是核心价值观缺失。

文化产业是当今产量最大、受众最多、影响最高的文化形态,"在以市场化手段提供主要文化产品和服务的市场经济条件下,特定的文化内涵和价值观依附于发达的文化产业进行诠释和表达"②,但是社会主义核心价值观对文化产业的融入和引导并没有起到人们所期待的那种效果。现实生活中,社会主义核心价值观权威有余,现实关怀不足,这是文化产业发展与价值观疏离的重要原因。根据人民论坛杂志问卷调查显示,"您认为当前主流文化面临哪些问题",有73.6%受调查者选择"主流文化缺乏现实关怀";"您认为主流文化边缘化是否严重",有55.7%的受调查者表示"严重"或"比较严重"。调查显示了主流文化的边缘化和核心价值观的缺失,一定程度上反映了人们对核心价值观的漠视和背离,这也就导致了文化产业内容匮乏和价值诉求模糊。社会主义核心价值观只有被人们普遍接受、理解和认同,才能成为社会的群体意识和价值共识,才能起到价值引领作用。"三个倡导"的提出标志着社会主义核心价值观的形成,但是并不意味着控制力、穿透力的强大和主导地位的确立。社会主义核心价值观从提出到宣传到普及到融入是一个循序渐进的过程,还有很长的路要走。如果核心价值观的践行并没有实现精英化、典型化与平民化、大众化结合,普适性、基础性和广泛性相结合,而只是停留在文化、宣传口号上,那么也就失去了对文化产业

---

① 《中共中央关于坚持和完善中国特色社会主义制度、推进国家治理体系和治理能力现代化若干重大问题的决定》,《人民日报》2019年11月6日第1版。

② 周凯:《核心价值观的缺失与构建传播——中国文化产业发展反思与对西方文化产业的借鉴》,《东岳论丛》2012年第9期。

发展应有的吸引力、感召力和认同力。社会主义核心价值观如果不能渗透到文化产业中，就发挥不了对文化产业的价值引导作用，就不可能真正起到引领社会思潮、影响日常生活的目的。当前文化产业发展中出现的诸多乱象，很大程度上在于弱化甚至忽视对社会主流价值的诉求，甚至消解、颠覆主流价值观。

**四 文化产业核心竞争力不足**

当中国积极融入全球化进程时，中国文化产业核心竞争力不足，面临发达国家的文化的挑战与竞争，在品牌意识、自主创新能力、普遍价值融入等方面存在较大差距。

（一）文化产业缺乏品牌意识

在文化产业迅猛发展的今天，西方发达国家通过打造文化产业品牌、组建跨国文化集团以及抢占文化产业的高端位置来巩固和增强本国文化产业的竞争力。与之形成鲜明对比的是，中国在这些方面存在着明显的缺陷。

文化品牌是文化软实力的重要标志，体现了文化精神的影响力和文化企业的核心竞争力，它不仅能提升产品的附加值，还能够传播文化价值，打造具有强大竞争力的文化品牌是文化产业在国内外竞争中立于不败之地的必然选择，是中国文化产业发展的必由之路。

山东大学中国文化产业研究中心常务副主任昝胜锋指出：文化企业要想获得持续快速发展，必须树立品牌意识，可以说，"品牌是文化企业占据和扩张更多市场，不断获取最佳效益和良好信誉的有力保障"[①]。现阶段中国对文化品牌的认识没有提到应有的高度，对文化品牌的建设规律和价值规律缺乏系统研究，品牌开发具有盲目性和随意性。国有文化企业迈出市场化改革时间比较短，大多数还没有成为独立的市场竞争主体，这类企业大都缺乏市场意识和企业家意识。而多数民营企业都是中小型企业，规模不大，品牌意识不强，难以形成有竞争力的文化品牌。根据《国有文化企业改革发展报告（2019）》

---

① 毛俊玉：《中国的文化品牌还缺什么》，《中国文化报》2013年9月14日第2版。

显示，截至 2018 年末，中国国有文化企业 1.7 万户，营业收入 1.5 万亿元，每户企业平均营业收入不足 9000 万元。目前中国文化产业发展面临着规模不大、竞争力很弱的问题，在市场上能叫响的文化品牌很少，具有国际影响力的更是凤毛麟角。当前中国进入世界 500 强的企业有 129 家，而文化企业没有一个世界名牌。国外文化企业非常注重文化品牌的塑造，世界文化创意产品和服务进出口高度集中在几个西方发达国家，像美国的电影和传媒，法德出版业，日本的动漫，英国的音乐和韩国的电视剧等均形成了品牌现象，出现了如迪士尼、梦工厂、贝斯塔曼等世界品牌，尽管中国在创意产品及服务贸易方面持续占据全球主导地位，中国有国际影响力的影视 IP 屈指可数。

（二）文化产业缺乏自主创新能力

文化产业发展的自主创新能力主要包括两层含义，一是"无中生有"，强调原创性和独创性；二是"有中生新"，强调在原有基础之上的二度创造。事实上，文化产业发展更需要"无中生有"的原创性和独创性，对于文化产业来说，原创性可谓其价值评判的基本标准，我们很难想象，一旦抽去这个标准，文化产业是否还有其存在的理由。文化产业的基础在于内容，生命力在于原创，文化产业内容原创的关键是实现本土化和民族化，只有充分体现中国创意、中国元素和中国内涵的文化产品才能更好地进入国际市场，异文化体验成为人们产生文化消费的动因。"但目前我们大多数文化企业的创新能力和文化品位与群众文化需求之间还有很大的落差，与我们肩负的文化使命还有很大的差距。"[1]

当前原创性问题已经成为制约中国文化产业发展的瓶颈问题。文化创作、文艺创造和文化产业是"源"与"流"的关系，创意新颖，文化产业发展就会充满活力，赢得市场和受众；反之，缺少创意，文化产业就会成为无源之水，无本之木。譬如没有原创性的散文、小说、戏剧、诗歌，哪来电影、电视剧、出版、演出等文化产业。冯骥才指出，现在文化产业最大的问题就是没有创意。随着市场化和产业

---

[1] 欧阳坚：《文化产业政策与文化产业发展研究》，中国经济出版社 2011 年版，第 10 页。

## 第二章 中国文化产业价值取向建构的历史审视与现实问题

化进程的不断深入，中国文化产业发展出现了粗放式增长的现象，文化品牌自主创新能力不足，文化产品普遍缺乏创意，历史底蕴挖掘不足，市场跟风现象层出不穷，这也就导致文化产业的发展陷入了一个恶性循环的怪圈，也就直接制约了中国文化产业的健康发展。就中国目前的文化产业发展状况而言，中国只能算是制造工厂而不是创意工厂，因为美国等西方发达国家主导着世界文化市场，拥有自主知识产权的文化品牌，他们只是利用中国廉价劳动力和巨大的市场，把最核心的设计拿到中国来加工，而我们却没有核心创意的版权。用文化部部长蔡武所讲的话，那就是大量呈现"为他人做嫁衣"的"纽扣现象"[①]。从音像制作到图书杂志，从电视剧翻拍到电影回炉，虽然在票房、技术运用和创作类型上有所提高，在数量和门类更加充足和完善，但依然存在对好莱坞技术的膜拜，题材跟风，样式模仿，内容乏善可陈，甚至购买外国的版权重新包装，利用民族文化资源进行的艺术原创少之又少，这些都暴露了中国文化产业原创能力的匮乏。

美国文化产业发展之所以一枝独秀、经久不衰，不仅在于注重原创性，而且在于注重二度创新。美国文化产业从来不拘泥于固有模式，开发创新任何一个具有市场价值的文化素材和资源。中国传统文化中的"花木兰""熊猫"，资源是中国的，创新、创意却是美国的，通过创新使传统文化资源获得新生，同时也使美国文化产业获得了新的经济增长点和文化传播器。这不只是单纯的市场竞争的问题，而且是关系到国家文化安全和民族文化传承的问题。

中国的文化资源异常丰富，利用民族文化资源，弘扬传统文化精神是实现中国文化产业大发展的必由之路。由于文化产业内容为王，文化原创力决定了文化产业内容的优劣高下，缺少原创力的文化产业是没有竞争力的。目前中国文化产业的低水平运作、文化资源的原创性开发不足，使得我们在将民族文化资源转化为产业优势方面存在很大的差距。事实上，文化产业发达的西方国家，既有思想内涵又有艺术魅力的原创作品不断涌现，其在世界文化市场上的占有率和价值观

---

① 《扭转文化产业"纽扣现象"》，《人民日报》2009 年 6 月 11 日第 10 版。

的认同方面具有天然的优势。同时，如果我们不采用易为受众接受的具有独创性的产品作为载体，我们就很难在日益激烈的文化竞争中占有自己的市场，那么我们在意识形态领域的文化产品将很难"走出去"并影响世界。所以，党的十八大报告提出"增强全民族文化创造活力"，强调文化创新这个关键。

（三）文化产品缺乏普适价值支撑

中国的文化产业之所以没有实现高质量发展，在国际市场上之所以没有竞争力，一个很重要的原因就是我们的作品没有充分体现当代中国的价值观念和文化精神。进入新时代以来，随着国内居民购买力增加，人们的消费结构不断升级，消费品位在提升，文化消费理念逐渐由基础型向发展型、享受型转变，对文化产品和文化服务的精神价值、审美价值方面的追求进一步升级。虽然新时代以来中国文化产业取得了大发展大繁荣，在较大程度上满足了人民群众精神文化需求，但是文化产业在供给领域依然存在不同程度的不平衡、不充分的问题，文化生产对于文化价值、审美价值、艺术价值的追求还是粗放型的，对当代中国价值理念的传递不够充分、不够清晰，这也就不可避免地造成基础型文化供给过剩、发展型文化供给不足的问题。习近平总书记指出，"中国文化供给的主要矛盾已经不是缺不缺、够不够的问题，而是好不好、精不精的问题，目前文化产业生产结构与市场需求结构不适应，低端供给过剩与中高端供给不足并存，文化产品有数量、缺质量，有'高原'缺'高峰'，传播当代中国价值观念、体现中华文化精神、反映中国人审美追求的精品力作还比较少"[①]，这实际上指出了当前中国文化产业发展的症结所在，即体现当代中国价值观念和富含人类共同价值要素的精品力作不足，难以高质量地满足国内民众和国外受众的精神文化需求。

众所周知，文化产业发展的目的就是满足人民美好文化生活需求，要在不同文明间实现中国文化共同价值要素的有效传递。习近平

---

① 刘丹：《雒树刚谈文化产业发展：高质量文化供给不足》，https://www.bjnews.com.cn/detail/156155843614601.html。

## 第二章　中国文化产业价值取向建构的历史审视与现实问题

总书记指出,"要弘扬和平、发展、公平、正义、民主、自由的全人类共同价值,倡导不同文明交流互鉴,促进人类文明发展"①。就中国目前而言,社会主义核心价值观虽然在国际上的影响力不断扩大,但是由于中国的国际文化市场占有率并不高,我们缺乏通过运用共同价值的强势语言锻造的文化经典,这也就会导致中国价值理念"处于有理说不出,说了传不开的境地"②,也就难免受到西方主导的舆论界、思想界、文化界多方面的批判和攻击。中国文化并不缺乏能够体现人类共同价值要素的内容,比如,从《孙子兵法》的"慎战"三原则可以展现出中国文化对和平的追求;从中国古代农民起义的"均贫富、等贵贱"的口号,可以看出中国古代社会对公平正义的追求;从《清明上河图》可以感受到老百姓对和谐生活的满足;从青州佛像的微笑可以察觉到中国人乐观、从容的气度。中国的文化产业特别是电影、电视等受众面广的文化产品,应该向世人展示中国文化中健康的、美的元素,提高产品的文化功能效益,不仅要突出文化信息的民族性要素,而且要展现中国文化中关于人类共同价值的内容,以满足不同民族的审美偏向和认识心理。但是中国"走出去"的部分文化产品,创意还不丰富,在共同价值的认知和传播方面不够创新,在内容生产和题材方面没有处理好民族价值要素和共同价值要素之间的关系,不仅没有深刻把握和表现民族的深厚的文化底蕴,而且还过分渲染中国历史和现实中的阴暗和丑陋的一面,这样只会导致国际社会对中国文化的认知偏差和误读。

---

① 《习近平重要讲话单行本》,人民出版社2022年版,第59页。
② 《十八大以来重要文献选编》(下),中央文献出版社2018年版,第329页。

# 第三章 国外文化产业价值取向的理性审视

## 第一节 美国文化产业价值取向的理性审视

### 一 美国文化产业现状及其发展模式

美国是一个只有二百多年历史的文化资源小国,却能在文化生产和传播上产生巨大的能量和影响,美国文化产业在世界文化产业格局中雄踞第一。按照行业范围划分,美国文化产业主要包括电影产业、广播电视产业、动漫产业、出版印刷产业、流行音乐产业等。

(一) 美国文化产业的发展现状

在美国没有"文化产业"的提法,他们一般只说版权产业,版权业是我们通常所说的文化产业的核心组成部分。同其他产业相比较,美国版权业已经成为美国的支柱性产业,而且对美国经济增长的贡献率遥遥领先于其他产业。根据《美国经济中的版权业：2020年报告》数据,2019年美国版权业增加值为25682.3亿美元,占GDP的11.99%,其中核心版权业增加值15871.6亿美元,占GDP的7.41%。美国版权业提供了1171.37万个就业岗位,在增加值方面已经遥遥领先于其他主要产业部门,其中健康和社保业16179亿美元、金融保险业16279亿美元、建筑业8866亿美元,是美国第一大产业;在出口贸易方面,美国版权产品出口总额达2188亿美元,远远超过飞机(1732亿美元)、农产品(967亿美元)、制造业和药品（1407亿美元），居出口贸易额第一位。①

美国文化产业高度发达，模式先进，创意新颖，具备很强的国际竞争力。2012年美国文化贸易占世界文化市场份额的24%，在其国内产业结构中位居第二（仅次于军工产业），是第一大出口创汇产业。作为世界上第一大文化产业强国，"美国拥有2300多家日报、8000多家周报、1.22万种杂志、1965家电台和1440家电视台"②，还组建了一批竞争力极强的国际文化产业集团，根据2020年美国《财富》杂志统计，谷歌母公司Alphabet营业收入达1620亿美元，Facebook公司营业收入达706.97亿美元，迪士尼营业收入达695.7亿美元。

美国大众文化成为全球性的流行文化。20世纪90年代以来，以好莱坞大片、FOX的电视新闻、MTV频道的流行音乐、可口可乐和牛仔裤的风格为代表的美国大众文化随着经济全球化辐射到了世界各地，全世界范围内对美国的价值观念和生活方式效仿和跟进经久不衰，非西方文化乃至西方其他国家的文化陷入了认同危机。美国大众文化的全球性传播为美国增强国际事务的控制能力提供了一个重要的平台。文化产业不仅是信息载体，还是价值观念的承担者。虽然美国推崇政治自由化、意识形态多元化，但借助文化产业融合推广其核心价值观是美国历届政府文化政策的一个重要主题。美国大众文化对世界各国的单向输出，对世界其他民族文化的生存和发展构成了威胁，即使是文化传统深厚的国家如中国、法国也面临美国文化的严峻挑战。

（二）美国文化产业的发展模式

美国文化产业和其他产业一样，具有典型的"盎格鲁—撒克逊"模式，其发展模式既不同于欧洲国家，也有别于东亚国家，呈现出以下特征。

---

① Robert Stoner, Jéssica Dutrak, Copyright Industeies in the U. S. Economy: The 2020 Report, International Intellectual Property Alliance, 2021, pp. 7–16.

② 王军:《美国：产业化之路造就文化强国》，《中国信息报》2011年10月31日第8版。

政府减少干预，无为而治。众所周知，绝大多数国家都有专门的文化产业管理部门和专门的文化产业政策，即使是按经济自由轨迹运行的英法德等国也概莫能外。然而，文化产业发达的美国，没有明文的文化产业政策，也没有专门的文化产业管理部门，可见，美国政府对文化产业发展呈现出无为而治的表象。美国政府对文化产业的极少干预，自有其一以贯之的逻辑，美国拥有世界上最强大的经济实力、成熟的市场经济运行机制、极具吸引力的美国精神和完善的文化产业法律体系。因此，美国文化优越感极强，美国文化处于世界文化力量的中心，这种"无策略的战略"和"无部门的管理"隐匿了美国更深层次的意识形态战略，更加有利于推动美国文化产业欣欣向荣和在世界上的自由扩张。美国政府作为文化产业的发展的推动者，更多的是扮演一个提供服务、消除障碍和疏通关系的角色。

遵循市场规律，倡导自由竞争。美国文化产业和其他普通产业一样，都要坚持以市场为中心的发展理念，遵循市场经济规律，倡导自由竞争。强调文化产品生产、销售的高度市场化，减少政府干预，从业人员享有创作和表达的高度自由，这一切均为文化产业的发展创造了宽松的外部环境。美国的文化产业发展注重科技投入，网络技术、卫星通信技术和多媒体技术等广泛应用，重构和新建了美国大众文化，推动了美国文化产业的升级换代。以影视业为例，新技术推动了电影生产方式和观看方式的不断创新，特别是随着新媒体技术的产生和互联网技术的出现，几乎每一项对影视产业的创作和传播产生影响的新技术成果都会被同步运用，电影产业正在被互联网化，未来互联网化的发行将成为主要的发行方式。

法律体系完善，保障有力。美国文化产业的方方面面都与法律密切相关，完善的国内立法和强有力的执法力，为文化产业健康发展提供了严格的法律保障。美国政府对文化产业的"弱控"，并不是意味着政府的无为，政府主要转移到通过提供法律支持来实现对文化产业的间接管理。从1965年美国通过《国家艺术及人文事业基金法》后，先后通过了《版权法》（1976）、《计算机软件保护法》（1980）、《反盗版和假冒修正案》（1982）、《电子盗版禁止法》（1997）、《跨世纪数字版权法》(1998)、《伯尔尼公约实施法》(1998)、《家庭娱乐和版权法》(2005)。这一系列法律法规的实施,为文化产业的发展创造了一个公平竞争的环境,保护了知识产权,保障了文化产业的健康发展。

**二 美国文化产业价值取向的建构**

美国的文化产业发展反映了美国个人、社会与国家主体之间的不同理想追求和价值目标,由此便形成了对美国文化产业价值取向个人层面、社会层面和国家层面的解读。美国文化产业实现了核心价值观方面的互通与共识,达到了文化产品的贸易输出与文化影响力的外溢目标。

(一) 个人层面:推崇个人主义

个人主义是美国价值观的内核,也是美国文化产业的特质和价值指向,它认为个人价值至高无上,强调个人发展、个人奋斗,注重个人成就。托克维尔在《论美国的民主》对其做了透彻的论述,"个人主义是一种对自己的一种偏激的和过分的爱,它使人们只关心自己和爱自己胜过一切。"[①] 个人主义是民主主义的产物,"个人主义的根源,既有理性缺欠的一面,又有心地不良的一面。"[②] 美国是一个崇尚个人主义的国度,尤其是个人英雄主义,美国以牛仔裤、可口可乐、好莱坞电影为代表的大众文化无不透视出这一倾向。牛仔裤总是与西部牛仔、西部神话相关联,彰显个人奋斗、开拓创新,而且还具有了个性象征和自我标榜的意蕴,具有鲜明的美国精神符号;可口可乐是活力、激情、创造、享受等美国精神象征,是装在瓶子里的美国之梦,喝可口可乐便是让自己吸收美国精神;《蜘蛛侠》《当幸福来敲门》《花木兰》《复仇者联盟》等电影中,我们经常可以看到自由的个人英雄主义形象,维护社会、保护国家、拯救星球的救世主精

---

[①] [法]托克维尔:《论美国的民主》(下),董国良译,商务印书馆2013年版,第120页。
[②] [法]托克维尔:《论美国的民主》(下),董国良译,商务印书馆2013年版,第120页。

神,无不显示美国核心价值观个人主义的精神内核,传达了个人主义重视个人奋斗、强调个人力量的文化内涵。

美国文化重视个人主义,不只强调个人奋斗,而且重视个人权利和个人利益,表现出强烈的实用主义和功利主义。因此,美国文化产业内容主旨鲜明,传递着消费主义的意识形态观念和生活方式,突出表现为金钱财富地位的追求,而金钱是通向个人成功的关键,也是成功的重要体现,是划分阶层的重要标志。在美国社会中,"衡量'上帝选民'的标准不是对宗教教义的不折不扣的遵循,而是看人民在现实中的表现,即获取物质财富的多少。"[①] 亨廷顿曾经说过,西方人在出征世界的时候,"既是为上帝而战,又是为黄金而战。"文化产业方面也是如此,美国经济市场化程度非常高,美国文化历史短,这就使得美国文化很容易与资本主义市侩精神相结合,走上产业化道路,同时作为美国社会文化根基的实用主义和市场经济的利己原则相吻合,这就使得美国文化产业呈现出鲜明的功利主义色彩。好莱坞电影业作为美国文化产业的典型代表,自诞生之日起便与金钱结下难解之缘,实用主义传统为好莱坞电影的制作和传播提供了适宜的温床,培育和壮大了美国电影中的商业意识。如在《美国丽人》《拜金女郎》《穿普拉达的女王》《绯闻女孩》等时尚大片中,主人公对于物质、时尚的穷奢极欲和挥霍无度折射出美国文化中的拜金主义和享乐主义。美国的大众文化产品作为科技和文化的结合体,受到其深层的功利主义和实用主义的影响,渗透着浓厚的商业气息,利益最大化成为其追逐的主要目标。

(二) 社会层面:塑造社会主流价值观

马克思曾经对资本主义条件下的精神生产的阶级性进行了精辟的分析,"支配着物质生产资料的阶级,同时也支配着精神生产资料,因此那些没有精神生产资料的人的思想,一般地是隶属于这个阶级的。"[②] 美国文化产业发展也有其深厚的政治意蕴和意识形态目的,

---

① 赵景芳:《美国战略文化研究》,时事出版社2009年版,第114页。
② 《马克思恩格斯文集》第1卷,人民出版社2009年版,第550页。

## 第三章 国外文化产业价值取向的理性审视

那就是对以自由、民主、宽容、平等、法治等为核心的主流价值观的不断传播和对他国民众进行的思想上的不断塑造。美国文化产业规模和科技实力在全球居于领导地位,为传播美国主流价值观提供了强大的平台,文化产品能够渗透社会各个角落。一方面,好莱坞电影、百老汇歌剧、FOX的新闻等无形文化理念冲击了世界各个角落;另一方面肯德基、麦当劳、NIKE、牛仔等有形文化产品渗透进寻常百姓家。虽然没有成文的文化政策,但并不意味着美国的文化产品没有价值导向。"新闻传播将各种观念灌输到美国人的脑子里,人们该看到什么、该听到什么,都是由那些控制传播工具者来决定的。"① 事实上,美国文化产业价值诉求明晰、价值导向明确,文化产品从一开始就是在政府的主导意志下进行生产的,承载着自由、民主、宽容、人权、法治的政治信息源源不断地流转各个角落、各个阶层,诱发和唤起人们对主流价值观的关注和坚守,从而起到了推动社会主流价值观通俗化、生活化和大众化的效果。

大众文化产品是体现"主旋律"和弘扬主流价值观的最有力工具。美国文化战略的重点之一就是提高文化产业的竞争力和保护文化遗产,促进文化的多元化,维护主流价值观的主导地位。以好莱坞大片为代表的大多数文化产业是弘扬"主旋律"的,充满了英雄主义和爱国(美)主义色彩。"9·11"事件之后,为了重振国民士气,树立民众生活信心,美国政府邀请47位好莱坞制片商召开了会议,拟定了"反恐怖"电影主题,"美国电影协会会长表示,这次会议的内容是前所未有的,即使在'二战'爱国主义战争影片拍摄中,美国政府也没给好莱坞确定过电影主题。"② 在此背景下,《极限特工》《反恐王国》《密码疑云》《刺杀据点》《战略特勤组》等体现"反恐"主题的影片成为好莱坞的"主旋律",以恢复美国下一代的信心和责任心,这可以说是影视作品与社会"主旋律"结合的绝佳体现。

---

① 王英:《美国如何建立社会主流价值观》,《学习时报》2012年3月19日第2版。
② 《"反恐怖"题材将成为美国电影主旋律》,http://ent.enorth.com.cn/system/2001/12/21/000223953.shtml。

"全球化时代的大众传播成为一种新的统治形式,它的商品化和整合性在消解了艺术的创造力的同时,它的娱乐和消遣特性又化解了人们对现实的不满和内在的超越维度。"① 同一般的政治社会化不同,大众传媒使精神信仰和价值观念的传播取得了更为隐蔽、快捷和高效的新形式,使人们在潜移默化中接受了熏陶。大众文化产品在内容、形式、风格等方面的提升,不断贴近大众的日常生活,在通俗性、趣味性的基础上以叙事和构造形象的方式灌输了积极向上的价值观和文化精神,创新了核心价值诉求的通道,推动主流价值观融入社会生活之中。

(三) 国家层面：维护美国道义领袖地位

美国文化中的"上帝选民"和"天赋使命"经过美国建国后的精心宣传,根深蒂固般地存在于人们心中并成为美国人的认知模式和主流价值观念核心部分。这种观点认为,美国是上帝的选民,负有上帝的使命,美国对人类历史发展承担一种天然的责任,将世界引向光明与善良。在这种观念的支配下,作为"多功能利益聚合体"的大众文化产品责无旁贷地承担起来"选民"和"使命"的责任。

1. 推销"普世价值"

价值观是文化的核心,推广美国文化的根本任务就在于传播价值观,这是美国大众文化全球扩张的根本规律,也体现了文化产业的根本属性。冷战结束以来,历届美国政府都把推销价值观和提升美国文化软实力作为文化政策重要内容,在输出文化产品的过程中,源源不断地传播着美国自由、民主、人权等"普世价值"和美国的生活方式、道德标准等。在威尔逊任职期间,美国国会公共信息委员会的宗旨十分明确,就是通过电影推广美国的文化和价值观,要求好莱坞"出口的电影中必须含有20%的教育内容,所有不利于美国正面形象及其价值观传播的电影都禁止出口"②。在2010年美国《国家安全战

---

① 孙兰英：《大众传播与当代美国政治文化的全球化扩张》,《郑州大学学报》2006年第7期。

② 宋佳恒等：《多国造"像"各有绝招》,《中国文化报》2012年10月22日第3版。

略报告》中,奥巴马总统指出:"我们对普世权利的支持既是美国主导地位的根基,也是我们立足于世界的力量源泉。"① 对此,于殿利指出:美国文化的世界影响力,"最重要的标志就是美国价值观的传播和影响,美国价值观的传播手段虽然多样,但归结起来就是通过具象的产品来进行传播的。"② 美国文化产品特别是流行文化对美国对外文化战略的目标实现发挥了非常重要的作用,好莱坞电影、百老汇歌剧、《美国之音》等影视产品,NBA篮球、网球等体育运动,甚至包括肯德基、麦当劳、雀巢咖啡与可口可乐等食品与饮料,这些产品与文体活动在世界流行,渗透着美国的生活方式、思维方式和价值标准,促进了世界其他国家普通民众对美国价值观的认同。

2. 提升国家形象

美国文化产业善于用文化资本来包装和推销自己,在对外推销获得巨额经济利润的同时,也不忘收获对方国民的褒扬,获得广泛的群体认同。美国文化产业通过影视作品、新闻资讯、流行音乐等不同文化信息在全世界范围内为他人营造出一种美妙的"美国镜像"。虽然这种镜像并不反映真实的美国,然而经过好莱坞电影、迪士尼、美国之音、NBC等文化镜像的折射,形成了广泛的公众效应,赢得了海外受众的信赖,美国似乎成了一个不容置疑的,象征着自由、平等、民主、繁荣的强大的国家,这些价值观念还包括以个人主义为核心的宽容、博爱、公正、个性等。与肯德基、麦当劳和雀巢咖啡不同,影视作品可以贴上"自由、民主、平等"价值标签,起到"无声大使"的作用,是传播美国精神的重要途径,也是维护和提升国家形象的最佳途径,正如法国防务社会学家让·皮埃尔·瓦朗坦所指出的那样:美国电影"将国家公务员英雄人物化,把国家神圣化,把官方定义的美国集体思想的威胁形象化,所有这一切都宣扬了这样一种观点:美国是神奇的、不可战胜的"③。

---

① 《国家安全战略报告》,http://chinese.usembassy-china.org.cn/091710p.html。
② 于殿利:《文化自觉与国际竞争力》,《人民政协报》2013年12月9日第C03版。
③ 《好莱坞相当于几个师?》,《参考消息》2004年8月8日第6版。

3. 追求"话语霸权"

美国文化作为当今世界的一种强势文化,并不是因为其历史的悠久而是因为其文化产业的强大。在以消费主义为基础的自由市场意识形态的支配下,以好莱坞为代表的美国流行文化"单向"渗透到世界各个角落,以电影业为例,2021年法国电影票房超过6亿欧元,虽然本土电影占比上升至40.8%,但是好莱坞电影依然占据主导地位。许多国家的人们都生活在美国大众文化的包围中,所到之处美国文化倾轧而至,本土文化市场支离破碎,全球文化的单一化或同质化正在形成,这正是美国"话语霸权"的表现之一:人们在疏离本土文化的同时越来越受到美国文化的控制。美国保守派的论坛性刊物——《政策评论》早就宣称:美国的霸权不仅源于经济实力和军事实力,而且依赖于美国的文化力量,"美国的文化实力是美国傲视世界的最深广的力量源泉。"[1]

美国的文化霸权还表现为主流价值观中心主义。主流价值观中心主义是一种习惯性文化霸权主义的表现,"以为美国的社会模式是各国都应该效法的'样板',美国的价值观更是衡量其他国家民主程度的绝对标准"[2]。美国信奉西方价值观在全球具有普遍性,是唯一正确的价值观,并以此为出发点来评判和指责他国的行为,并借此向他国推行西方的价值观,其中以新闻报道最为典型。有人将中美两国的新闻报道特点分别比喻为"喜鹊文化"(正面报道为主)和"乌鸦文化"(负面报道为主),美国新闻的挑剔性无可厚非,然而当美国习惯性地将这种报道理念扩展到国际新闻领域,并且与西方价值观相搭配,这不可避免地会打上偏见的标签。例如,一些媒体无中生有地将中国梦同扩充军备、对外武力解决争端联系起来,将民族复兴同谋求世界军事强权联系起来,影响了受众对中国文化的正确认知。这些问题都反映了由价值观中心主义引发的报道偏见,中国国家形象在西方

---

[1] 顾问君:《美国文化产业何以雄踞世界》,《中国信息报》2008年6月11日第8版。
[2] 范传贵:《辱华言论在美频现曝其文化霸权主义》,《法制日报》2013年11月11日第4版。

主流媒体中总是被有意无意地误读和曲解。

### 三 美国文化产业价值取向建构的有效策略及其困境

（一）美国文化产业价值取向建构的有效策略

在美国，以大众传媒为代表的文化产业已经成了宣传美国统治阶级意志的平台，成为推进社会核心价值观大众化的重要工具。

1. 社会教育融入

美国的主流价值观宣传是无处不在的，不仅存在于历史文物和纪念馆中，而且各种娱乐活动、电影、网络、电视等都是宣传和塑造主流价值观念的媒介。美国历史较短，传统资源有限，因而更加重视对历史文化资源的利用，通过历史遗迹和纪念日强化美国人的历史记忆，增强国家认同。美国非常重视《独立宣言》《解放宣言》和《联邦宪法》等重要历史文献在政治思想和道德价值观方面的教育作用；在美国各大有名电视台都设有历史频道，对民众进行历史教育；通过华盛顿诞辰纪念日使民众记住美国独立革命，通过林肯纪念日使民众了解捍卫人权的重要性，国旗制定纪念日使民众了解美国国家标志和民族历史；通过大众文化传媒产品进行思想渗透，如好莱坞的电影、时代华纳音乐、各大电视台的新闻等都是宣扬和融入社会核心价值观的重要基地和生动教材；通过公共文化设施建设，如兴建华盛顿纪念塔、林肯纪念堂、国会大厦、航空航天博物馆等进行爱国主义教育，并把"自由女神像"看作美国精神的象征，培养人们对资本主义意识形态的认同。[①]

2. 法律规范保障

在文化产业方面，美国以不干涉原则著称，美国没有专门管理文化的政府部门，没有一个官方的文化政策文件，但这并不意味着美国没有文化政策。美国文化产业主要依靠市场规则运行，美国各级政府对文化产业的管理方式不是采取行政的方式，而是通过政策制定来

---

① 张伟：《国外加强社会核心价值观建设的做法及启示》，《探索与争鸣》2011年第2期。

加以宏观管理,通过法律法规和各项优惠政策加强对文化产业和服务的法律保护来支持和保障文化产业健康、有序发展。美国各联邦、州政府通过制定优惠政策,鼓励企业和社会对文化艺术事业的赞助,包含对传统文化艺术的保护和新兴创意文化项目的扶植推广。这既是一种法律上的保障,也是一种有效约束的机制。1787年美国产生了最早的对文化艺术进行保护的法律条款,即美国宪法第一条第八款:"为了促进科学和实用艺术的进步,对作家和发明家的著作和发明,在一定期限内给予专利权的保障。"① 此后虽然美国没有一套完整的文化立法,但是不同领域的法律条款中都有文化方面的内容体现,美国关于版权和专利保护方面的法律随着文化产业发展而不断完善。

20世纪70年代以后,美国国内电影市场竞争激烈,为了保护知识产权和提升美国文化产业全球竞争力,美国政府还从立法的角度保护文化产业的版权,先后通过了《版权法》(1976)、《反盗版和假冒修正案》(1982)、《电子盗版禁止法》(1997)、《跨世纪数字版权法》(1998)、《伯尔尼公约实施法》(1998)、《家庭娱乐和版权法》(2005)等一系列版权保护法规,完善了版权保护,消除了文化产业发展的后顾之忧,保障文化市场健康运行。

3. 政府引导支持

美国文化产业发展看起来是市场行为,但是离不开政策支持,因此对美国文化产业进行政治考量是必要的。美国政府通过制定法律、政策鼓励社会投资,引导社会财富用于文化发展。1917年通过的《联邦税收法》就明文规定对非营利性的文化机构、公共电视台和广播电台免征所得税。1965年,美国通过了第一部支持文化艺术事业的法规《国家艺术及人文事业基金法》,依据此法成立了国家艺术基金会与国家人文基金会,美国教育法案第951条解释了基金会成立的理由,"人文与艺术反映国家丰富的文化遗产以及所有人民以及族群

---

① 赵一凡:《美国的历史文献》,生活·读书·新知三联书店1989年版,第39页。

的多元信仰和价值观。"① 据统计,联邦政府对国家艺术基金会、国家人文基金会、美国博物馆和公共广播电视公司、肯尼迪艺术中心等公共文化组织每年预算高达 15 亿美元左右,而州、地方政府和企业的赞助高达 50 亿美元以上。

美国政府还和相关大众传媒产业紧密合作,为打入外国市场创造条件。美国利用国际规则主导权保护本国文化产业发展,如美国在签订《佛罗伦萨协定》时就保留了"禁止进口某些可能损害本国文化产品利益的外国文化产品",在 1974 年又制定了"301 条款"(《1974 年贸易法》第 301 条的俗称)以保证美国在贸易中采取单边行动保障美国文化产品输出优势,但是到 20 世纪 80 年代美国文化产业取得国际垄断地位后,美国便立即抛弃"文化例外"的说法,高举着"市场准入"大旗进行文化输出和扩张。

4. 国家战略渗透

美国大众文化的全球性扩张,虽然大多数是企业行为,但在实际操作中受到政府支持,美国的文化政策渗透于国家整体战略和政治、经济、军事和外交政策之中,从这个意义上看,美国文化政策无处不在,文化政策是国家战略的灵魂。

在美国历届《国家安全战略报告》中从未放弃对价值观的推广。2010 年《国家安全战略报告》提出了安全、繁荣、价值观和国际秩序四大利益,均含有文化方面的内容。将"普世价值"界定为美国的核心战略利益,又将其作为扩张的重要手段。"普世价值"与"我们的价值"交替互用。该报告指出,"贯穿于我们的所有努力,对于维护我们的全球合法性(global legitimacy)和支撑我们的政策目标而言,有效的战略传播是根本性的。"② 2017 年《国家安全战略报告》中指出:"自由、平等、正义构成了我们最持久联盟的基础,美国将继续捍卫这些原则","美国的自由是鼓舞人心的,而美国也将永远

---

① 陈金秀、吴继兰:《独具特色的美国文化管理体制》,《中国信息报》2010 年 11 月 24 日第 7 版。
② 《国家安全战略报告》,http://chinese.usembassy-china.org.cn/091710p.html。

与那些寻求自由的人同在"①　这些内容的具体执行不仅是美国战略的体现，而且都是美国化政策的组成部分。文化产业作为一种重要的战略手段，已经不仅仅是一种普通的文化存在形态，作为价值观传播的最重要的载体，自然成为美国制定和实施文化战略的重要筹码。好莱坞、迪士尼、时代华纳等虽然都处处体现着娱乐精神和商业气息，但是这一切都是建立在美国主流价值观基础上的，里面都处处体现着美国梦、美国价值观和美国的国际形象，美国政府正是通过这种方式将好莱坞等企业纳入国家战略的政治运行轨道。

（二）美国文化产业价值取向建构的困境

相对而言，美国对文化产业价值取向的建构是成功的，一方面缓和了社会矛盾，对美国社会起到了凝聚作用，另一方面，配合美国的对外政策，巩固了美国的霸权。然而，由于生产资料的资本主义私有制和资本的无限扩张的属性，决定了美国文化产业价值取向的建构有其自身不能克服的局限性。在资本主义市场经济条件下，少数资本家掌握和支配了大部分生产资料、社会再生产过程以及产品的最终分配，因此文化生产的过程完全服从于资本价值增值的逻辑，经济利润成了文化生产的主要目的，而文化产品的人文思想和精神价值则不是生产者首要考虑的因素。因此，文化产业的社会效益与经济效益从根本上来讲是相矛盾的，这是资本主义本身所不能克服的。马克思早就指出"资本主义生产就同某些精神生产部门如艺术和诗歌相敌对"②，这实际上已经指明了文化生产同资本主义的不可调和性。

在资本逻辑的驱使下，美国文化产业产生了一系列的负面效应：一方面，大众文化产业的发展助长了消费主义、享乐主义和物质主义。美国经济建立在消费之上，美国社会发展越来越依赖于社会消费的不断增加，美国政府和资本集团努力促成这样一种社会理念："消费意味着美国梦的实现"，"个人消费和集体消费的不断增长，是财

---

① *National Security Strategy of the United States of America*, The White House Washington, DC, 2017, p. 41.

② 《马克思恩格斯全集》第33卷，人民出版社2004年版，第346页。

## 第三章 国外文化产业价值取向的理性审视

富为更多的人所享用、社会越发民主的标志。"[①] 在利润的驱动下，美国文化越来越以消费为典型，提倡大众消费与娱乐，刺激社会需求，"越来越多的美国人用一个人所能消费的商品和劳务来衡量个人价值——他们自己的价值或别人的价值"[②]，消费主义与享乐主义成为文化产业发展的价值取向。另一方面，文化产品的媚俗化盛行。文化产业具有娱乐性、商业性的特点，利润成为驱动大众文化产业高速运转的核心动力，以过度迎合受众需求和通俗文化需要为前提，这就直接导致了大众文化产品的同一化、集中化和快餐化。因此，美国大众文化产业不断推出充满色情、暴力、颓废和缺乏艺术品位和文化内涵的平庸之作，无不体现了市场经济之下资本主义生产方式的内在逻辑。这就是对利润的无限探求，而大众得到的却是资本主义生产道德良心和社会责任的丧失。布热津斯基在《大失控与大混乱》中指出，"总的来看，大众传媒所传播的价值观念一再表明，它完全有理由可被称之为道德败坏和文化堕落"[③]，"西方的电视逐步地越来越成为感官的、性的和轰动性的"[④]，"好莱坞影片和电视制作厂家已成为了文化的颠覆者，正是它们——毫无顾忌地利用美国宪法的第一修正案所提供的保护——一直不断地传播自我毁灭的社会伦理。"[⑤]

在资本主义条件下，文化产业活动已经被纳入以资本的逻辑为同质化操控的轨道，美国的文化产业片面迎合资本的需要，追逐利润的本性，降低甚至曲解、异化文化产品的精神价值，从而带来了感性欲望泛化，对文化根基的终极性的东西如信仰、理想等产生着严重的消解作用。

---

① [美]詹姆士·O.罗伯逊：《美国神话 美国现实》，贾秀东译，中国社会科学出版社1992年版，第244页。
② [美]詹姆士·O.罗伯逊：《美国神话 美国现实》，贾秀东译，中国社会科学出版社1992年版，第243页。
③ [美]兹比格涅夫·布热津斯基：《大失控与大混乱》，潘嘉玢、刘瑞祥译，中国社会科学出版社1994年版，第80页。
④ [美]兹比格涅夫·布热津斯基：《大失控与大混乱》，潘嘉玢、刘瑞祥译，中国社会科学出版社1994年版，第81页。
⑤ [美]兹比格涅夫·布热津斯基：《大失控与大混乱》，潘嘉玢、刘瑞祥译，中国社会科学出版社1994年版，第82页。

## 第二节　西欧发达国家文化产业价值取向的理性审视

英、法、德虽然属于发达国家，但是在美国强势文化的攻势下，这些国家民族文化无疑也成了相对弱势的一方和受保护的对象。这些国家强调民族文化认同，强调国家对文化独特性的保护管理，强调提高本国的文化竞争力和维护民族文化的独立性。

### 一　法国文化产业价值取向的建构
#### （一）法国文化产业现状及其发展模式

法国是欧洲最古老的国家之一，又是文化大国，有着丰富的历史文化遗产，向来有重视文化的传统，博物馆、戏剧和历史名胜都是法国文化行业的重要组成部分。法国有1.4万座古代建筑和遗址被列为国家历史古迹，有4000多个博物馆、1000多个戏剧公司，还有各种大型文化工程如蓬皮杜文化中心、国家剧院、新国家图书馆等。法国文化活动活跃，文化创意产业发达。法国文化创意产业主要涉及声音艺术、戏剧表演、文化遗产、电影、图书、报刊、视觉艺术、造型艺术以及图书馆、档案馆等领域。法国的戏剧公司，每年约有5万场戏剧演出，吸引着800万名固定观众。卢浮宫、凡尔赛宫和奥赛博物馆每年接待1500万名游客。

根据《法国创意论坛》发布的研究报告显示，2011年法国文化产业营业总额746亿欧元，其中总营业额的80%来源于文化产业的核心环节如创意、生产和发行等。文化产业对国民经济发展中的贡献仅次于通信业（662亿欧元）和化工业（687亿欧元），营业额已经超过汽车业（604亿欧元）和奢侈品（525亿欧元）。影视业是法国文化产业的核心产业，根据法国国家电影中心公布的2012年年度研究报告，法国影视业在2012年净增值162亿欧元，直逼汽车业（186亿欧元），占国民生产总值的0.8%，其中电影业、电视业、游戏、

## 第三章 国外文化产业价值取向的理性审视

录像分别为61亿欧元、59亿欧元、25亿欧元、17亿欧元。①

在国际文化市场上,法国文化产业具有明显的竞争优势。在电影业方面,法国是世界第二大电影出口国,出口总额仅次于美国;法国是世界第三大电影生产国和动漫生产国,仅次于好莱坞和宝莱坞(印度);在艺术品交易方面,法国是世界第四大艺术品市场,占世界市场份额的4.5%。在出版业方面,法国出版业居世界第二位,图书贸易额和版权交易量占全球市场份额14.7%。此外,法国的环球唱片公司是世界最大的音乐制作公司,育碧软件娱乐公司是世界第三大游戏开发商。法国文化消费在8大工业国中排第二位,文化消费占家庭消费额的8.4%,占GDP的4%。

在文化产业发展模式上,法国同美国相比具有明显的政府主导特色。与美国的自由市场模型不同,法国文化产业模式是明显的国家"强控"型。法国是一个历来重视文化发展的国家,但是法国不太相信市场作用,忌讳使用"文化产业"的概念,法国始终把文化发展作为一项基本国策。法国有支持文化发展的完备的法律体系,有专门主管文化产业发展的部门文化部,有扶持文化产业发展的完善的文化政策,对文化产业的扶持涉及资助、减税、配额等。国家政策扶持涉及文化领域的各个方面,由国家确立文化领域的价值标准,消除文化发展的不平衡现象,保证文化协调发展。法国对文化实行政府主导管理,一方面是源于对其历史文化传统的骄傲,另一方面是法国文化在世界文化市场上处于劣势的现实。以电影为例,法国电影业不仅在国际市场上遭到越来越大的挑战,而且在国内市场也受到美国的强力冲击,近50%的票房拱手让给美国。对于法国文化现状,美国《时代》杂志驻巴黎记者唐·莫里森在《法国文化之死》一文中嘲讽道:"捉襟见肘的法国文化现在还剩什么?""法国时尚、法式烹饪和法国红酒仍名列世界前茅。"②

---

① 梁建生:《法国影视业年度效益直逼汽车业》,《中国文化报》2013年11月12日第10版。

② Donald Morrison, "The Death of French Culture", *Time*, Nov 21, 2007.

（二）法国文化产业价值取向的建构

法国人口仅占世界人口的1%，GDP仅占世界的3.5%，但是法国文化具有超出法国综合国力的全球影响力。近几个世纪以来法国的国际地位在相当程度上是由其文化软实力来支撑的；尤其是近半个世纪以来随着法国文化产业的扩张，法国的文化、价值观和大国意识为法国全球影响力的扩散起到了很好的支撑作用。比较而言，法国的文化产业核心价值观的构建及战略传播具有自身鲜明的特色，法国的文化产业发展呈现出明显的"文化政治"特色，即政府主导型模式是核心标志，维护民族文化特色和独立性是核心目的，推广法语是谋求法国更大的世界影响力的重要手段。

1. 法国政府起主导作用

法国的文化产业发展模式政府主导特色非常明显，法国学界称之为"文化政治"，可见法国政府对文化发展的重视程度，因为法国意识到文化产业关系国民素质、民族独立和国家形象，与其他产业相比具有明显的特殊性，如果没有政府干预和扶持，文化产业将面临更大的危机，文化产业的社会效益将无从谈起。在法国文化政策中，几乎很少见到"文化产业"的概念，法国历届政府都把发展文化放到了首要位置，即保护"文化遗产"、彰显文化属性。《法国文化政策》也指出"提高文化知识和文化艺术，逐步完善国家文化行政管理结构和文化预算"。对内扶持高雅艺术，保护文化遗产；对外传播法国文化，维护文化安全。在这一理念的指导下，以政府特有的行政力量，制定各种政策，扶持和保护文化产业发展。

与以自由主义著称的美国文化产业不同，"法国今天文化产业的管理政策主要以政府扶持和保护为主，采取国家财政拨款方式，辅之以立法和行政手段。"[①] 法国政府在文化保护和发展上坚持"公共投入为主、国家扶持、多方合作"的原则，对文化采取了政策、财政和法律上的扶持。政府对文化事业及相关产业的财政扶持主要有三种形式：中央政府直接的财政补贴、地方政府的财政支持和政府的减税政

---

① 侯聿瑶：《法国文化产业》，外语教学与研究出版社2007年版，第15页。

策。在法国并不是所有产业都推向市场，事实上许多文化项目都是由国家投入，同时提供减税、补助、配额等多种鼓励措施。从1960年起，戴高乐政府就逐年加大文化投入，文化预算占国家总开支的比例从0.38%上升到1994年的1%。尽管欧债危机以来，法国财政面临困境，但是法国政府对文化的财政投入逐年增加，从2008年的59.77亿欧元上升到2018年的100亿欧元。法国政府对文化的扶持，主要用于支持本土文化的发展、实现文化民主化，同时抵抗英语文化的入侵，维护法国文化的世界地位。

法国政府不仅是文化政策的制定者和文化产业发展的推动者，也是文化产业核心价值观的引导者和推动者。法国的文化政策就是"确立文化领域内的各项标准，各种准则，来影响文化领域的价值标准和导向"①。国家通过文化领域的投资、资助和配额等一系列措施来保障和促进法国文化的民主化和民族文化的发展，通过这样的方式建构符合法国社会发展主流的价值观念。法国文化部部长凯瑟令·陶德曼指出："文化产品和服务对于保护人口和社会的文化特性而言至关重要，它们是价值、观念和意义的载体，必须明确其特殊本质。"② 可见，法国文化产业政策制定更多的是从其文化属性、精神属性来考量的，文化民主化和国民素质、国家形象是其首要的目的。

2. 保护民族文化独立性

发展文化产业不仅仅具有经济目的，而且具有深层次的文化目的，法国经济学家泽维尔·格莱菲教授认为，文化产业发展"更应该树立本国的文化威望，提升本国文化抵抗力，确保国家和民族的文化安全"③。

在全球化背景下，美国现代流行文化凭借其资本实力和先进技术极大地冲击了各国传统文化。据美国康姆斯科（Com Score）分析公司初步数据显示，2021年全球电影票房总收入约为210亿美元，其

---

① 张敏：《法国当代文化政策的特色及其发展》，《国外理论动态》2007年第3期。
② 法国文化部部长凯瑟令·陶德曼1999年在联合国教科文组织的言论。
③ 范周：《中国文化产业新思考》，光明日报出版社2010年版，第261页。

中以迪士尼、索尼、环球、华纳、派拉蒙为代表的好莱坞五大电影公司就贡献了105亿美元的票房，占据全球票房的50%①，占据法国市场份额的42.4%。面对美国大众文化的入侵，法国力图采取各种措施维护本国文化安全和文化利益，继续维持法国文化的民族特性和全球影响力，提出了"文化例外论"。法国认为文化产品不同于其他一般商品，对于本国经济社会发展具有特殊意义，要求把以电影为代表的文化产品排除在"一般性服务贸易"之外，希望以此提高文化安全，维护文化独立。联合加拿大和其他欧洲国家，依靠联合国教科文组织，抵制文化的过度商业化和美国文化的入侵。1999年11月法国推动电影家协会通过了保卫"文化例外论"的文件；2001年在联合国教科文组织大会上，法国总统希拉克将"文化例外"的提法改为"文化多样性"，以便让更多的国家接受这一思想，将有关文化产品问题的讨论从WTO转向联合国教科文组织；2013年6月，在欧盟与美国的自由贸易谈判中，法国推动欧盟通过"文化例外"条款，将视听部门完全排除在自由贸易谈判之外，法国赢得了"文化例外"斗争的初步胜利。"尊崇差异，包容多样"成为各国维护文化安全的思想依据，也是法国民族文化独立的有力依据。

3. 法语的推广是重要的手段

法国政府非常重视对法语的保护。法语是法兰西文化的载体，面对英语全球化的严峻挑战，法国有了强烈的"语言危机感"，为了推广法语，法国政府不遗余力地采取行政手段和立法手段捍卫法语的纯洁性。法国政府于1992年6月在法国宪法第二条下增加了"共和国的语言是法语"的附件条款。1994年法国政府颁布法令，所有法国电台在每天早上6点30到晚上10点30之间播放的音乐节目中至少有40%的法语音乐。各电视台播放的法语电影也不得低于40%。2003年，收视率最高的法国电视一台因为没有播放足够的本国节目而被处以4500万法郎的罚款。

价值观念支配对外文化传播。法国非常重视法国语言和法国语言

---

① 彭侃：《回升与转型：2021年世界电影产业》，《电影艺术》2022年第2期。

文化的对外推广，并将它作为文化产业对外发展的基本原则，"在对外宣传中，法国始终坚持以法语为主要宣传手段，很少借助英语或当地语言开展宣传。图书、电影等宣传品大部分用法文原文，很少翻译成外文。"[1] 法语的推广对于法国民族文化和核心价值观的推广起到了很好的载体作用，因为语言不仅是交流的工具，而且是思想的载体，可以更好地传播法国的文化和价值观。从1883年法国创建法语联盟，到目前为止已经在136个国家和地区建立了1040个分支机构来推广法国语言和传播法国文化。此外，还设立了150个法国文化中心、25个人文与社会科学研究中心，并在驻外使馆设立文化部门。法语的推广也离不开大众传媒。法语5台向100多个国家1.5亿用户播送法语节目；法国国际广播电台以16种语言24小时播放节目，推广"法兰西价值观"：多元化、文化、生活艺术、辩论精神。

法国的文化产业发展模式毁誉参半，一方面，它在一定程度上保护了法国的传统文化；另一方面，法国文化产业丧失了持续发展的竞争力，伴随着法国综合国力的持续下降，法国文化影响力不断走下坡路。美国《时代》杂志奚落法国文化"墙内开花，墙外不香"，"没有一项拿得出手，只能靠缅怀一度辉煌的历史地位度日"，并指出"法国文化死亡的深层原因，是过度发达的文化保护政策"[2]。

## 二 英国文化产业价值取向的建构

### （一）英国文化产业的现状及发展模式

英国是世界文化大国之一，文化遗产丰富，文化创意产业发达。英国创意产业涉及表演艺术业、文化艺术品产业、时装设计、音乐产业、文物交易、彩票业、广告、软件和电脑服务、工艺品等行业。经过多年的发展，文化创意产业已成长为英国仅次于金融服务的第二大产业和吸纳劳动力的第一大产业，英国文化产业的发展速度是国民经济增长速度的两倍。2008年产值达到591亿英镑，占GDP的比重约

---

[1] 侯聿瑶：《法国文化产业》，外语教学与研究出版社2007年版，第30页。
[2] Donald Morrison, "The Death of French Culture", *Time*, Nov 21, 2007.

为7.6%,2016年创意产业产值达到948亿英镑,2019年产值达到1117亿英镑,占GDP的比重约为14.6%,创意经济是仅次于金融业的第二大支柱产业,提供超过219万个就业岗位,成为容纳就业的第一大产业。其中伦敦是世界第三大广告之都,仅次于纽约和东京;英国是世界第二大艺术品市场,2018年交易额达140亿美元,占全球份额的21%;英国电影业实力雄厚,制作过许多经典电影,2018年电影票房收入12.82亿英镑,排名世界第四。

英国文化管理体制的形成要晚于美、法两国,英国最初干预文化的是一个成立于1939年的半官方机构——英国艺术委员会。20世纪60年代初期英国在教育部内部设立了艺术部长专管文化艺术工作,1965年又制定了《艺术的政策》,初步形成了文化管理体制。1992年英国成立了国家文化遗产部,统一管理全国的文化艺术、文化遗产、新闻广播、体育和旅游等。英国在文化产业具体实施过程中实行"一臂之距"原则,政府主导文化产业发展战略、法律规范和提供政策咨询,并不介入具体的企业微观,意指英国政府是管文化,而不是办文化,文化产业具体运行由市场主导。它既不同于美国的"无为而治",也不同于法国的"政府主导"。它保持了政府"一臂之距"的文化资助与管理原则,既避免了过度干预具体文化事务,又能起到对文化产业发展的宏观调控作用。

(二) 英国文化产业价值取向的构建

1. "一臂之距"模式与价值观引领

英国政府虽然不直接干预文化产业的市场运营,但是在文化产业的发展方向上依然起到主导作用,英国发展文化产业的主要理念是"必须认清文化艺术的价值""强调文化艺术产品面向大众""提高全民的文化意识和素质以及英国文化在国际上的地位""保证文化艺术成为教育服务体系的组成部分""借助文化产业去发展社会,而不仅仅是经济增长"[①],这也就从根本上决定了文化产业的发展与英国核心价值观的导向相一致。

布莱尔任英国首相时说过,英国是一个多民族、多信仰的国家,

---

① 熊澄宇:《世界文化产业研究》,清华大学出版社2012年版,第119页。

## 第三章 国外文化产业价值取向的理性审视

"我们必须珍视自由、宽容、开放、公正、公平、团结、权利与义务相结合、重视家庭和所有社会群体英国核心价值观。"① 这样的核心价值观念无一不渗透进商业化的创意产品中，报刊、新闻、电视、电影、互联网等都将"体现价值的思想"，提供自由、平等、公正、重视家庭等价值评判标准，成为引领和传播社会核心价值观的主要载体。英国特别重视新闻媒体、影视娱乐、音乐艺术和文化建筑等在维护民族文化独立性、传播民族价值观、提升英国的世界影响力等方面发挥的重要作用。英国的媒体特别是全国性报纸都有鲜明的政治立场，《泰晤士报》被誉为"英国社会的忠实记录者"，在历次重大事件中都支持政府观点；《每日电讯报》政治倾向更明显，"它的新闻报道经常因为带有强烈的政治取向而受到同行的诟病，有人甚至戏称《每日电讯报》简直成了《保守党报》"②；BBC是受政府管制的，由政府颁发《皇家特许状》，董事会主席由政府任命，具有很强的政治色彩。

除了价值观念的引领，英国政府也在不断加强对文化产业的管控。崇尚言论自由的英国，也在不断加强对网络、新闻媒体的监管。《泰晤士报》《金融时报》呼吁要净化网络空间环境，进行监督管理；时任英国首相卡梅伦回应，网站运营商必须"开始行动"，避免网络暴力行为发生；2013年10月伊丽莎白二世签署"特许状"，成立官方报业监督机构对英国报业进行独立监管，防止媒体滥用权力。

英国政府就是通过"一臂之距"的管控模式，既有效地促进了文化产业的发展，又通过新闻媒体和大众娱乐高效地传递着"自由、民主、宽容、法治"等核心价值观念，让不同宗教信仰、不同政治倾向、不同思维方式和生活习惯的人们相互沟通交流和理解融合，容纳多元文化，维护"联合王国"内部的社会稳定。

---

① 何大隆：《英国：合力传播核心价值观》，《瞭望新闻周刊》2007年第22期。
② 陆地：《英国文化产业》，外语教学与研究出版社2007年版，第2页。

## 2. 民族文化传播呈现"亲美"倾向

从历史上看英美两国存在相同的血缘关系，形成了以英语为基础，以盎格鲁—撒克逊文化为背景的联系桥梁。语言上相通，文化上同源同宗，价值观念、生活习惯和宗教信仰相似，使得两国人民具有心理上的亲切感，两国关系呈现特殊性的一面。

英国对外文化战略是建立在核心价值观基础之上的，文化产业的发展体现了政府的意志，对外输出民主和普世价值成为文化政策的主要目标。在国际社会中，英国的政治和文化影响力比较弱，在借助美国传媒体系和国际话语权进行扩张的同时，也在努力传播本国独特文化、塑造和提升国家形象。在中国问题、伊拉克问题、伊朗问题上，我们看到美国的文化和新闻、舆论在交锋充当媒体领袖的同时，后边都有英国的声音如影随形，BBC、《泰晤士报》和《每日电讯报》等英国传媒巨头也在借题发挥、蓄意炒作。《泰晤士报》一向偏保守，具有亲美倾向；2011年英国《卫报》刊发了一篇报道，内容是美国拨款给BBC等国际媒体，向中国推广自由民主。宗教信仰、政治倾向、价值观念和思维方式上的相通，使得英国文化及其传播呈现了"亲美"色彩。

## 3. 文化产业核心价值观的对外传播

英国文化产业政策的主要目标之一，就是"推动对外文化交流和英国文化在全世界的传播"。英国公共外交战略委员会提交的《公共外交战略》提出，不仅要让英国"现代、多元、创意、成功"的品牌形象得到认同，而且要向海外推介"生气勃勃、包容开放、热情好客"的英国国民。美国南加州大学外交研究中心联合英国波特兰公关公司共同发布的《2018年全球软实力研究报告》显示，英国超越美国获得全球最具软实力影响力国家的称号，这与英国文化产业价值观的对外传播功不可没。

英语是英国文化的主要载体，而英语在世界上的话语权地位让英国文化和思想传播占据了绝对优势。法国学者路易·多洛指出："文化扩张首先是语言的扩张。""只有了解语言才能使文化影响卓有成效，才能进入外国的灵魂，进入其文学、智力和精神遗产"，"因为语言是文明的钥匙"①。这表明,懂英语的人更容易接受英国的文化和价值观念。英国文化协会在对外文化交流和价值观传播过程中也发挥着极其重要的作用,"目前该委员会在108个国家的228个城市设有工作机构,并在国外拥有185个图书馆或资料中心、85个英语教学中心。"② 面对英语在全球的强势地位,就连对本国语言捍卫最为严厉的法国也改变了初衷,法国电影越来越倾向于制作英语影片来拓展海外市场,如《蓝色是最温暖的颜色》《雷诺阿》《莎拉的钥匙》等。在国外推广英语,传播英国文化,不仅是促进文化交流和思想碰撞的过程,也是实现对英国认同感建构、提升英国国际形象的过程。

文化产品的对外输出过程和消费过程,就是形塑价值认同的过程。价值观优势在人们所熟知的英国成熟的大众传媒面前表现得更加淋漓尽致。这些大众传媒及文化产品所倡导的自由、民主、法治、人权价值观对国际社会尤其是第三世界国家有着普遍的吸引力,超越了国家、民族和政治信仰的界限,以前所未有的冲击力和穿透力进入社会生活的各个方面,令其他国家的受众产生强烈的信任感、认同感和归属感。

英国文化传播手段多种多样,政治理念和价值观念的融入往往隐藏在各式各样的大众文化交流项目之中。2003—2004年英国在中国、韩国、加拿大等国举办"创意英国"活动,展示时尚设计、科技发明新成果,向世界传递"创意、包容、自由"的价值观念;2006年英国政府资助发起了"世界创意之都"项目,在中国和印度设立5个创意中心,向世界展示了创意中心的地位和英国文化的吸引力;英国广播公司(BBC)通过国际新闻频道、BBC网站介绍和YouTube视频等媒介将新闻信息输送到200多个国家和2亿多个家庭等,在"独立性""客观性""权威性"的标签下提供了有吸引力的价值观来吸引观众、建构价值认同,以更加灵活和容易接受的方式渗透国外受众的

---

① [法]路易·多洛:《国际文化关系》,孙恒译,上海人民出版社1987年版,第24页。
② 陆地:《英国文化产业》,外语教学与研究出版社2007年版,第25页。

日常生活，使英国仍然可以凭借媒体的力量维系着强大的文化影响力和舆论控制权。此外，以电影为代表的创意文化产品也成为价值观传播的重要方面，从"007系列"到《憨豆先生》，再到《傲慢与偏见》，英国电影以其深厚的文化底蕴在世界文化交流中占有一席之地，随着它们走向世界的还有英国的生活方式、历史文化传统和价值观。

英国在文化产业走出去的过程中不仅输出核心价值观，而且按照自己的价值评判标准煽动"维权"运动，培养"政治异见人士"。在2014年1月9日伦敦举行的"中英媒体论坛"上，《环球时报》总编胡锡进直言英国媒体对外新闻报道存在价值观先行、立场先行、意识形态先行的报道倾向。

可见，英国文化产业发展在推动经济繁荣的同时，也发挥着"文化政治"的功能，即在政府的指导下运营，体现了政府的政治意志，塑造着国内的价值认同，并不断扩大英国文化的世界影响力。

### 三 德国文化产业价值取向的建构

（一）德国文化产业现状及其发展模式

德国拥有深厚的历史文化传统，在哲学、音乐、文学等方面都有突出的成就，同时德国也是世界文化产业强国，出版、影视、表演艺术等方面在世界都占有一席之地。德国高度重视文化产业发展对经济发展与社会进步的推动作用，这不仅是综合国力的重要体现，也是提高国民素质的重要途径。根据德国学者的定义，"文化产业涵盖那些主要以经营业为主，并从事获取、制作、分发及媒体推广文化/创意性产品和服务的企业，更通俗地讲，就是以艺术、文化和创意活动来赚钱的企业。"[①] 文化产业主要涉及广播影视、新闻媒体、音乐经济、图书市场、文化艺术及表演、广告市场、设计业、博物馆、软件与电子游戏产业等核心领域。在德国，文化产业是国民经济的支柱性产业，2019年德国文化产业营业额达到1741亿欧元，从业人员达到

---

[①] 中共中央宣传部干部局、中共中央宣传部文化体制改革和发展办公室编：《德国文化产业概观》，中华书局2010年版，第4页。

183万人①，对国民经济的贡献已经远远超过化工、能源、电子电器等传统产业，成为仅次于机械制造和汽车工业的第三大产业。

德国文化产业在世界上具有较强的国际竞争力。2019年，德国文化产业占世界文化市场的15%份额，居世界第二位，其中文化贸易顺差14亿美元；德国是世界第二出版大国，图书销售额占世界的12%，达到100亿欧元；德国是第一会展大国，国际上150个重要的专业会展有三分之二在德国举办；其中法兰克福书展是世界最大的国际图书展，施普林格是世界上最大的科技图书出版公司和第二大科技期刊出版公司，年收入超过29亿欧元；贝斯塔曼是世界数一数二的出版集团，营业收入高达224亿美元。德国是世界上展会中心最多、总面积最大的国家。全球面积最大的五大展馆中，德国占了4家，拥有的会展中心总面积超过270万平方米、超大型会展中心24个，70座城市建有博览会场馆。

德国文化产业管理沿袭了文化联邦制模式。德国对文化产业的管理采取了一条中间道路，它既不同于法国的"政府主导型"，也不同于英国的"市场主导型"。政府对文化产业介入相对较深，但是德国的文化企业完全按照市场模式来运营。德国的媒体没有专门的新闻立法，但是每一种媒体都有自己的监督约束机制，这样就形成了一套政府指导、行业自律和民意监督互相结合的成熟的全社会参与的管理机制。德国虽然也对本国文化产业采取保护措施，但是仅限于德国国内的反垄断法和欧盟内部的限制性条约。联邦制结构在文化领域中的表现特别明显，联邦在文化领域只享有有限职能，文化的管理权和立法权主要集中在各级政府及其行政部门，其中各州政府拥有处理文化事务的大部分职权。《德国联邦政府文化与媒介政策》指出，联邦政府为公共艺术和文化提供12%的资金，88%的公共文化支出由各州、郡、市承担。德国对文化创意产业的扶持也非常具有特色，如德国对18万"文化个体化"提供的包括养老、医疗在内的各种社保在世界

---

① 2020 Cultural and Creative Industries Monitoring Report, Federal Ministry for Economic Affairs and Energy, 2020, p. 5.

各国中也首屈一指。

(二) 德国文化产业价值取向的构建

默克尔在2006年演讲中提到德国的价值观包括人权、民主和宗教自由，后来又将其扩展为法治、人权、民主和自由。默克尔倡导的价值观和西方传统的价值观是一致的，注重法治和维护人权是整个价值体系中最基本的核心价值。

1. 核心价值观的灌输与规范

德国政府非常重视对国民的思想教育，将西方政治社会化理论与自身情况相结合，形成了独具特色的"政治养成"教育模式。它以宪法为核心价值，通过政府主导实施，大众传媒是"政治养成"工作的重要渠道。为了保障教育的社会效果，使大众传媒有效健康运转，德国各州制定了一系列法律和新闻行规，"广播电视机构的主体是非盈利的国家电台，由国家负责拨款，注重内容的多样性和教育意义；文化遗产保护方面，建立了统一的遗产管理机构，遗产管理的费用主要由国家财政负担。"[①] 国家财政的有力保障和政策的规范，促使大众传媒对主流价值观的培育、社会舆论传播方面起到了良好的导向作用，有力地促成了民主精神、爱国主义、德意志精神在德国扎根。

虽然德国注意保护言论自由，但是德国的任何个人表达必须符合国家的核心价值观，新闻报道必须与国家政策相一致。其中德国1949年《基本法》第18条规定："如任何人滥用自由表达的权利，特别是出版、教育自由，集会自由，结社自由，通讯、邮政、电讯秘密权，财产权和避难权，此种滥用法定权利与自由、民主的基本法令相抵触，即丧失上述各种基本权。"[②]

2. 维护文化多样性，保障文化权益

德国文化政策的中心理念已经不再立足于传统的"文化保护"，而是"文化工作"。"文化工作"侧重点在于保障公民的基本书化权益，服务于所有公民社会、交往和美学发展的需要，更加注重文化的

---

[①] 孙俊新:《各国文化产业对外开放政策比较及启示》,《人民论坛》2013年第26期。
[②] 农华西:《意识形态与核心价值体系建设》,湖南人民出版社2007年版,第52页。

公益性。虽然德国对保护本国文化持积极态度，对法国提出的"文化例外"持肯定倾向，对欧盟的文化保护法令也贯彻执行，但是"德国文化政策中反复使用并视之为使命的另一个词是'多样性'，而不倾向于采用强制手段（如配额制度）保护本国文化产品"①。如《电视无疆界指令》是欧盟的政治目标，但是由于欧盟不享有裁决权，对德国没有法律约束力而难以被彻底贯彻。德国在媒体市场准入方面也设定了限制措施，同样由于没有贯彻执行而失去实际意义，也就是说，德国的文化政策的目标在于文化多样性，从而能同时为精英和大众服务。

3. 对外传播形象，输出价值观念

德国政府非常重视对外文化政策，文化和经济、政治并列为德国对外政策的三大支柱。德国对外文化政策的核心就是向国外传播德国的形象，推广西方的普世价值观。德国对外文化交流活动主要依靠电影、电视、广播、图书、杂志等视听出版材料，文化外交是价值观推广的重要工具，为德国国际形象的塑造与提升起到很好的作用。

默克尔政府凭借自己的经济、技术、语言、文化和历史优势，推行价值观外交，以"自由""民主""人权"为内核，以新闻媒介和大众文化产品为载体，大力推广德语和德国文化。一方面积极推动对外教学，建立语言学习和文化学习基地，通过媒体支持德语推广工作，鼓励国外年轻人学习德语，保证德语"话语权"地位，如歌德学院在世界范围内建立了157个分支机构，遍布98个国家和地区。另外还有117所驻外德国学校、180家由政府资助的文化协会，它们构成了覆盖全球的对外宣传网络。另一方面通过大众传媒促进国际文化交流活动，培养"亲德"人才。德国重视媒体的作用，促进媒体公关作用，发挥媒体在不同文明、不同文化层面之间、不同精英之间的桥梁作用。德国的法兰克福书展被称作出版界"奥运会"，每届有30万名参观者，其中1.2万名为书业界决策人士。德国之声是德国向外传递国家声音、对外传播价值观的重要渠道，每天以34种语

---

① 熊澄宇：《世界文化产业研究》，清华大学出版社2012年版，第255页。

言对外播放 64 小时，全面介绍德国多元化的政治、经济和文化生活，将德国的民族精神、价值观念和思维模式也随之传播到世界各地。

总之，德国的文化外交以及价值观的推广都是较为成功的，这都是建立在德国强大的文化产业基础之上，但是由于其根深蒂固的价值观偏见以及在此基础上形成的对中国的文化误读，在一定程度上影响了德国的文化发展和对中国的理性认知。

### 四 英、法、德文化产业价值取向建构的有效策略及其困境

（一）英、法、德文化产业价值取向建构的有效策略

同美国一样，英、法、德三国在核心价值观的传播方面都注重发挥社会教育、法律规范的作用，在文化产业价值取向建构方面保持了相当程度的一致性。然而由于文化传统的差异性，英、法、德三国在文化产业价值取向建构方面还是保持了自己的鲜明特色。

1. 发挥政府主导作用

与美国的自由市场经济不同，欧盟文化产业发展有两个基本目标，即文化目标和经济目标，英、法、德三国都把文化产业作为特殊产业来看待，都注重发挥政府在文化产业发展过程中的主导作用，注重核心价值观的传播与构建，其中尤以法国最为典型。法国的文化产业发展呈现出明显的"文化政治"特色，即政府主导型模式是核心标志，法国历届政府都把发展文化放到了首要位置，即保护文化遗产、彰显文化属性。"法国今天文化产业的管理政策主要以政府扶持和保护为主，采取国家财政拨款方式，辅之以立法和行政手段。"[1]英国是世界上第一个以政府名义提出创意产业的国家，也是第一个制定创意产业政策的国家。英国政府虽然不直接干预文化产业的市场运营，但是在文化产业发展方向上依然起了主导作用，英国文化创意产业政策不仅是经济政策，而且是文化政策，"政府不仅强调文化艺术的经济效果，还注重文化艺术的社会效益，保证普通大众能够享受到

---

[1] 侯聿瑶：《法国文化产业》，外语教学与研究出版社 2007 年版，第 15 页。

第三章　国外文化产业价值取向的理性审视

文化产业的成果。"① 德国文化产业管理沿袭了文化联邦制模式,政府对文化产业介入相对较深,文化的管理权和立法权主要集中在各级政府及其行政部门,通过财政扶持和政策规范,促使大众传媒对民主精神、爱国主义、德意志精神在德国扎根起到了良好的导向作用。

2. 维护民族文化独立性

同美国相比,英、法、德三国国际地位今非昔比,文化影响力大不如以前,而且三国又同时面临美国大众文化的入侵。因此,维护民族文化独立性成为发展文化产业的一个重要目的。如今,各国都注重维护本国文化的独特性和不可替代性,主张文化多样性以对抗美国的单边文化战略,尤其是法国,对本国民族文化发展尤为重视,尤其崇尚历史、传统和文化。1999 年,法国首次提出文化例外论,并且推动欧盟通过"文化例外"条款,对媒体实行种种限制,试图维护其"精英政治"和"国家文化"。法国明确规定了本国电影和美国电影的放映比例,有意减少美国文化对本土文化的消极影响。德国对保护本国文化持积极态度,对法国提出的"文化例外"持肯定倾向,将欧盟"无国界电视指令"(TWF Directive)的规定纳入其广播电视立法中。以电影为例,德国主要通过以下两种方式对电影方面的贸易施加影响:一是公共电视台主要播放德国的电影,其播放的外国影片数量明显少于私营电视台,而且一般通过自行制作或国内订货的方式来丰富播放内容;二是德国政府对国内的电影业给予财政补贴,以增强国际竞争力。②

3. 重视语言推广

语言在价值观的传递中起着不可替代的作用,英、法、德三国都注重本国语言的对外推广工作,在世界上设有工作机构、学校和教学中心,进行本国语言对外推广工作,在文化交流和价值观传播过程中发挥着极其重要的作用。如法国坚持把法语作为对抗美国文化、宣传

---

① 熊澄宇:《英国政府下放权力,办好扶持角色》,《人民日报》2012 年 3 月 14 日第 23 版。

② 张生祥:《欧盟的文化政策:多样性与同一性的地区统一》,中国社会科学出版社 2008 年版,第 208—209 页。

法国文化的战略重点，通过法语联盟推广法语和法国文化；德国通过歌德学院在世界范围内建立了分支机构和文化协会，构成了覆盖全球的对外宣传网络；英国通过英国文化协会发挥价值观的推广作用。

(二) 英、法、德文化产业价值取向建构的困境

欧盟文化产业发展有两个基本目标，即文化目标和经济目标，英、法、德三国在民族文化产业发展过程中也注重文化价值，但是由于受制于个人主义的泛滥、文化影响力的下降等因素，英、法、德三国在实现文化目标方面有着自身不能克服的局限性。

首先，个人主义的泛滥。个人主义作为西方社会的核心价值观，在欧洲历史上曾经起到过进步作用。但是个人主义强调个人是目的，强调个人价值、个人享受，个人是社会存在的本体，"政府的目的在于使个人的需要得到满足，使个人的利益得以实现，使个人的权利得到保障"[1]，统治最少的政府便是最好的政府，这又使得个人主义走向了利己主义和功利主义。个人主义的价值观使英、法、德三国文化生产和文化消费渗透着浓厚的商业气息，娱乐至上、超前消费和个人享受成为社会主题，文化产业发展所应承担的社会责任和人类价值受到严峻挑战。"在肯定其推动消费和文化的大众化作用的同时，更应看到许多西方主流传媒正在与自由、民族、平等的普世价值观渐行渐远，传媒的社会守望和环境监测功能正在日趋弱化。"[2] 法国前总统萨科齐指出，当前法国社会"个人主义取代了集体主义和爱国主义，无政府主义、极端自由主义、放任主义、散漫主义、享乐主义泛滥成灾"[3]，导致个人丧失了公民责任心和社会责任感，社会凝聚力消失，政府权威不再存在。

其次，文化影响力的衰退。由于三国国力衰退，文化影响力下降，文化产品的国际竞争力有限，英、法、德在实现文化的对外目标

---

[1] 唐日新、李湘舟、邓克谋：《价值取向与价值导向》，中南工业大学出版社1996年版，第80页。

[2] 蒋建国：《消费文化传播与媒体社会责任》，中国社会科学出版社2011年版，第50页。

[3] 陈强：《法国文化软实力的衰落及法国总统、学者的反思》，《经济与社会发展》2008年第12期。

方面受到了掣肘。英、法、德三国不可能和美国一样推行市场准入，反而由于共同面临美国大众文化的入侵，被迫举起文化保护主义的大旗。法国仍是世界一流的文化大国，但是以法语为工具的法语文化处于弱势地位，"已在美国文化帝国主义的冲击之下岌岌可危"[①]。英国文化在美国和日韩商业气息文化冲击下趋于边缘化，意大利前总理贝卢斯科尼掌管的《意大利日报》就撰文称："很多人依然认为他们是新闻、政治、经济以及体育等领域的领航员，但实际上，大英帝国已经不再伟大。"

## 第三节 国外文化产业价值取向建构的启示

### 一 加大核心价值观对文化产业的引领

西方发达国家凭借其雄厚的资本实力、先进的传播手段和成熟的市场运作促成文化产业和核心价值观有机融合、相得益彰，文化产品大量输出，价值观念高效传播，这对文化产业发展处于初期的中国具有理论和现实上的借鉴意义。

文化产业拓宽了核心价值观诉求通道。文化产业是内容产业，内容为王，内涵取胜。文化的产业属性决定了它的价值观传播必须通过市场经济的运作，通过大众消费的渠道来完成，与传统的国家层面的意识形态宣传相比，它具有不可比拟的优越性，它能够以市场为导向，以观众为中心，寓教于乐，教化和宣传更具有隐蔽性和高效性。西方国家文化产业在其发展过程中注重用其文化影响力、价值观和意识形态的吸引力去引领和规范文化产业进而影响人们的价值观，其发展不仅带来可观的经济效益，而且可以对文化产业起到规范和引领的作用，进而拓宽了核心价值的诉求通道。西方国家将社会核心价值观念融入到文化产品，通过各种影视产品、大众传媒等隐性化的教育活动渗透到国民的日常生活，演化为群众日常生活理念，从而增强国民对核心价值观的认知和认同。美国、法国、英国等西方国家在文化产

---

① 吕一民：《法国通史》，上海社会科学院出版社2007年版，第412页。

业发展过程中都特别注重核心价值观的融入和引导，美国的"无为而治"、法国的"文化例外"和英国的"一臂之距"既是对文化产业的规制与保护，也是对其价值取向的引领，其中内容不乏对个人主义、救世主义、西方中心主义及其自由、民主、人权等价值原则的融入与传播。比如美国电影、电视和网络平台等大众载体传播国家主流价值观念和道德价值观念，影响国民的价值取向；将"自由女神像"看作美国精神的象征，赋予其自由、民主、平等的精神内涵，增强人们对美国价值的认同。在文化产业发展过程中，法国文化观念和价值支配着文化的生产和消费的过程，体现出法国主流价值观念的哲学文化和生活文化的传播和渗透是在人们无意识状态中进行的。法国的悠久的思想立意高远，注重现实，其影响力往往通过潜移默化的方式作用于社会精英人士；法国的时尚文化、品牌文化、历史名胜风靡全球，这些物质层面的文化对于法国塑造符合国情和时代特点的国家形象意义重大。

　　核心价值观是增强文化产业竞争力的关键。文化产业是一个以精神产品的生产和消费为特征的产业系统，是以价值为内在支撑的。如果文化产业只是文化商品的简单增长，而没有丰富的思想文化内涵，这样的文化产业是没有竞争力的。文化产业能否成功的关键在于是否得到绝大多数消费者的价值认同，其实质就是是否契合占社会主导地位的主流价值观。核心价值观对文化产业的发展至关重要，它规定着文化产业的性质和方向，唯有在核心价值观的统领下，文化产业才能发挥引领社会、推动发展的作用。对此，习近平总书记指出："核心价值观是文化软实力的灵魂、文化软实力建设的重点。这是决定文化性质和方向的最深层次要素。"[①] 西方发达国家充分认识并重视了核心价值观对文化产业发展带来的生命力和凝聚力。西方世界的自由、民主、法治等社会主流价值观念，裹扎在色彩绚丽的文化产品中，通过视觉吸引、心理满足、灵魂震撼、价值观同化等方式通过对人的生命终极关怀、对国家的挚爱、对其他国家尤其是第三世界国家产生了

---

[①] 《习近平谈治国理政》第一卷，外文出版社2018年版，第163页。

相当大的冲击力和吸引力。以电影为例,将主流价值观融入大众娱乐文化的生产与消费,既是核心价值观融入文化生产的过程,也是文化产业增强竞争力的关键。无论是好莱坞编织出来的"美国梦"还是英国音乐所体现出来的"绅士道",都反映出主流价值观与娱乐文化的有机结合。

当今,文化产业发展呈现出了新特点与新趋势,中国在取得文化产业巨大成就的同时,在核心价值观的培育方面面临诸多挑战,同西方发达国家相比、同自身的国际地位相比仍有较大差距。《人民论坛》展开的"中国未来10年10大挑战"的调查中,"主流价值观边缘化危机"赫然在列,这反映了现阶段中国核心价值观的凝练与概括、培育与践行迫在眉睫。而培育与践行核心价值观,文化产业承担着义不容辞的责任,在文明的对话、传播的方式、理论与实践间的互动中能够发挥其他力量不可替代的作用。

## 二　注重文化产业政策的规范与引导

文化产业政策在促进文化产业发展中居于核心地位,对文化产业的健康发展具有重要的意义。

文化产业政策凸显民族性质和社会性质,对文化产业的健康发展发挥了积极的作用。西方各国政府不得不对文化产业的公共属性进行重新认识,对文化产业政策和措施进行调整。虽然美国没有明文的文化产业政策和专门的管理部门,但是有着完善而成熟的法律保障体系。美国政府的角色定位实际上既不是无所不为,也不是无为而治,而是"有所不为,有所为",美国完全可以依托法律发挥对文化产业规范与引导作用。美国有一个发育成熟的市场经济体系,这是美国文化产业健康运作的基础。政府调控文化产业最有力的工具莫过于法律。《版权法》(1976)、《数字千年版权法》(1998)、《家庭娱乐和版权法》(2005)等一系列法律的颁布实施为打击网络文化市场盗版行为、保护公众利益提供了法律保障。在对外文化交流中则充分利用"特别301"条款,保护自己的知识产权,打开其他国家的文化市场;法国文化政策的特点是公共机关进行大量工作,国家在其中扮演了非常有力的管理角色，公民平等享有文化生活被写入国家宪法，"文化部应当努力实现使最多的人能够接触到人类的主要文化作品，特别是法国的作品。"法国还主张"文化例外"和"文化多元化"，对本国民族文化进行资助与保护，推动"无国界电视"，对欧盟视听媒体中"欧洲内容"所占比例作了规定，反对美国好莱坞和其他大众文化的入侵；英国文化政策的根本目标是提升最大多数人民的生活品质，英国政府于1993年发布的《创造新的未来》，明确了文化产业政策的政府立场，认为文化产业的价值不仅在于经济，而且在于文化意义，应该重新强调艺术的基本原理和精神方面的作用。

文化产业政策对于文化产业的健康发展起着至关重要的作用，是做大做强民族文化产业的战略保障。现阶段中国文化产业政策还不成熟、不完善，有些领域还存在缺陷、空白，这就要求我们完善立法和政策，加强对文化产业规范引导，这样才能实现文化产业健康有序发展。

### 三 重视文化软实力的构建

国家之间的竞争越来越表现为文化软实力之间的竞争，文化产业与软实力的构建有着密切而深刻的关系。软实力是指除经济、军事实力以外的组成部分，"源自文化、政治观念和政策的吸引力"，它主要是由文化产业创造的文化符号构成的。文化产品不是普通商品，它不仅具有商品属性，而且具有精神属性，能够体现民族文化特征。西方发达国家把提高文化软实力作为文化发展的国家战略，把发展产业与繁荣文化融合在一起，实现了文化与资本的对接，在推动文化产业成为国民经济的硬支撑的同时，也实现了文化产业对"软实力"的大幅提升。

塑造良好的国际形象。在全球范围内，国家形象的好坏通常取决于文化产品所造就的符号的力量。文化产品是一个国家的国民素质、精神风貌、价值观和生活方式集中体现，是一个国家提升国家形象的重要载体。文化产品的贸易、文化活动的交流所蕴含的文化含量的高低同国家的文化身份、文化形象成正比，直接决定着国家的文化影响

## 第三章 国外文化产业价值取向的理性审视

力。随着资本的跨国流动和文化产品的迅速输出,西方发达国家根据文化市场需要来配置文化产品构成要素,根据流行文化交流方式来搭建交易平台,根据时代特征来铸造文化形象,将一种符合当代西方国家发展现实的价值观念和生活方式植入到文化产品和文化表达方式中,凭借在信息传播和文化产品流通方面的优势和主导地位,成功地塑造了全球范围内的道义形象与价值认同。以美国为代表的西方文化产品充斥世界每个角落,美式文化品位和文化习俗日趋全球化,好莱坞电影、迪士尼、肯德基、麦当劳巧妙而又隐含地传播着美国精神,推进了美国的价值观认同,成功地塑造了美国的国际形象,其中好莱坞成为美国最佳的形象大使和文化大使;英国通过音乐、影视、设计、艺术等产业发展,通过品牌的综合传播,展现了英国各个层面的创新成果以及现代英国人的革新意识与创造精神,强化了"新英国"形象;法国为了追求其世界影响力,提高自己的国际地位,努力传播具有法兰西特色的文化和价值观,推广法语,大力兴建法国文化中心,增强了"软国力"。

推进价值观念认同。在当代全球化过程中,价值观认同体现在他国民众对该国民众的生活方式和价值观念的整体性感知与认同,是全球化所包含的普遍化、同质化趋向的体现,这在当代主要是通过市场化实现的,以文化产品的交流与消费为主要依托。世界贸易的对象不再仅仅局限于商品和货物,"它还卖标识、声音、图像、软件和联系。这不仅仅将房间塞满,而且还统治着想象领域,占据着交流空间。"[1]因此,文化产品不仅包含了各种经济文化现实,更是蕴含了价值目标和精神诉求,以商业化的方式传播价值观成了更加高效和隐蔽的途径。以美国为例,美国占据世界24%的文化市场份额、55%的电影票房收入,这不仅对文化产品的市场占有率具有重要意义,而且对于传播文化价值观具有重要的意义。美国的文化产业尤其是视听产品成功的最重要的一条经验就是适应大众心理和情感需求,注入自由、民主、正义、家庭和亲情等人类共同关注的普世理念,以体现社会主

---

[1] 王列、杨雪冬编译:《全球化与世界》,中央编译出版社1998年版,第10页。

流、实现主体认同。倘若美国文化离开了好莱坞、迪士尼和可口可乐,美国的主流价值观也就失去了拓展的有力载体,很难具有全球影响力;法国通过"法语联盟"为代表的文化推广机构,以埃菲尔铁塔为代表的历史文化遗产,以葡萄酒、时装和化妆品等为代表的时尚文化,促进了法国文化产品在世界范围内的传播以及法国文化与全球文化的交流,构成了不同社会群体对法国文化的痴迷,培养了对法国价值观念和思维方式的认同。

改革开放以来,中国的文化交流和国家形象获得了大幅改善,但是仍然呈现出文化传播与国家经济、政治地位不匹配、价值认同与社会进步不协调的一面,其中一个非常重要的原因就是我们的文化产品缺乏国际竞争力,"特别是缺少国际性的、符号化、可参与性的文化品牌"[1],文化产品很难进入西方主流销售渠道、打入西方主流社会,难以引起西方观众的价值共鸣。

---

[1] 陶金节:《中国文化如何走向世界》,《学习时报》2008年3月3日第6版。

# 第四章 中国文化产业价值取向建构的理论探索

## 第一节 文化产业与社会主义核心价值观的内在关联

在中国,文化产业不仅具有产业属性,是国民经济的重要组成部分,而且具有文化形态,是社会主义文化建设的重要组成部分和社会主义先进文化的表现形式。文化产业的这种双重身份就决定了文化产业将以自己特殊的方式参与社会主义核心价值观的培育与践行。文化产业的迅速发展,不仅促进了经济的繁荣,而且实现了社会主义核心价值观表现方式、传播方式和接受方式的转变,增强了社会主义核心价值观的吸引力和感召力。反之,社会主义核心价值观又规定了中国文化产业的创作内容和发展方向。这样,文化产业发展与社会主义核心价值观培育就形成了深度的逻辑关联,二者构成了相互促进、协同发展的关系。

**一 文化产业是培育和践行社会主义核心价值观的重要载体**

文化产业不仅具有经济功能,而且具有文化功能,已经成为文化发展、积累和传承的主导方式,是影响国内民众价值观和认同感的最直接的方式,是信息时代传播社会主义核心价值观的重要载体。

(一)文化产品是传播社会主义核心价值观的有效载体

文化产业的核心构成是文化产品,精神属性是其根本属性,传播是其基本功能,文化产业的发展过程就是创造、复制和传播文化产品的过程。作为一种新的文化业态，不论是视听产品或作为传播媒介，文化产品都充分发挥了其特定的价值观载体功能，成为传递信息、传播价值观的重要载体和影响人们生产生活和精神世界的重要渠道。从当今社会发展的实际来看，社会的发展已经到了一切关于思想文化的有效传播都离不开电视、广播、网络、期刊等有效的载体的程度，正如英国传媒研究专家汤普森所言："大众传播的发展大大扩大了意识形态在现代社会中运作的范围，因为它使象征形式能传输到时间与空间上分散的、广大的潜在的受众。"[①]

文化产业是促进社会主义核心价值观大众化的有效载体。现代社会，随着大众传媒的兴起和传播手段的现代化，人们对各种价值观念、思维方式等的接受主要是通过以大众传媒为核心的文化产品的传播实现的。文化产业的现代化、社会化程度，直接关系到社会主义核心价值观的通俗化、形象化和大众化程度。社会主义核心价值观能否最大限度地为广大群众所理解和掌握并内化为社会成员的价值追求和行为自觉，就看它能否最大限度地实现对文化市场的占有，能否最大限度地拥有文化产品的认同者和消费者。难以想象，离开了广播、电视等现代传媒手段和充当党的"喉舌"的文化产业集团，以社会主义核心价值观为核心的国家意识形态如何为群众所接受、理解和掌握。随着思想文化多元化的呈现和国家治理方式的转变，"公民接受思想文化内容的渠道呈现出多样化和个性化的文化消费趋势，对于媒介物选择的自由化，早已越出了传统的意识形态建设手段和方法单一的局限。"[②] 在思想、文化、利益多元多样多变的时代，要满足人民的精神文化需求，要巩固人民的信仰，要实现对社会主义核心价值观的认同，就必须大力发展文化产业，借助于现代产业运作机制组织文化产品生产，使包含一定价值意义的文化产品不断地被复制、推广、消费，广泛传达一种单一的群体认同，从而使消费者在故事情节和人

---

① [英]约翰·B.汤普森：《意识形态与现代文化》，高铦等译，译林出版社2012年版，第287页。

② 胡惠林：《文化产业发展与中国新文化变革》，上海人民出版社2009年版，第147页。

## 第四章 中国文化产业价值取向建构的理论探索

物对白之中自然而然地产生对核心价值观的认知和认同。基于以上认识,《关于培育和践行社会主义核心价值观的意见》明确指出:"一切文化产品、文化服务和文化活动,都要弘扬社会主义核心价值观,……加强对新型文化业态、文化样式的引导,让不同类型文化产品都成为弘扬社会主流价值的生动载体。"[①]

(二) 文化产业活动是社会主义核心价值观的生动体现

文化产业活动首先体现的是文化内涵。文化作为人们生活方式、道德观念的积累,作为经济基础、政治制度的反映,与意识形态、价值观念是内在统一的。相对于传统的工业和农业经济门类而言,文化产业活动作为文化的外化形态,不仅具有商品属性,而且具有一定的意识形态属性,它总是表现出一定的价值观念与取向,成功的文化产业活动运作可以轻而易举地实现价值观、生活方式和审美情趣的巨大影响力。无论哪个国家的文化创作、演出和展览,只要以内容为核心,就必然体现某种价值观念和道德追求,"必然内在地隐含着对一定时期的经济、政治、社会、文化的判断和解读"[②]。人们在观看文艺演出、电影、浏览网页新闻甚至是玩耍电子游戏时,都受到特定国家的价值观念、生活方式和思维方式的影响,因此文化产业活动成为一国宣扬或抑制意识形态的有效工具。西方国家尤其重视文化产业的意识形态属性,文化产业的发展与价值观的传播相得益彰。例如,美国总是不遗余力地推动好莱坞走向世界,因为电影走到哪里,美国的价值观就传播到哪里。

一切文化产品、文化服务和文化活动,都要体现社会主义的主流价值追求和道德标准,都是社会主义核心价值观的生动诠释。中国的文化产业活动反映了当代中国的时代特性,首先表现为文化产业的社会主义性质,即马克思主义的指导地位和社会主义核心价值观的灵魂地位。改革开放以来,中国的文化活动同消费和市场相衔接,文化活

---

[①] 中共中央办公厅:《关于培育和践行社会主义核心价值观的意见》,《人民日报》2013年12月24日第1版。

[②] 欧阳坚:《文化产业政策与文化产业发展研究》,中国经济出版社2011年版,第76页。

动形式丰富多彩，文化的传播速度变得更加快捷，以市场为手段提供有偿文化活动和服务成为满足人们精神文化需求的重要方式。文化市场所提供的关于"内容""意义"的文化活动和服务，在一定历史时期具有鲜明的主流文化和意识形态色彩，在现阶段突出地表现为社会主义核心价值观的传播。健康丰富的文化活动不仅是放松心情、陶冶情操、舒缓压力、提高生活质量的重要方式，而且能够生动活泼、活灵活现地传播、践行社会主义核心价值观，做到寓教于乐、润物无声。通过文艺演出、影视作品、名家讲座把社会主义核心价值观"唱出来""拍出来""讲出来"，拉近了与大众的距离，让大众在剧院、影院、单位和社区文化活动中潜移默化地接受社会主义核心价值观教育。

作为社会主义文化建设重要组成部分的文化产业活动，为社会主义核心价值观提供了时代性、大众性、活灵活现的表现形式，促进了社会主义核心价值观融入社会生活和日常生活，拓宽了社会主义核心价值观的传播渠道和活动空间，成为诠释社会主义核心价值观的生动载体。

（三）文化产业的市场化运作有利于社会主义核心价值观的培育和践行

文化产业是先进文化的助推器。在市场经济条件下，文化产品和服务不仅具有文化属性，而且具有经济属性或产业属性，可以通过市场来实现其价值。文化产业的经济效益与社会效益不一定是冲突的，二者在一定条件下是相辅相成、相互促进的。经济效益是社会效益的前提，文化功能的实现以文化产品成功地进入市场流通轨道为手段，一定的经济效益意味着文化产品的高占有率，这也是先进文化产品发挥作用的必要条件，如果没有一定的市场占有率，先进文化也就失去了发挥作用的空间和平台，也就谈不上社会效益，这就是文化生产的市场化对中国的特殊意义。

文化产业的市场化运作和产业化经营造就了社会主义核心价值观培育和践行的活动空间。社会主义核心价值观的培育与践行必须融入到社会主义市场经济建设中，必须反映日新月异的社会主义现代化建设实践。"三个倡导"是对社会主义核心价值观的高度凝练,具备极强的抽象性、理论性和概括性的特点,需要进一步具化和转化,使之更加简洁、生动和通俗。社会主义核心价值观的践行和培育是一个文化浸润的过程,必须借助于世俗化的文化形式和社会环境,一方面,有赖于文化产品的大众化传播,使核心价值观在潜移默化中成为国民共识;另一方面,有赖于文化产品传播、消费所形成的公共空间,通过交流、交融和交锋,实现社会主义核心价值观的传播和弘扬。所有这些都只有在文化产业的市场化运作中才能得到生动的体现和大众化的实现,离开了文化产业的市场化运动去谈核心价值观的培育和践行,就缺少了现实性的基础。胡惠林指出:"这样的传达,倘若没有一个完整的从生产到流通的现代经济组织和群体是不可能的。"① 在社会主义市场经济条件下,绝大多数文化产品或服务是通过市场的途径以商品的形式实现传播和消费的。文化产业以其现代化、商业化、时效性和娱乐性的大众特征广泛渗透到人们的日常生活中,改变了人们的思维方式和审美习惯,塑造着人们的价值观。

文化产业发展过程就是通过蕴含和融入价值感受与价值体验,进行文化传递和文化教育,实现大众理解和把握价值内涵和价值意义的过程。社会主义核心价值观是文化建设的核心内容,文化产业的发展为核心价值观的培育与践行提供了丰富资源与多样化路径。培育社会主义核心价值观的过程就是通过文化资源实现核心价值观大众化的过程,这就要求我们必须不断发展文化产业,建设社会主义文化强国。

## 二 社会主义核心价值观对文化产业的引领与指导

核心价值观在价值体系中居于核心支配地位,是社会长期遵循的基本价值原则。正如习近平总书记在中共中央政治局第十三次集体学习时强调的,"核心价值观是文化软实力的灵魂、文化软实力建设的

---

① 胡惠林:《文化产业发展与中国新文化变革》,上海人民出版社 2009 年版,第 147 页。

重点。这是决定文化性质和方向的最深层次要素。"[1] 这为我们认识社会主义核心价值观与文化产业的关系提供了一个新视角，即社会主义核心价值观是引领文化产业发展的灵魂，是文化产业发展的内容要素，是文化产业发展的动力和源泉。

（一）社会主义核心价值观是引领文化产业健康发展的灵魂

社会主义核心价值观作为社会共识的最大公约数，涵盖了社会发展的指导思想和价值取向，为社会发展提供了统一正确的指导原则。社会主义核心价值观从国家、社会和个人三个层面分别提出了价值目标、价值取向和价值准则，引领着社会主义核心价值体系的建构并外化为社会实际，"它是一种国家制度、一个社会发展模式赖以立足和演进的价值导向"[2]。

历史的进程证明，社会越是发展，文化的作用越是明显，意识形态和价值观念对社会发展的引领作用越是显著。党的十七届六中全会指出："社会主义核心价值体系是兴国之魂，是社会主义先进文化的精髓"[3]，推动社会主义文化大发展大繁荣，必须以建设社会主义核心价值体系为根本任务。党的十八届三中全会指出，发展文化产业，建设社会主义文化强国，必须培育和践行社会主义核心价值观。党的十九大报告进一步指出："发挥社会主义核心价值观对国民教育、精神文明创建、精神文化产品创作生产传播的引领作用。"[4] 这三次会议提出的重要论断，进一步明晰了文化产业与价值观的深层关联，凸显了社会主义核心价值观对文化产业发展所具有的特殊意义。培育社会主义核心价值观的一个重要目的就是引领多样化的社会思潮，教育引导大众，形成社会价值共识。现阶段社会主义核心价值观的培育与践行主要是在与文化产业的互动中实现的。文化产业与社会主义核心价值观的互动关系不仅体现为文化产业对培育社会主义核心价值观的

---

[1] 习近平：《把培育和弘扬社会主义核心价值观作为凝魂聚气强基固本的基础工程》，《人民日报》2014年2月26日第1版。
[2] 《社会主义核心价值观学习读本》，新华出版社2013年版，第75页。
[3] 《十七大以来重要文献选编》（下），中央文献出版社2013年版，第564页。
[4] 《十九大以来重要文献选编》（上），中央文献出版社2019年版，第30页。

## 第四章 中国文化产业价值取向建构的理论探索

载体作用，而且还体现在文化产业要发挥其社会功能，必须要有社会主义核心价值观的引领与指导。

"社会主义核心价值观是精神文化产品之'魂'。"[①] 坚持社会主义核心价值观的引领体现了文化产业的社会主义的质的规定性和先进文化的发展方向。社会主义核心价值观提供了文化产业发展所需要的内在尺度与原则，是中国文化产业发展的"魂"。只有抓住这个"魂"，文化产业才有"主心骨"和"精气神"；离开了这个"魂"，文化发展就会丧失根本，文化产业就会迷失方向。从这个意义上讲，社会主义核心价值观是一切文化产品生产、传播和消费的生命之魂，自觉运用社会主义核心价值观来引领文化生产，把社会主义核心价值观鲜明地体现在文化创作和生产的各个方面。这不仅是文化产业自身健康发展的需要，也体现了社会主义核心价值观培育与践行的内在要求。

（二）社会主义核心价值观规定了文化产业发展的内容要素

党的十八大以"富强、民主、文明、和谐、自由、平等、公正、法制、爱国、敬业、诚信、友善"这24个字来高度概括社会主义核心价值观，对文化产业的意义体现在多个方面，为新时期文化产业发展赋予了新内涵、提出了新要求。

社会主义核心价值观具有鲜明的实践性、时代性和民族性特点，富含文化产业发展的优秀思想和积极因素，其中富强、民主、文明、和谐是国家层面的价值目标；自由、平等、公正、法治是社会层面的价值取向；爱国、敬业、诚信、友善是公民个人层面的价值准则。从党的十七届六中全会提出的"坚持中国特色社会主义文化发展道路"，"把遵循社会主义先进文化前进方向、人民群众满意作为评价作品最高标准"到党的十八大提出"坚持以人民为中心的创作导向""唱响网上主旋律"，到党的十八届三中全会推进文化体制改革，必须"培育和践行社会主义核心价值观""健全坚持正确

---

[①] 王建成、郭幼茂：《社会主义核心价值观五讲》，江苏教育出版社2012年版，第195页。

舆论导向的体制机制",这不仅是对文化产业发展的内容要素和评判标准提出的指导性意见,更是对社会主义核心价值观的外延和拓展。

以社会主义核心价值观为内容支撑,是促进文化产业健康发展的必由之路。文化产业是内容产业,社会主义核心价值观具有普遍性、民族性和崇高性的特点,是文化产业发展的最重要的思想资源。习近平总书记在文艺工作座谈会上指出"低俗不是通俗,欲望不代表希望","文艺不能充当市场的奴隶",这一切都是指文化产业的内容选择问题。在文化产业发展过程中,要坚持将符合社会主义核心价值观的思想内涵和审美情趣作为文化产品的内容要素,经过电影、新闻、广告等文化形式的加工,将社会主义核心价值观的主要理念,通过人民群众喜闻乐见的形式进行传播,用生动的中国实践和中国风格进行解读,实现人们在社会主义核心价值观指导下的价值追求与行动自觉。

（三）社会主义核心价值观是促进文化产业发展的动力和源泉

对文化产业而言,社会主义核心价值观不仅规定了文化产业的发展方向,而且是增强其市场竞争力重要渠道。21世纪,文化产业已成为文化发展、传承的主要方式,文化产业的竞争一定程度上已成为核心价值观的竞争。美国文化产业占据世界文化市场的四分之一,大众文化成为世界的流行文化,依赖的不仅仅是先进的生产技术,而且还有明晰的价值观念支撑。如《超凡蜘蛛侠2》《钢铁侠》《生化危机》等影片不仅带走了创纪录的票房收入,而且将美国精神——个人主义、英雄主义、生活方式等留在观众的脑海中,正如中央党校教授范玉刚所言,美国好莱坞电影价值取向简单明了,无非就是民主自由的化身和个人英雄主义的代表。

当前中国文化产业发展普遍存在有"高原"缺"高峰"的现象,文化产品内容缺失、价值诉求模糊,文化"走出去"困难重重,其中一个最重要的原因就是形成广泛共识的核心价值观尚未建立,文化产品缺少核心价值观的有效融入。文化的力量因价值而生,也以价值为用①；没有核心价值观的强劲确立，文化产业的发展便缺乏力量。文化和价值的这种内在关联要求我们注重核心价值观的培育与融入，因为文化产品的竞争力在于它所蕴含的核心价值观，明晰的价值诉求和价值取向有助于增强文化产品的思想内涵和吸引力，有利于扩大文化消费受众和增强对核心价值观的认知认同。社会主义文化产业发展必须将建设社会主义核心价值观作为根本任务，任何背离和偏差都会导致文化产业误入歧途。社会主义核心价值观从国家、社会、个人三个层面提出了培育与践行的战略支点，凝聚了全社会的价值共识，体现了价值观的先进性和包容性，为文化改革发展树立了正确的价值坐标，为文化产业的发展提供了强大的精神动力。要把社会主义核心价值观融入文化产品创作、生产、消费的各个环节，充分发挥核心价值观的引导作用，推动文化产品的内容更加充实，价值诉求更加明晰。

## 第二节  中国文化产业发展的价值取向的目标选择

关于有中国特色的社会主义文化产业的价值目标，具有经济性、工具性的特点，也具有意识形态性、价值理性的特点，文化产业的价值取向都会打上"终极文化价值和目标"的烙印，因为文化产业的发展是在文化建设的总体战略下进行的。从总体上看，其基本要求和显著特征，就是批判与重构并举，根本目标与具体目标的有机统一，即促进人的全面发展的根本目标与政治、经济、文化的熔铸为一。

### 一  最高目标：促进人的全面发展

中国特色社会主义文化产业发展既要遵循产业发展的一般规律，又要体现社会主义的价值追求。社会主义的性质和价值目标决定了我们必须把文化产业发展放到实现人的全面发展的高度来认识和把握，

---

① 王建成、郭幼茂：《社会主义核心价值观五讲》，江苏教育出版社2012年版，第195页。

必须把以实现人的全面发展作为推进中国文化产业发展的最高目标。在中国特色社会主义文化产业发展中促进和实现人的全面发展，在现阶段集中体现为确立以人为本的发展理念、满足人民群众的精神文化需求、体现人民群众的主体地位和提高公民的文化素质与能力。

（一）确立以人为本的发展理念

所谓以人为本，就是指文化产业发展的最高目标是实现人的自由全面发展，就是以人作为文化产业发展的价值指向。马克思在《共产党宣言》中早就提出了社会主义的根本价值取向是实现人的自由全面发展，指出"每个人的自由发展是一切人的自由发展的条件"①，共产主义社会联合体"以每一个人的全面而自由的发展为基本原则的社会形式"②。文化产业作为社会主义文化建设的重要组成部分，其主体和客体都是人，所以树立以人为本的发展理念是文化产业发展的必然要求和历史使命。

回顾中国文化产业政策的实践历程，我们党一直重视文化建设，把文化产业发展作为推动和实现人的全面发展的重要方面加以积极实施。改革开放初期，文化事业出现复苏，产业属性逐步显现。党的十二届六中全会指出精神文明建设的根本任务就是"培育有理想、有道德、有文化、有纪律的社会主义公民，提高整个中华民族的思想道德素质和科学文化素质"③，这也就奠定了以后文化产业发展以人为本理念的基调。党的十四届六中全会进一步指出中国社会主义精神文明建设的主要目标就是实现公民素质、文化生活质量、城乡文明程度的显著提高④，这为以后充分认识和发挥文化产业社会功能和育人功能提供了前提。党的十六大首次明确提出文化产业概念，明确了文化产业的合法地位，并将其定位为"满足人民群众精神文化需求的重要途径"⑤，这也就从文化产业的角度奠定了以人为本根本理念的地位。

---

① 《马克思恩格斯选集》第1卷，人民出版社2012年版，第422页。
② 《马克思恩格斯选集》第2卷，人民出版社2012年版，第267页。
③ 《十二大以来重要文献选编》（下），中央文献出版社2011年版，第123页。
④ 《十四大以来重要文献选编》（下），中央文献出版社2011年版，第139页。
⑤ 《十六大以来重要文献选编》（上），中央文献出版社2005年版，第31页。

## 第四章　中国文化产业价值取向建构的理论探索

党的十七届六中全会进一步树立了以人为本的文化产业发展理念，明确了人民群众的主体地位，指出实现文化改革发展的奋斗目标，必须遵循"坚持文化发展为了人民、文化发展依靠人民、文化发展成果由人民共享，促进人的全面发展，培育有理想、有道德、有文化、有纪律的社会主义公民"①。这也就从根本上解决了"为了谁、依靠谁"的问题。党的十八大报告指出，2020年实现全面建设小康社会的目标，对文化提出了更高要求，"公民素质和社会文明程度明显提高"，"要坚持以人民为中心的创作导向，提高文化产品质量，为人民提供更好更多精神食粮。"②

（二）满足人民群众多样化的精神文化需求

满足人民群众的精神文化需求是促进人的自由全面发展的重要途径。恩格斯在《反杜林传》中有一个著名的论断："文化上的每一个进步，都是迈向自由的一步。"③ 文化产业作为一种特殊产业，被赋予了文化的内在功能，是精神的物化和物化的精神的结合。文化产业发展的最高目标就是促进和实现人的全面发展，其直接的表现则是通过为广大人民群众提供丰富多彩的文化产品和文化服务，满足人民群众多样化的精神文化需求，主要体现在以下三方面。

第一，从中国社会的主要矛盾来看，我们必须大力发展文化产业，创造更多满足人民需要的精神文化产品，提高满足人民文化需求的能力。随着中国社会主要矛盾的变化和消费结构的升级，人们讲求生活品质、崇尚生活美学，对精神生活的向往和追求不断提高，对文化产品和文化服务有着更高的期待。2013年人均GDP已经突破6767美元，2019年突破1万美元，按照国际经验，中国文化需求已经进入了旺盛期，居民消费由实物型向服务型转变，文化、消费占比越来越高，精神文化需求进入了快速增长期，精神文化消费结构出现快速变动和升级。与经济建设相比较，中国文化建设相对滞后，文化产业

---

① 《十七大以来重要文献选编》（下），中央文献出版社2013年版，第563页。
② 《坚定不移沿着中国特色社会主义道路前进 为全面建设小康社会而奋斗》，《人民日报》2012年11月18日第1版。
③ 《马克思恩格斯全集》第26卷，人民出版社2014年版，第121页。

发展还不能适应人民群众日益增长的精神文化需要，居民精神文化消费的旺盛需求对文化产业发展提出了新的更高的要求，即文化产业发展必须适应精神文化消费需求的新变化，不断满足人民群众求美、求乐、求健康的多向度的精神文化需求。对此，党的十七届六中全会从对文化建设认识、社会成员道德水平、文化产品创作生产、文化产业发展、文化人才队伍建设等几个方面指出了中国文化产业发展与人民精神文化需求之间的矛盾和问题。党的十八大报告指出："让人民享有丰富的精神文化生活，是全面建成小康社会的重要内容"。① 党的十九大报告指出："满足人民过上美好生活的新期待，必须提供丰富的精神食粮"。② 所有这些都表明，要解决这些问题与矛盾，就必须以满足人民精神文化需求为出发点和落脚点，大力发展文化产业，丰富文化内容，既要考虑大多数人的文化需求，又要兼顾各个阶层、各个群体的文化需求。

　　文化与产业相结合，是新时期文化建设的显著特征，也是市场经济条件下满足不同层次人们文化需求的有效途径，是促成人的全面发展的重要方式，也是发挥文化"引领风尚、教育人民、服务社会、推动发展"的必然要求。文化产业其精神文化的本质属性和满足人们精神生活需要的特性是其他产业无可比拟的。文化产品其内容本身具有的通俗性、大众性、强穿透力是文化产品迅速传播的主要原因，文化产业的市场化运作则使文化资源得到优化配置，文化生产方式不断创新，文化传播体系更加广泛和高效，产业发展多元化和多层次，这就使得文化产品和服务呈现出多层次和多元化的特征，能够在更大程度上满足不同教育程度、不同文化水平、不同兴趣爱好的人们的精神文化需求。

　　第二，从文化产业发展的根本方向来看，文化发展依靠谁、为了谁、成果由谁共享，是文化建设需要回答的根本性问题。一切依靠人

---

① 《坚定不移沿着中国特色社会主义道路前进 为全面建成小康社会而奋斗》，《人民日报》2012年11月18日第1版。
② 《十九大以来重要文献选编》（上），中央文献出版社2019年版，第31页。

## 第四章 中国文化产业价值取向建构的理论探索

民,一切为了人民,一切发展属于人民,这是社会主义的内在要求,也是中国文化产业发展的以人为本理念的鲜明体现,它要求以人作为文化生产的价值主体和价值归宿,以人的全面发展为文化产业发展的最高价值指向。邓小平反复强调文化工作要坚持为人民服务、为社会主义服务的方向。江泽民指出要"充分体现人民的利益和愿望,满足人民不同层次的,多方面的,丰富的,健康的精神需要"[①]。党的十七届六中全会指出:"坚持文化发展为了人民、文化发展依靠人民、文化发展成果由人民共享,促进人的全面发展。"[②] 这就从方向上和大是大非上指明了中国文化产业的发展方向,即人民群众是中国文化产业建设的主体,同时也是文化服务的对象和文化权利、文化利益的享有者。文化产品作为一种社会产品,具有深刻的社会属性,它内在地规定了其存在和发展不仅仅是对个人和群体的意义和作用,更主要的在于对社会存在和发展的意义。中国文化建设的社会主义性质决定了文化生产必须以满足人民精神文化需求为出发点和落脚点,其中人是最重要的着眼点,更好地促进和实现人的全面发展是文化产业的终极目标。因此,人民群众不仅是文化产品的创造者和生产者,而且也是文化成果的享有者、文化权益的享受者,这是中国特色社会主义文化产业发展所应贯穿的根本价值取向。

发展文化产业不仅是中国经济社会发展的必然要求,而且也是以人为本、实现人的全面发展的内在要求,文化建设和文化产业发展究其本质来说也就是人的发展,要反映人民意愿、满足人民需求、保障人民群众的文化利益和权利。正是这种现代文化产业形态的出现,使得文化发展重心下移,文化成果惠及平民和大众。总之,中国文化产业发展根本方向就是要坚持为人民服务的根本宗旨,体现以人为本的核心理念,不断提高文化产品和服务的供给能力,更大程度上满足人民群众精神文化需求,更好地促进人的全面发展。

第三,从文化产业发展现状来看,文化产品和文化服务日益丰

---

① 《十三大以来重要文献选编》,中央文献出版社1993年版,第1645页。
② 《十七大以来重要文献选编》(下),中央文献出版社2013年版,第563页。

富，文化产业已成为满足人民群众精神文化需求的重要途径。改革开放以来，尤其是进入 21 世纪，中国文化产业迅速发展，形成了多门类、多层次、多样化的文化生产和服务体系，像图书报刊、广播影视、娱乐演出、参观会展、音像制品等文化产业形式，为广大群众提供了文化产品和文化服务，人民群众多样化、多层次的文化需求进一步得到满足。

国家统计局发布的 2018 年全国文化及相关产业增加值相关数据显示，2018 年中国文化产业增加值达到 41171 亿元，约占国民生产总值的 4.48%，以出版业为代表的文化产业各行业产业成熟度不断提升，产业链不断完善，产品类型不断丰富。2018 年全国共有出版社 585 家，出版图书 100.09 亿册（张）；出版录音制品 6391 种，出版数量 17756.61 万盒（张）；出版录像制品 4672 种，出版数量 6367.48 万盒（张）[1]；电影票房收入 609.76 亿元，其中国产影片票房收入 378.97 亿元；演出市场总收入 355.9 亿元，演出市场经济规模 514.11 亿元，其中票房收入 182.21 亿元，农村演出收入 29.02 亿元，衍生产品及赞助收入 35.68 亿元，娱乐演出收入 78.56 亿元，演出经营主体配套设施及其他服务收入 52.89 亿元，政府补贴收入 135.75 亿元。[2] 在文化消费方面，2013 年人均教育文化娱乐支出为 1397.7 元，2018 年达到 2225.7 元，增长 59%。中国文化产业已经成为国民经济的重要行业，文化产业成为满足人民精神文化需求的重要途径，但是有效供给依然不足，这就要求我们加大对文化产品内容的重视，要进一步丰富文化产品的文化内涵、文化价值和文化品质，提供更多的优秀文化产品，使之在满足人民精神文化的有效需求方面切实发挥更大作用（见图 4.1）。

（三）体现人民群众的主体地位

人民群众是历史的主体，也是文化创作生产的主体。社会主义文

---

[1] 《2018 年全国新闻出版业基本情况》，https://www.chinaxwcb.com/info/556005。
[2] 《2018 中国演出市场年度报告——市场大数据》，http://www.capa.com.cn/news/showDetail/143425。

第四章　中国文化产业价值取向建构的理论探索

(元)

3000

2000　　　　　　　　　　　1723.1　1915.3　2086.2　2225.7

　　　1397.7　1535.9

1000

0
　　　2013　2014　2015　2016　2017　2018　(年份)

──── 人均教育文化娱乐支出

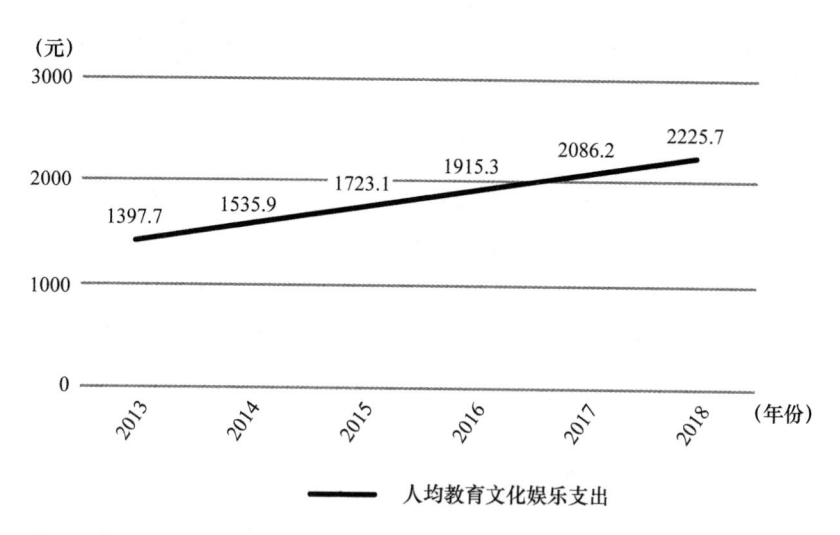

**图 4.1　2013—2018 年人均教育文化娱乐支出**

资料来源：根据《中国统计年鉴 2019》整理而成。

化产业是人民群众的文化产业，要充分体现人民群众的主体地位，主要表现在以下四方面。

第一，从建设力量来看，人民群众是中国文化建设的主体，也是文化生产的主体力量。人是发展的目的，也是社会发展的真正动力。不论是经济发展，还是文化发展，都要依靠广大人民群众来实现。关注人民命运、反映人民心声、依靠人民发展是中国特色社会主义文化产业的基本特征。脱离了人民，文艺就成了少数人的权益，文化产业发展就丧失了进步的动力。邓小平同志指出："人民需要艺术，艺术更需要人民。"① 文化来自人民，人民是文化创造的主体，是一切文化创造活力的源泉。人民群众对文化的创造和需求是文化发展的动力。在文化生产过程中，体现人民愿望、反映人民心声、代表人民利益的优秀文化产品是文化产业发展的必然要求和生命力所在。江泽民指出："中国社会主义文艺发展和繁荣的最深刻根源，在中国人民的历史创造活动之中。"② 科学地阐明了文化生产的力量源泉在于人民，

---

① 《邓小平文选》第二卷，人民出版社 1994 年版，第 211 页。
② 《十四大以来重要文献选编》（下），人民出版社 1999 年版，第 2150 页。

人民是中国文化建设的主体。党的十七大指出："尊重人民主体地位，发挥人民首创精神"，"创作更多反映人民主体地位和现实生活、群众喜闻乐见的优秀精神文化产品"①。习近平在文艺工作座谈会上的讲话指出，"人民是文艺创作的源头活水，一旦离开人民，文艺就会变成无根的浮萍、无病的呻吟、无魂的躯壳。"② 广大文艺工作者要牢固树立人民群众是历史主体的思想，密切同人民群众的血肉联系，尊重人民的首创精神，坚持以广大人民为服务对象和表现主体。

第二，从文化产业的创作导向上来看，要坚持以人民为中心的创作导向。文化产业建设作为社会主义事业的重要组成部分，在"为了谁""依靠谁"的问题上必须同社会主义的性质和党的宗旨相一致。1942 年毛泽东《在延安文艺座谈会上的讲话》指出："我们的文学艺术都是为人民大众的。"③ 在讲话精神的指引下，广大文艺工作者深入生活、深入基层、向人民学习，与人民打成一片，创作了大批具有中国风格、中国气派的优秀作品。1980 年 7 月《人民日报》发表题为"文艺为人民服务、为社会主义服务"的社论，正式提出了"二为"方向这一文艺工作的根本指针。2014 年习近平在北京召开的文艺工作座谈会上指出："社会主义文艺，从本质上讲，就是人民的文艺。""要把满足人民精神文化需求作为文艺和文艺工作的出发点和落脚点，把人民作为文艺表现的主体"④。座谈会讲话再次重申了这一根本指导思想，推进文化产业快速发展，必须坚持以人民为中心的创作导向，就要站稳人民立场，与人民同呼吸共命运；就要反映人民心声，表达人民心愿和希望；就要扎根人民，贴近人民生活；就要创作优秀作品，满足人民文化需求。只有深刻认识这一点，才能解决"为了谁、依靠谁、我是谁"的问题，才能坚持文化生产的人民取

---

① 《十七大以来重要文献选编》（上），中央文献出版社 2009 年版，第 12、28 页。
② 习近平：《坚持以人民为中心的创作导向 创作更多无愧于时代的优秀作品》，《人民日报》2014 年 10 月 16 日第 1 版。
③ 《毛泽东选集》第 3 卷，人民出版社 1991 年版，第 863 页。
④ 习近平：《坚持以人民为中心的创作导向 创作更多无愧于时代的优秀作品》，《人民日报》2014 年 10 月 16 日第 1 版。

第四章 中国文化产业价值取向建构的理论探索

向、文化产业发展的人民坐标。

第三,从文化产业的评价标准来看,必须坚持人民群众作为文化产品的最终评判者。马克思曾说过:"人民历来就是什么样的作者'够资格'和什么样的作者'不够资格'的唯一判断者。"① 胡锦涛指出:"人民群众是文化产品的创造者和享有者,文化精品来源于人民,服务于人民,最终应该由人民群众来评判。"② 文化产品的评价,是文化建设中衡量产品优劣的重要标准,坚持以人民满意为文化产品评价的最高标准,体现了中国特色社会主义文化产业的本质属性和以人为本的核心理念。我们建设的社会主义文化产业,它以满足人民的精神文化需求作为出发点和落脚点,也必然以人民满意作为最高评价标准。"人民群众,不但创造历史,也创造文化,他们与文化本身有着天然的亲缘关系,时刻置身于文化场域之中,有能力、有智慧做出自己的判断,形成自己的评价标准。"③ 这就要求我们不仅要关注经济效益,还要关注社会效益,不仅要有市场标准,还有坚持人民标准。受到人民群众欢迎的文化产品才会有市场,人民满意的文化才是有生命力的文化,要把群众喜不喜欢、满不满意、接受不接受、认可不认可作为文艺作品评价的最高标准。文化产品内容倾听群众心声、体现群众利益、符合群众评判标准,就意味着它已具备了最坚实的群众基础,文化产品的传播、接受和喜爱才能最大限度地成为可能,文化的社会功能才能得以实现。

第四,从文化产业发展的享有主体来看,人民群众是文化产业发展的价值归宿,要着眼于实现广大人民群众的根本利益。人民群众是社会发展的最终目的,这是人民群众价值主体归宿的直接体现。人民群众不仅是文化产品的创造者和生产者,也是文化产品的最终评判者,人民群众理应也是文化发展成果的享有主体。毛泽东强调"为什

---

① 《马克思恩格斯全集》第1卷,人民出版社1995年版,第195页。
② 《发挥优秀保留剧目大奖评奖与巡演的示范作用 创作生产更多无愧于时代无愧于人民的精品力作》,《中国文化报》2011年11月24日。
③ 廖文:《坚持以人民满意为最高标准》,《人民日报》2011年11月22日第24版。

· 163 ·

么人的问题,是一个根本的问题,原则的问题"[1],"我们的文学艺术都是为人民大众的"[2]。延安文艺座谈会确立了文艺工作的基本方针,对今后 70 多年的文化建设产生了深远的影响。习近平同志指出:"文艺不能在市场经济大潮中迷失方向,不能在为什么人的问题上发生偏差,否则文艺就没有生命力。"[3] 从延安文艺座谈会到北京文艺座谈会,70 多年的艰辛探索,30 多年的改革开放,从文化体制改革到文化产业创新,从文化遗产保护到对外文化交流,从人民文化权利保护到公众文化生活满足,我们党始终将人民放在文化发展道路的中心,制定文化战略和文化发展的核心。文化产业不仅有经济属性,还有文化属性,其中文化属性是根本属性,这就决定了文化产业不仅要服从经济规律,而且要服从社会价值规律,坚持社会效益和人民导向。社会主义文化产业发展与社会主义事业的价值追求有着高度的契合,那就是要坚持文化产业发展为了人民、文化发展成果由人民共享。

(四) 提高公民的素质

党的十七大报告指出:"加强文化建设,明显提高全民族文明素质。……文化产业占国民经济比重明显提高、国际竞争力显著增强,适应人民需要的文化产品更加丰富。"[4] 这表明加强文化建设、大力发展文化产业是提高公民素质的重要途径。以影视行业为例,2018 年中国共生产电影 1082 部,电影票房 609.76 亿元,全国城市院线观影人次 17.16 亿[5];2018 年生产电视剧 323 部 1.37 万集,电视动画片 8.62 万分钟,2018 年全国有线广播电视实际用户数 2.18 亿户[6]。新形势下,中国文化产业的发展将提供丰富的精神文化产品,不断满足人民群众多层次的文化需求,提高每个公民的文化素质。

---

[1] 《毛泽东选集》第 3 卷,人民出版社 1991 年版,第 957 页。
[2] 《毛泽东选集》第 3 集,人民出版社 1991 年版,第 863 页。
[3] 《十八大以来重要文献选编》(中),中央文献出版社 2016 年版,第 124 页。
[4] 《十七大以来重要文献选编》(上),中央文献出版社 2009 年版,第 15—16 页。
[5] 《2018 年中国电影票房首次突破 600 亿元 国产片市场占比超六成》,http://www.xinhuanet.com/politics/2018-12/31/c_1123931741.htm。
[6] 《2018 年全国广播电视行业统计公报》,http://www.nrta.gov.cn/art/2019/4/23/art_113_42604.html。

## 第四章 中国文化产业价值取向建构的理论探索

第一,从文化产业的根本属性来看,在历次党的正式文件中,有关文化产业的发展问题的政策性阐述,都是列在精神文化建设领域或文化建设领域的,而不是经济领域。这表明文化产业与其他一般物质产业不同,文化产业具有自身的特殊性。文化产业的特殊性首先表现为产品的精神性,是人类的精神构成了文化产品的基本内核。文化产品的物质形态只是它的精神文化内容的载体,精神内容才是其本质,这也就是文化产品的价值源头和核心部分。文化产业发展与公民素质的提高有着密切的关系。文化产品的生产和消费过程就是一个思想吸取、精神冶炼和道德熏陶的过程。文化产业的根本属性决定了其人文内涵和价值导向,文化产品向人们展示什么样的价值取向,树立什么样的精神示范、提供什么样的道德样板,将对消费者产生重大影响。这也就从根本上决定了文化产品能在多大程度上满足人民的精神文化需求,能在多大程度上提高国民文化素质和文化消费品位。中国文化产业是社会主义文化建设的重要组成部分,是按照社会主义先进文化的要求来发展的,必须坚持经济效益与社会效益的有机统一,在面向市场生产和传播的同时,要肩负社会责任,在内容要求方面把包含真、善、美价值取向的精神食粮提供给消费者。

第二,从文化产业的社会功能来看,文化传播和教育功能是文化产业的最首要、最基本的社会功能,这不仅是一个文化传播、文化整合的过程,也是一个提升人的精神境界、发展完善人性的过程。

文化产业功能的发挥与公民素质的提高是正相关的,没有发达的文化产业,高素质的文化公民也就无从谈起。先进文化指引下的文化产业所折射出来的精神内涵和人文意蕴,为提升社会大众的文化水平和公民素质提供了重要的物质载体和精神平台。

文化依托产业形态,借助现代传播手段,扩大了文化消费,发挥了教化功能,提高了人们的精神文化素养和社会文明水平。文化产业具有大批量、大规模、产业化生产和流通的优势,使文化生产和消费实现了前所未有的进步,促进了文化的平民化、普及化和民主化进程。它一方面使众多智力劳动者进入文化生产领域,实现了生产的大众化;另一方面打破了少数人的文化消费垄断,实现了文化消费的大众化。文化产业的发展和大众文化的崛起,不仅带来了文化的普及,而且带来了文化交流的社会化。"大众文化产品的普遍价值选择,是大众文化产品拥有大众的前提。"① 文化产品呈现出多元化、多层次,通俗性、大众化的特点,使得文化产品以平凡、亲切的面貌出现在大众面前,调动了人们接受文化熏陶和文化提升的自觉性和主动性,满足了人们多向度的精神文化需求。文化传播是文化产业的基本功能,从接受者角度看自然是教育功能,作为市场化运作的文化产业通过批量化、规模化生产和流通文化产品,在自觉和不自觉中传播了文化,发挥了精神教化的功能,以潜移默化的方式提高人们的文化素养和道德水平。

第三,从文化产业的根本任务来看,文化产业与文化建设和精神文明建设的根本任务是一致的,都是为了满足人民精神文化需求,实现和促进人的全面发展。提高公民素质、促进人的全面发展作为文化产业的最高价值目标是由社会主义的性质和社会主义文化的本质决定的。江泽民指出:社会主义现代化建设事业"既要着眼于人民现实的物质文化生活需要,同时又要着眼于促进人民素质的提高,也就是要努力促进人的全面发展。"② 文化产业既是精神文明建设的物质载体,又是文化建设的重要组成部分,三者之间具有理论上的一致性和继承性的特点,相辅相成、相互促进,精神文明建设的目标实现离不开文化产业的高度发展,文化产业的发展有利于促进人的全面发展。

党的十二届六中全会指出精神文明建设的根本任务就是"培育有理想、有道德、有文化、有纪律的社会主义公民"③。党的十四届六中全会指出中国社会主义精神文明建设的主要目标之一就是实现公民素质的显著提高。党的十五大则进一步指出:"建设有中国特色社会主义的文化,就是以马克思主义为指导,以培育有理想、有道德、有文化、有纪律的公民为目标"④。党的十八大则对文化建设提出了更

---

① 何群:《文化生产及产品分析》,高等教育出版社2006年版,第188页。
② 《江泽民文选》第3卷,人民出版社2006年版,第294页。
③ 《十二大以来重要文献选编》(下),中央文献出版社2011年版,第123页。
④ 《十五大以来重要文献选编》,人民出版社2000年版,第19页。

高要求，即"公民素质和社会文明程度明显提高"①。文化产业功能在于满足人民精神文化需要，文化产业发展必须适应社会主义公民素质提高的需要，这就要求我们把发展文化产业同提高公民素质结合起来，通过发展文化产业提高公民文化素质和道德水平。

现阶段，中国文化产业发展不可避免地含有特定的文化价值理念，文化产业的价值目标也就不可能摆脱国家文化战略的影响，必然会打上"实现人的全面发展"的终极文化和价值的烙印。

## 二 基本目标：服从和服务于社会主义现代化建设大局

就文化产业发展的基本目标而言，由于时代和阶段的特点，现阶段文化产业发展的定位就是服从和服务于中国特色社会主义事业的总体布局，具体可以从经济、政治、文化三方面来认识中国文化产业发展的基本目标。

### （一）经济目标

文化发展成为产业，最重要的一项功能就是发展经济，文化产业通过市场化运作和产业化经营，最终转化为现实生产力，在培育经济增长点、转变经济增长方式、产生外部经济效应和产业关联效应等方面发挥了重要作用。

#### 1. 培育经济增长点

文化产业不仅是国民经济的重要组成部分，而且也是推动经济发展的重要动力。文化产业是以文化资源的占有、生产、分配、使用为要素的经济形态，通过文化资源的合理配置可以将生产要素转化为经济效益，通过文化消费热点的培育和追求可以将文化优势转化为经济优势，从而培育和发展新的经济增长点。

中国的文化产业发展很快，对国民经济的贡献越来越大。在改革开放初期，一些文化单位率先开展经营活动，个别行业开始出现了产业化和市场化的趋势，如广告业、娱乐业和文化制造业等，其经济属性和产

---

① 《坚定不移沿着中国特色社会主义道路前进 为全面建设小康社会而奋斗》，《人民日报》2012年11月18日第1版。

业价值逐渐显现。进入20世纪90年代，以党的十四大确立社会主义市场经济体制为标志，中国的文化产业发展进入了一个新阶段。文化产业摆脱了政治束缚，规模不断加大，产业属性积聚迸发，并在一定市场化的基础上开启了产业化的过程。2002年党的十六大报告提出"完善文化产业政策，支持文化产业发展，增强中国文化产业的整体实力和竞争力"。这为中国文化产业的发展提供了契机。同时，随着人们物质生活水平的提高，单纯的物质产品的消费已经不能满足人们需要，以娱乐、审美和教育为代表的大众文化产品成为人们消费的热点，文化消费的井喷为经济发展注入了新的动力。在这一时代背景下，中国文化产业获得了突破式发展，经济效益和社会效益协调发展开始进入良性轨道。文化产业对经济发展的直接贡献最明显的就是对经济增长，即GDP的贡献。2009年，中国文化及相关产业增加值为8400亿元，占当年GDP的2.5%；2018年文化产业法人单位增加值达41171万亿元，占GDP的比重达4.48%，正稳步迈向GDP占比为5%的支柱产业目标（见图4.2）。因此，文化产业在满足人民群众精神文化需求的同时，有力地促进了国民经济的迅速增长，成为新的经济增长点。

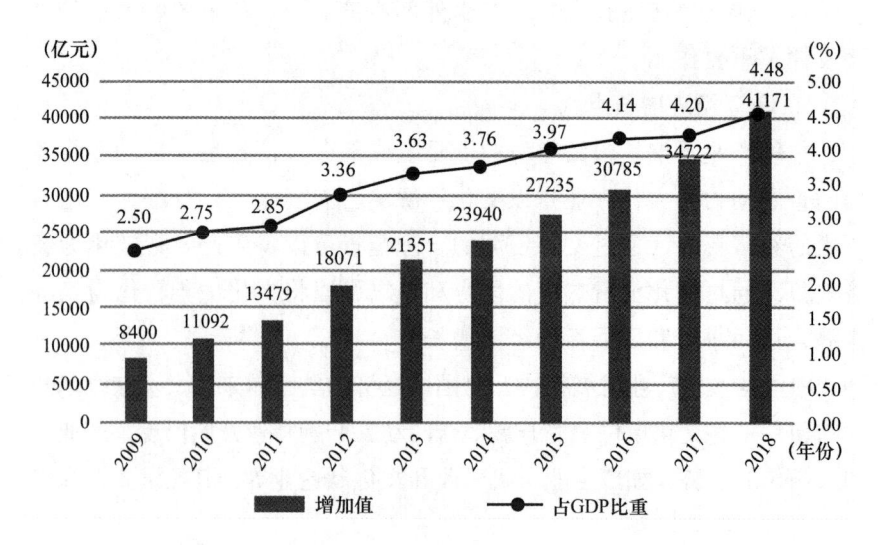

图4.2　2009—2018年中国文化产业增加值测算情况

资料来源：根据国家统计局网站相关数据整理而成。

## 2. 转变经济增长方式

文化产业是一种可持续发展的新型产业，是以文化资源的占有、配置、生产和消费为一体化的经济形态，被誉为朝阳产业、第五产业，体现了继农业经济、工业经济、商品经济之后的新型经济发展模式。进入21世纪之后，文化已经成为占主导地位的资源以及具有决定意义的生产要素，越来越多的国家把大力发展文化产业作为转变经济增长方式的有效途径，以期最大限度地降低对传统能源的消耗和环境污染，提高经济运行质量。

向文化寻求经济增长方式的变革也是中国经济发展的必然选择。中国传统的经济增长是"高消耗、高污染、低效益"的粗放型经济增长方式，在取得经济巨大成就的同时，也带来了诸多环境问题和社会问题。而文化产业则与传统产业不同，文化产业是新型产业，把产业化、信息化和生态化结合起来，文化产品科技含量高、环境污染小。文化产业的兴起与发展，加快了文化产业向其他产业渗透和融合，文化理念逐渐渗透到传统产业，资源不断从传统产业流向文化产业，在经济结构、产业结构、新增社会财富和居民消费结构中文化比重不断增大，促进了传统产业结构的调整，促使中国经济增长方式发生了结构性变革。一方面，传统制造业产品中文化含量越来越高，文化内容价值比重越来越大，物质形式价值相应减小；另一方面，在当今经济下行的形势下，必将带来文化产业的逆势而上和新兴文化业态的出现。从历史上看，每次经济萧条时期是文化产业发展的黄金时期，20世纪20年代、70年代和90年代经济危机分别带来好莱坞的腾飞、日本动漫的崛起和韩剧的风靡。此外文化产品带来的口红效应，也将推动文化消费的增长和文化及相关产业结构的升级。中国旅游研究院发布的《2021上半年全国文化消费数据报告》显示，85%的受访者表示未来会增加文化消费的频率，93%的受访者未来会增加文化消费支出。54%的文化和旅游相关企业对文化消费市场前景非常看好，37%的企业表示比较看好。未来3—5年，35%的文化和旅游相关企业未来会大力投入，50%的企业表示会增加投入。① 这说明中国文化消费依然具有很大的潜力，因此，以文化消费为突破口将进一步带动文化及其相关产业发展，提高文化附加值，推动经济增长方式的转变和经济结构的日趋合理。

3. 产生外部经济效应和产业关联效应

文化产业的一个核心特性就是外部性，就是在推动经济增长过程中释放出来的引领作用、产业集聚和协同效应。文化产业产业链长，与其他产业在生产、技术、产品、流通和消费等存在经济技术联系，相互渗透、相互影响，这就使得文化产业的关联效应和高附加值得以充分体现。

2014年3月国务院发布《关于推进文化创意和设计服务与相关产业融合发展的若干意见》，强调创意引领，跨界融合，打破行业和地区壁垒，促进特色文化资源与现代消费需求有效对接，加快特色文化产业与旅游等相关产业融合发展，丰富产品形态，延伸产业链条。这正是基于对文化产业关联效应的充分认识。文化产业的外部性很明显，能够产生多重效益，文化产业在创造自身产值的同时，必然带动其他产业的发展。文化生产对技术、信息、设备、土地等设备的投入往往数倍于自身的规模，不仅会带动相关产业的生产和技术发展，而且还会带来其他生产要素的生成和转换，催生新产业。比如，文化产业除了具有娱乐功能外，还具有不同程度的认知和教育功能，从而具有附带的人力资本投资功能；文化产品的大众化、通俗化的特点，将推动服装业、美容业、建筑业等延伸产品市场；文化旅游的发展势必会带动建筑、餐饮、住宿等一系列产业的繁荣，并吸纳大批劳动力就业。国际旅游资料表明，旅游业每创造1元收入，可间接创造7元社会财富，每增加1个就业岗位，可间接带动7个人就业。西湖免费10年，杭州的境内外游客人次数就增加了2.1倍，而旅游总收入足足增长了3.7倍；武夷山做足"一元经济"，旅游收入不降反升；《星球

---

① 中国旅游研究院：《2021年上半年全国文化消费数据报告》，http://www.ctaweb.org.cn/cta/ztyj/202107/4bcca8a490084015a0dc6d37c439f300.shtml。

第四章 中国文化产业价值取向建构的理论探索

大战三部曲》票房收入 28 亿美元,而延伸产品价值高达 30 多亿美元。因此,文化产业覆盖范围广,产业链延伸长,与许多产业联动效应突出。

(二) 政治目标

文化与政治息息相关,二者相互制约,相互促进。一定社会的政治要求一定的文化与其相适应,与其他产业相比较,文化产业直接或间接地具有价值倾向和政治意义,"文化产品的内涵直接或间接地反映了社会的经济及政治特点,体现了一定社会利益集团的意志和要求。"① 作为文化产业的文化与政治发展是内在统一的,有中国特色的社会主义政治必然要求有中国特色的社会主义文化与其相适应,中国文化产业在发展过程中也会承担起一定的政治功能,如促进宣传教化、维护社会稳定和维护国家安全等。

1. 促进宣传教化

虽然文化事业更多地承担了思想文化建设的功能,但是同其他一般经济产业相比,文化产业仍具有鲜明的意识形态属性,起到政治宣传和教化的作用。李长春同志指出:"在社会主义市场经济条件下,文化产品既有教育人民、引导社会的意识形态属性,也有通过市场交换获取经济利益、实现再生产的商品属性、产业属性、经济属性。在'两种属性'中,意识形态属性是文化产品的特殊性,商品、产业、经济属性是文化产品的普遍性。不能因为文化产品具有商品的一般属性,就忽视其意识形态属性;也不能因为文化产品具有意识形态的特殊属性,就排斥其商品的一般属性,而是要把两者统一起来。"②

文化产业的市场化发展模式,虽然降低了意识形态对文化产业发展的影响和束缚,但是文化产业的政治功能的存在都是不以人的意志为转移的客观存在。一方面,通过文化产业引导意识形态。中国的社

---

① 陈立旭:《论文化产品的社会效益和经济效益》,《中国社会科学》1998 年第 5 期。
② 李长春:《正确认识和处理文化建设发展中的若干重大关系 努力探索中国特色社会主义文化发展道路》,《求是》2010 年第 12 期。

会制度与西方国家不同，坚持以马克思主义为指导的社会主义意识形态，文化产业必然承担起了弘扬社会主义先进文化、推动社会主义经济发展和政治文明、宣传社会主义制度的优越性的功能。社会主义政治文明所倡导的富强、民主、自由、平等、法治等核心价值观念，通过产业化的方式得到更广泛的传播，文化产业由此发挥着政治宣教和意识形态的功能，可以使国家意识和社会主义先进文化确立起自己的权威地位，掌握话语权。另一方面，文化产业通过整合人们的价值观来形成文化共同体，促进社会认同。文化产业虽然具有产业形态，但是其文化内容与一个国家的意识形态、社会制度和政治观念紧密相连，文化产品在传播过程中所产生的价值导向会对受众的政治信仰、价值观念产生直接或间接的影响。大众在消费文化产品时受到他们所认可的价值以及相应的行为准则、规范等的教育。文化产业通过为人们提供社会主义所倡导的好坏、是非、真假、善恶的价值标准，对人们进行价值整合与再整合，产生和加强对社会主义的生活方式、价值观念和道德信仰的主动认同。

2. 维护社会稳定

文化产业的重要作用在某种程度上甚至超越了经济和政治，尤其是在社会稳定等问题上，文化产业正是通过其缓解社会压力、规范社会生活行为、增强社会凝聚力的作用来达到维护社会稳定的目的。

首先，缓解社会压力。文化产业不仅具有教化功能，而且还具有娱乐功能。文化产业维护社会稳定正是通过其娱乐功能实现的。文化产业的娱乐功能是指文化产业能够起到满足市民放松身心、交流情感的作用。现代管理科学认为，一个人犯罪概率的大小与其业余时间的安排有着直接的关系，业余时间越多，无所事事，犯罪概率就越大。传播学者克拉帕曾说，娱乐内容使受众忘记忧虑而在心灵上获得舒解。[1] 文化产业作为提供精神消费品的行业，传播内容趋向大众化和浅显化，通过音乐会、舞会、电子游戏室、影视等娱乐传媒将娱乐内容传播到文化消费者终端，占用了消费者大部分业余时间，能最大限

---

[1] Joseph T. Klapper, *The Effects of Mass Communication*, New York: Free Press, 1960.

度地满足人们日益增长的精神文化需求,使人们从快节奏的社会现实中解脱出来,缓解人们的精神压力和心理矛盾,从而有效地带动人们以积极健康的心态享受生活、追求生活。从某种程度上说,兴旺发达的文化产业可以有效地维护社会和谐稳定发展。

其次,规范社会行为。任何社会都需要一定的价值取向来维持,并以此使社会成员认知、认同、践行,这是实现社会稳定的必要条件。文化产品和文化服务承载的精神信仰、道德规范、生活方式、风俗习惯经过长时间的传播、积淀,可以达到使这种"合理的、有普遍意义"的思想内化为社会成员普遍认同的价值取向和行为准则,告诉人们"什么可以做""什么不可以做""应该怎样做",使人们不但在政治、法律上服从,而且也在道义上认同,从而起到规范社会成员心理行为、调控社会的作用。

最后,增强社会凝聚力。文化产业对加强社会凝聚力也起到十分重要的作用。文化产业是大众日常生活化的意识形态的构造者和主要承载者,裹挟着国家意志和主流价值观念的文化产品在大众中进行传播,为大众提供价值判断的尺度,不断地对大众的价值观进行整合与再整合,可以起到凝聚社会共识、保持社会认同、促进社会统一的功能。不管是影视作品宣传的生活方式、广告牌树立的消费导向还是文艺演出彰显的价值观念和道德规范,都能唤起人们强烈的需要,促成社会形成共同心理素质和精神信仰。文化发展的历史证明,社会的稳定和发展越来越离不开文化的支撑,文化产品所传播的价值观念、道德规范、生活方式,所形成的政治凝聚力、精神凝聚力、社会凝聚力,是不断提升民族和国家凝聚力的重要方式。

3. 维护国家安全

文化产业不仅具有经济价值和社会价值,而且具有战略价值,在维护国家文化安全方面有着特殊的作用。国家文化安全的维护对内表现为对国家主流意识形态的合法性和权威性,对外表现为抵御外来文化入侵,维护本民族文化的独立性。

文化产业在国家安全中的重要地位,源于它的意识形态属性。

文化产品鲜明的意识形态属性，体现了特定国家或社会的价值观念、审美方式和生活方式。文化产业的发达程度，反映了一个国家文化创造和文化传播的现代化程度，是同国家文化安全正相关的。西方国家凭借强大的文化产业在全球化过程中将政治霸权不断地延伸，而处于弱势地位的发展中国家可能面临进一步的文化侵略。中国文化产业的社会主义性质和民族特性，决定了文化产业要维护自身文化的独特性、独立性和完整性。中国是一个文化资源大国，但并不是一个文化产业强国，无论是在价值理念、学术话语还是产业形态、文化交流等方面都受到了来自西方国家推行的文化帝国主义的入侵，民族文化资源流失，文化殖民性加强，构成了中国最大的文化安全问题。

习近平指出："一个国家的文化软实力，从根本上说，取决于其核心价值观的生命力、凝聚力、感召力。"[①] 中国文化产业发展起步晚、实力较弱，这是社会主义核心价值观认同感不够、文化安全形势不容乐观的重要原因。中国应加快文化产业发展，构建适合中国的文化产业体系，对内立足传统优秀文化，培育和传播社会主义核心价值观，增强文化自信和价值观自信；对外积极推动中国文化"走出去"，开拓国际文化市场，展示我们的优秀思想文化、核心价值观、政治理念和生活方式，以形成对抗西方文化及其商品形态的重要力量，达到维护国家文化安全的目的。

（三）文化目标

毋庸置疑，文化产业发展对于当今社会具有积极的文化功能，文化产业的文化功能显然是由其文化属性决定的。因此，考察文化产业的文化目标，便需从传承和弘扬中华民族文化、增强主流文化话语权力、提高文化软实力三方面入手。

1. 传承和弘扬中华民族文化

文化和传承是互为一体的，传承是文化的传承，文化是传承的文

---

① 《习近平谈治国理政》第 1 卷，外文出版社 2018 年版，第 163 页。

## 第四章　中国文化产业价值取向建构的理论探索

化。"文化产业的发展会催生无数具有新的价值观、新的内容、新的形势的文化产品的出现,这些新的文化产品对既有的文化体系无疑是一种丰富、一种增加、一种贡献,站在未来的视角,这些文化产品的全部或部分会对以后的文化发展产生影响,作为一种新的文化积淀,它们也会表现出长久的历史性的文化功能。"① 文化产业的文化功能首要体现在对文化的传承和弘扬,这是由文化产业的本质属性决定的。文化产业促进了文化的传播、保存和整合,并使文化在碰撞、兼容中彼此吸收并不断发展。

文化产业的发展不仅需要作家、艺术家全身心投入的文化创造,也需要借助高科技手段进行大批量的复制和创制,可以说,没有大量文化艺术品的拷贝就没有文化产业本身。"传承优秀文化、弘扬传统文化、保护文化遗产这是我们发展文化产业的重要前提和创意基础。"② 以大批量创制文化产品为主要功能、基本特征和盈利手段的文化产业,并没有湮没文化艺术的"独一无二的存在",也没有破坏艺术品独特的"原创性"和"艺术精神",而是在坚持标准化和商品化的同时实现了文化和商业的双赢。

在科学技术的推动下,中国文化产业迅速发展,文化传播途径和载体日趋丰富,文化传播能力大大提高,文化产品源源不断地创制和传播,使得中华民族文化得以广泛传播和弘扬,并在产业化的过程中不断发展下去。文化产业的发展就是在不断创制、复制大众化的文化产品,通过大众文化消费,促进文化的广泛普及和传承。无论是报刊书籍等纸质媒介,还是广播影视等视频传媒,抑或是艺术表演等文化服务活动,都是在人们消费享用文化产品的同时,发挥了文化产业的传播功能和教化功能,实现了文化的传承、保存和创新。文化产业的发展过程就是通过市场机制实现优胜劣汰,促进优秀文化的迅速传播;通过文化消费传承文化观念,实现文化精神

---

① 蔡尚伟、温洪泉:《文化产业导论》,复旦大学出版社2006年版,第106页。
② 林日葵:《艺术经济学与文化产业新论》,中央文献出版社2011年版,第200页。

· 175 ·

和价值理念的永远流传；通过文化产品的出口，实现中华民族文化的跨文化传播与交流。

2. 增强主流文化话语权力

文化产业不仅具有娱乐功能，而且具有意识形态功能。主流文化话语体系的中心地位与文化产业的兴盛与否有着极大的关系。文化产业的强盛会极大地促进主流文化的传播和增强话语体系的影响力，反之，文化产业的脆弱会销蚀主流文化话语体系的传播力和吸引力。

改革开放以来，随着经济的深刻变革，经济与文化互相渗透、深入融合，中国社会的意识形态和主流价值观一直处于调整和创新的过程中。中国主流文化的话语权日益与文化产业、文化市场和文化消费结合在一起，社会主义主流文化的推广和传播在很大程度上依赖于文化产业的大发展和文化产品的广泛传播，文化产业部分地承担起了宣传主流文化、弘扬核心价值观的功能。经济的原始驱动力将在物质层面给予文化发展最适宜的温床，而市场经济之下的文化生产不仅要弘扬社会主义主流文化，而且还要在社会主义主流文化的统摄引领之下进行。文化创意产品的传播影响远远大于说教式的宣传。在产业化的推动下，主流文化的传播内容、展现形式和传播模式都发生了深刻的嬗变，传播内容多姿多彩、表达方式丰富多样、价值诉求合理多变，使其更加贴近时代、贴近生活、贴近大众口味，主流文化已不再是僵化的独白话语，而变得共享程度越来越高，受众越来越多。20 世纪 90 年代以来，维护国家主流价值观并体现主旋律的文化作品大量产生，颂扬革命领袖和先进人物的影片持续上映，如《孔繁森》《大决战》《张思德》《云水谣》等，这些作品以崭新的艺术方式和生活化、平民化的叙事内容阐释了国家的主流文化意志，培育和打造了主流文化的吸引力、感染力和传播力，在一定程度上实现了对主流文化的维护。

近些年来，虽然文化产业发展取得了不小成就，但是与世界文化产业大国相比，仍存在不少问题，如文化产品独创性不强，宣传主流意识形态的高质量作品与人民期待有较大差距。虽然社会主义主流文化仍处于国家文化话语体系的核心地位，但是随着西方文化产品的大量涌入和大众文化的勃兴，中国主流文化话语体系不断遭到挑战，对娱乐功能过分强调导致大众文化产业走上单纯追求经济效益而忽视社会效益的道路，从而与社会主义主流文化发展相疏离，这是与中国文化产业发展方向相背离的。

3. 提高文化软实力

软实力是指一个国家通过吸引而非强制达到目的的能力，主要包括政治制度的吸引力、文化价值的感召力和国民形象的亲和力等，软实力的吸引力、感召力和亲和力主要通过文化来实现。

文化产业是软实力的核心组成部分之一。文化产业以经济的方式所表现出来的人类财富的创造和文化影响力的增长，在世界政治格局中发挥着越来越重要的作用。文化产业已经成为世界各国开展软实力竞争的重要场所。在全球化迅速发展的今天，任何文化价值、政治制度、国民形象影响力的传播和塑造不借助于文化产业都是很难实现的。谁拥有实力强大、竞争力强、市场份额高的文化产业，谁就能通过文化产品向全世界输出自己的价值观念，提升本国的国家形象。文化产品与普通产品最大的区别就是它是内容产业，是信息的生产。软实力发挥作用的机制，主要依赖于文化产品负荷的意识形态力量。软实力的实质就是文化观念的跨文化传播及形成的价值认同。

文化软实力的核心是文化价值，做大做强文化产业是升华文化价值观、提高软实力的关键。中国软实力的实现在很大程度上依赖于在文化贸易和文化交流中文化产品所承载的文化符号和价值观念。中国要实现中华民族伟大复兴的战略目标，就要弘扬中国文化价值观，增强中国文化的影响力和传播力，就要大力发展文化产业，积极推动文化产品"走出去"。没有文化产业的战略性崛起，就没有文化的对外吸引力和影响力。近些年来，中国文化对外传播的成就十分显著，让世界充分感受到了中国的历史文明和当代的巨大进步。2019 年，中国文化产品出口998.9亿美元,是2013年的4倍,以视觉艺术品、新型媒介为主。在作为文化产业的核心资源——版权引进输出比方面也取得了明显的改善,版权贸易逆差从2009年的11∶1下降到2018年的4∶1(见图4.3)。在文化产业"走出去"的推动下,对外文化传播取得良好效果,根据《中国国家形象全球调查报告2019》,"历史悠久、充满魅力的东方大国"仍是海外受访者对中国的突出印象,选择比例为56%。近半数的海外受访者认为中国是"全球发展的贡献者";31%的海外受访者接触或体验过中医药文化;发展中国家和海外年轻群体来华意愿持续上升,海外发展中国家受访者未来三年内有到中国计划的比例达46%;68%的海外受访者认为中国科技创新能力强,发展中国家受访者的认可度超过八成。在海外受访者认知中国科技成就的领域中,高铁(44%)依然是认知度最高的中国技术,其次是超级计算机(24%)和载人航天技术(23%)。[①]

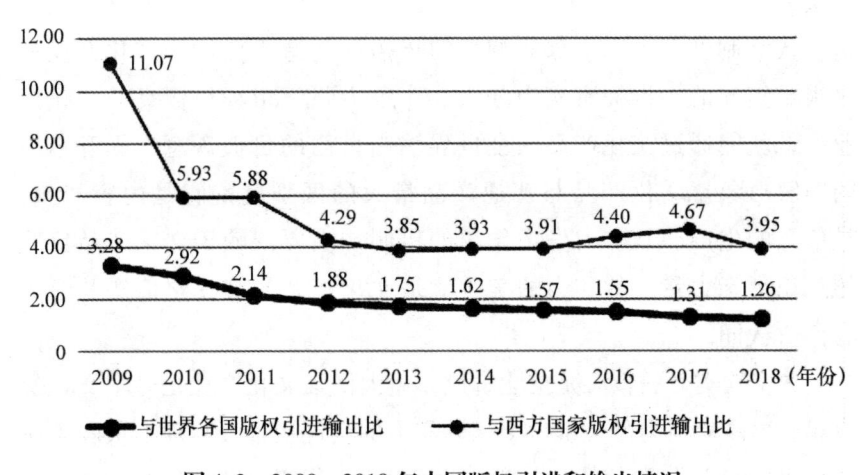

图4.3 2009—2018年中国版权引进和输出情况

---

[①] 中国外文局:《中国国家形象全球调查报告2019》,中国外文局2020年版,第14、39、42、46页。

# 第三节　中国文化产业发展的价值取向的评价原则

中国社会文化产业与资本主义国家的文化产业有着根本的区别，其价值目标不仅具有经济性、工具性的特点，而且具有价值理性的特点，即中国特色社会主义文化产业要求以人的全面发展为内核，注重政治、经济、文化发展的有机统一。中共中央办公厅印发的《关于培育和践行社会主义核心价值观的意见》提出文化产品创作要传递真、善、美，"传播当代中国价值观念、体现中华文化精神、反映中国人审美追求""无愧于我们这个伟大民族、伟大时代"①，这就要求我们树立正确的评判原则，坚持为人民服务与为社会主义服务相统一、社会效益与经济效益相统一、先进性与广泛性相统一、民族性与时代性相统一，以此来促进文化产业良性发展。

### 一　为人民服务与为社会主义服务相统一

早在1980年7月26日，《人民日报》社论就提出了"文艺为人民服务，为社会主义服务"的口号②，指出了二者的辩证统一关系。其中为人民服务就是为"广大的工人、农民、士兵、知识分子、干部和一切拥护社会主义、热爱祖国的人们服务"③。为社会主义服务，就是"为社会主义的经济、政治、军事、文化等各项事业的根本需要服务，在今天，就是为社会主义现代化建设的伟大事业服务"④。"二为"方向是中国新时期文艺工作的根本方针，规定了社会主义文化发展的根本方向，这不仅适用于文化事业，而且适用于文化产业。

---

①《坚持以人民为中心的创作导向　创作更多无愧于时代的优秀作品》，《人民日报》2014年10月16日第1版。
②《文艺为人民服务，为社会主义服务》，《人民日报》1980年7月26日第1版。
③《文艺为人民服务，为社会主义服务》，《人民日报》1980年7月26日第1版。
④《文艺为人民服务，为社会主义服务》，《人民日报》1980年7月26日第1版。

作为社会主义文化建设的重要组成部分,文化产业理应坚持为人民服务、为社会主义服务。文化产业发展坚持为人民服务,这是关于文化产业服务对象的问题,是指文化产业发展坚持以人民为中心的创作导向,关注群众生活,体现人民群众利益和愿望,满足人民群众精神文化需求,最终促进国民素质的提高和人的全面发展,这是文化产业为人民服务的根本体现。文化产业发展坚持为社会主义服务,是就文化产业的根本性质而言的,是指社会主义发展需要文化产业,文化产业发展要体现社会主义规定性,要适应和服务于社会主义发展,这是由社会主义精神生产的目的和作为意识形态的本质特征所决定的。文化产品内涵不能与社会主义核心价值理念相冲突,文化产业发展要服务于社会主义各项事业发展的根本需要。

坚持为人民服务和坚持为社会主义服务是辩证统一的。为人民服务和为社会主义服务在本质上是一致的,有中国特色社会主义文化产业是人民群众的文化产业,是社会主义先进文化的表现形式和存在形态,其性质和目的决定了社会主义文化产业建设的根本方向就是为人民服务、为社会主义服务。为人民服务和为社会主义服务是相辅相成的,人民精神文化生活的提高依赖于社会主义制度的巩固和完善,文化产业如果不为社会主义服务,为人民服务也就无法落到实处;同理,满足人民不断增长的文化需求既是社会主义文化生产的目的和价值体现,又是社会主义文化产业不断发展的动力。文化产业作为一种特殊的文化形态,文化产品作为一种精神产品,本来是为了满足人民群众文化需要而由人民群众创造出来的,它既是对人民群众丰富多彩的社会生活的反映,又是对社会主义现代化建设事业的全面体现,文化产业发展既要体现人民的根本利益和文化需求,又要服务于社会各项事业发展的根本需要。只有坚持"二为"方向才能使社会主义文化产业的价值取向得到充分体现,才能实现人的全面发展的根本目的。

文化产业发展坚持为人民服务在当今具有了更为现实和具体的意义。首先,文化产业发展要依靠人民。邓小平曾经指出"人民是文艺

## 第四章　中国文化产业价值取向建构的理论探索

工作者的母亲"[1]。文艺工作者要"自觉地在人民的生活中汲取题材、主题、情节、语言、诗情和画意"[2]。党的十七届六中全会提出了文化创作生产要依靠人民,"坚持以人民为中心的创作导向"[3]。其次,文化产业发展要为了人民。社会主义的性质决定了中国文化产业发展始终坚持为了满足人民多样化的精神文化需求和促进人的全面发展。文化产业要树立以人为本的发展理念,尊重群众多向度的文化需求,以实现人的全面发展为终极价值指向,使人民群众共享文化发展成果,进一步提升人民文化生活水平,实现好、维护好、发展好最广大人民的文化权益。最后,文化产业的成就由人民来评判。人民群众不仅是文化产品的创作者、生产者和享有者,而且理应也是文化产品的评判者,文化产品要经得起群众的检验,以人民满意为最高标准,坚持以人民群众为最终评判者。邓小平指出:"作品的思想成就和艺术成就,应当由人民来评定。"[4] 党的十七届六中全会提出了"以人民群众满意作为评价作品最高标准"[5]。

文化产业坚持为社会主义服务是中国文化产业的一个鲜明特点,为社会主义服务就是为社会主义现代化建设事业服务。文化产业具有推动文化发展与经济增长的价值与功能,当前阶段中国文化产业为社会主义服务主要体现在其在国民经济和社会发展中所处的地位及其所发挥的作用上。首先,文化产业有助于实现经济增长功能。文化产业作为无烟产业、朝阳产业,成为高科技、高品位产业的代名词,已经成为世界各国国民经济的重要增长点。现阶段,文化产业已经成为中国国民经济的重要支撑力量,正向支柱性产业迈进,2018年文化产业增加值高达4万亿元,占GDP的4.48%。其次,文化产业有助于实现意识形态功能。文化产业具有明显的价值取向,作为社会主义文化建设的重要组成部分,其意识形态功能具体表现在舆论引导、文化

---

[1]《邓小平文选》第2卷,人民出版社1994年版,第211页。
[2]《邓小平文选》第2卷,人民出版社1994年版,第211—212页。
[3]《十七大以来重要文献选编》(下),中央文献出版社2013年版,第567页。
[4]《邓小平文选》第2卷,人民出版社1994年版,第212页。
[5]《十七大以来重要文献选编》(下),中央文献出版社2013年版,第570页。

安全、文化输出等方面。在推动文化产业产生巨大经济效益的同时,促使其在思想文化领域发挥政治宣传、意识形态输出的载体作用。最后,文化产业有助于发挥教育和审美功能。文化产品的最大优势在于寓教于乐,潜移默化。依靠文化产品和文化服务,可以让消费者在娱乐中提高思想认识和明辨是非的能力。

## 二 经济效益与社会效益相统一

文化产业具有文化属性和产业属性,分别对应并衍生出社会效益与经济效益。文化产业的社会效益体现在"社会政治、思想道德、文化传播、教育益智、审美评价、抒情娱乐等无形的虚化的公众反映和社会评价体系上"[1]。文化产业的经济效益主要体现在业务收入、增加值和利润率等有形的物化的经济指标和量化数字上。

在改革开放以来不同时期的文化(产业)政策中,经济效益与社会效益相统一已经成为评判文化产业发展的基本原则和社会各界的共识,从党的十二届六中全会首次提出文化事业的社会效益问题,到党的十六大报告首次指出文化产业"始终把社会效益放在首位",再到党的十七届六中全会、党的十八大、党的十八届三中全会等,都把社会效益与经济效益相统一作为文化产业发展的基本前提和重点来认识、推进。其中,党的十二届六中全会最早提出了文化事业的社会效益概念,要求必须把社会效益作为最高标准。在1991年中宣部、文化部、广播电影电视部印发《关于当前繁荣文艺创作的意见》[2]中首次提出两种效益的关系,指出"端正业务方向,明确方针任务,正确处理社会效益和经济效益的关系"。党的十四届六中全会指出:文化产品"要坚持把社会效益放在首位,力求实现社会效益和经济效益的最佳结合"。之后,党的十六大、党的十七大、党的十七届六中全会、党的十八大、党的十八届三中全会等均提出把社会效益放在首位,实

---

[1] 孙安民:《文化产业理论与实践》,北京出版社2005年版,第114页。
[2] 刘忠心等:《戏剧工作文献汇编 文件·政策·法规卷1984—2012》,文化艺术出版社2015年版,第13页。

## 第四章 中国文化产业价值取向建构的理论探索

现社会效益和经济效益的有机统一。

随着中国文化产业不断发展和文化产业政策的日渐成熟，坚持经济效益和社会效益相统一已经成为评判文化产业发展的价值标准，二者缺一不可，不可偏废。社会主义市场经济条件下，文化产业具有双重属性，产生双重效益。其中经济效益是文化建设的重要手段和目的，是实现社会效益的重要经济支持和保障；社会效益是文化建设的根本目的，社会主义的性质决定了社会效益是文化产业发展的根本目的所在。社会主义市场经济条件下，社会效益的实现不再主要依赖于政府的宣传和教育，而是以市场为主要途径，文化产品和服务的实现不仅意味着经济利润的获得而且意味着社会效益的实现。如果文化产品没有相应的市场占有率，经济价值无法实现，社会效益也就无从谈起。同理，经济效益的实现越来越多地转移到依靠文化产品的内涵上来，以质取胜、内容为王成为文化产业发展的一个不容争辩的命题。把社会效益放在首位，经济效益与社会效益相统一，是中国文化产业发展的基本要求，也是评判文化产业发展的价值取向的最基本原则。正如习近平同志在文艺工作座谈会上指出的："一部好的作品，应该是把社会效益放在首位，同时也应该是社会效益和经济效益相统一的作品。……是既能在思想上、艺术上取得成功，又能在市场上受欢迎。"[①]

但是在市场经济条件下，文化产业兼具社会效益和经济效益两种品性，两者在存在一致性的同时也存在着相当程度的矛盾性，往往会造成文化产品在生产和消费过程中两种效益的分离或倒挂：一种是只顾经济效益不顾社会效益，忽视文化产品内在的认识、审美、教育和伦理价值；另一种是只讲社会效益不讲经济效益，认为文化产品必须走精英路线可以远离市场。这就要求文化产品和服务的提供者应当追求文化价值与社会价值双赢、社会效益和经济效益双效的价值取向，而当经济效益同社会效益发生矛盾时，必须以社会效

---

① 《坚持以人民为中心的创作导向 创作更多无愧于时代的优秀作品》，《人民日报》2014年10月16日第1版。

益为最高准则。

### 三 先进性与广泛性相统一

文化产业的先进性与广泛性相统一，指的是发展文化产业既要注重社会主义先进文化的价值引领，提倡崇高性和超越性，又要反映和满足群众多向度的文化需求，注意文化消费的大众性、通俗性和致娱性，增强文化产品的传播力和影响力。

文化产业的先进性是文化产业发展坚持社会主义先进文化的前进方向，坚持马克思主义、中国特色社会主义理论的指导地位，坚持社会主义核心价值观的培育与践行。文化产业首先是文化，具有文化形态，其次才是产业，这种双重属性决定了文化产业将以其特殊的方式参与引领人民主流文化信仰，推进社会主流文化认同，形成社会主流合力。文化产业的先进性是具体的，必须放到推进先进文化的发展中去考察。在西方理论界看来，文化产业是大众文化的同义语。在中国，文化产业不仅是大众文化的表现形式，而且也是社会主义先进文化在存在形态，扩大了社会主义先进文化的传播渠道和活动空间。只有坚持社会主义先进文化的前进方向，文化产业的发展才能体现时代要求和人民的根本利益，才能更好地满足广大人民的精神文化需求。

文化产业的广泛性是指文化产业能够增强文化产品的覆盖面，在更大程度上反映和满足人民群众多向度的精神文化需求。文化产业以大众文化为主要内容，其鲜明的市场品性和市场精神、丰富的文化样式和功能，是较好满足大众文化需求的有效承载。在现有条件下，人们对文化的需求更多体现在大众文化产品的需求上，而文化产业近百年的发展历程表明，文化产业的市场化操作和产业化运营有力地促进了大众文化产品的有效传播，涵盖了广大群众的文化生活空间，有利于实现文化的普及化、大众化与通俗化。文化产业的发展促使文化重心下移，"文化产业和大众文化的兴起，有助于实现社会从神圣到世

## 第四章　中国文化产业价值取向建构的理论探索

俗的转变"①。

在社会主义市场经济条件下,文化产业发展的先进性和广泛性是辩证统一的。一方面,要坚持先进性。坚持将社会主义文化的前进方向落实到文化产业发展上,坚持马克思主义在文化建设中的指导地位,遵循社会主义精神文明建设规律;文化生产者在提供文化产品和服务时,要充分考虑其社会效益,注重其对人的思想道德、价值观念和文化素质提升和促进作用;文化产业发展要弘扬主旋律,扩大主旋律的影响力和感召力,让一切文化产品、文化活动符合主流的道德标准和价值追求,成为弘扬爱国主义、集体主义和社会主义精神的丰富载体。对此,习近平同志指出:"把最好的精神食粮奉献给人民""必须把创作生产优秀作品作为文艺工作的中心环节"②,文艺作品要"传播当代中国价值观念、体现中华文化精神、反映中国人审美追求"③。另一方面,要坚持广泛性。文化产业受众对象不仅要指向文化素质较高的知识分子和上层建筑,而且要融合各个阶层的"一般个人"。与传统的精英文化相比较,文化产业是大众日常生活化的意识形态的构造者和主要承载者,文化产业的受众对象指向更为宽广、内容更为丰富和影响更为广泛。

文化产业发展不能因为坚持先进性而忽视广泛性,也不能因为强调广泛性而冲淡先进性,要把两者有机结合起来。如果背离了先进文化的前进方向,文化产业发展就会迷失方向,也就谈不上广大人民群众的利益了;如果忽视了文化产业的广泛性,文化产业发展就不能惠及人民,也就丧失了"民族的科学的大众的文化"内涵。这就要求文化产品和服务的提供者创作和生产更多既能体现群众多样化多层次精神文化需求,又能与社会主义主流价值追求相匹配的文化产品。简言之,就是做到既要有"阳春白雪",又要有"下里巴人"。

---

① 陈立旭:《先进文化:社会发展的新动力》,浙江人民出版社2010年版,第104页。
② 《十八大以来重要文献选编》(中),中央文献出版社2016年版,第123页。
③ 《坚持以人民为中心的创作导向 创作更多无愧于时代的优秀作品》,《人民日报》2014年10月16日第1版。

#### 四 民族性与时代性相统一

民族性与时代性是民族文化的两个基本特征,也是中国文化产业内容要素的主要特色。民族性是指文化产业发展过程中既要充分吸收世界各个国家和民族的优秀思想文化成果,又要保持本民族文化产业自身发展的特殊性,代表本民族文化的传承和积淀,呈现出鲜明的民族特色和民族个性,逐步形成具有"中国精神""中国风格""中国标准"的文化产品,诸如体现自强不息、天人合一、人本精神、崇尚道德、礼治精神等。时代性是指文化产业存在和发展既继承历史传统又充分体现时代要求,反映了一个国家和民族的时代精神,反映了社会发展的主流和方向。

民族性与时代性向来不是对立的关系,而是相辅相成、相互支撑的,二者是传承和发展、借用和创造的关系,统一于文化产业发展的实践中。时代性以民族性为基础,民族性以时代性为发展方向。民族性反映了文化产业所具有的个性或特色,时代性反映了人类对文化的需求程度,"时代在发展,民族性也总是被修正,表现为民族性能否承载时代性,为其生长提供持续的文化动力;时代性能否创新、延展民族性的主体价值框架"[①]。

在中国文化产业发展道路上,要做到古为今用、洋为中用,既要考虑民族性,又要考虑时代性,把两者关系处理好,保持民族性,体现时代性,才能把文化产业真正发展起来。一方面,要保持文化产业的民族特色。要保持文化产业的民族特色,就要全面认识祖国优秀传统文化,坚持批判与继承、综合与创新的原则,进一步挖掘和阐发优秀传统文化思想价值,形成具有本民族文化特色和文化审美的文化产业。我们只有自觉根植于民族文化宝库,维护中华民族文化独具的特质,把传统文化融入文化产业发展,才能赋予文化产品以鲜明的民族、思想和美学特色,从而增强中国文化产品的民族文化内涵和市场

---

[①] 项江涛:《中国美术的民族性与时代性》,《中国社会科学报》2010年10月12日第1版。

## 第四章 中国文化产业价值取向建构的理论探索

竞争力。要保持民族文化的特色就要加强对外国文化的包容与借鉴,加强外国文化元素的利用。采取"引进来",充分利用外国文化、技术、人才等优势,不断增强自身创新能力,培育具有民族特色和竞争力的文化项目,打造本土文化品牌。另一方面,要赋予文化产业以时代精神。文化产业的发展不仅在于保持民族个性与特色,而且还在于体现时代精神,时代精神是文化产业发展的生命力所在。首先,中国文化产业发展要注重对传统文化的尊重与扬弃,运用现代知识阐释传统文化内涵,利用高科技手段展示传统文化个性,赋予文化产品以新的文化内涵和时代精神。其次,要注重对社会主义文化的融入与引领。中国文化产业发展要与当代社会相适应,与现代文明相协调,就必须要借助社会主义文化强劲力量重塑民族文化品格,突出社会发展和时代进步的主旋律,这样才既是对传统文化的传承和保存,又是在新的时代条件下对民族文化的创新和弘扬。

在文化产业发展过程中,传统性与现代性会不一致,一些文化产品富含传统文化特色但是不能满足现代文化需求而不能产生好的经济效益,也有一些文化产品过分追求时代性而导致了民族文化传统的丧失。这些都造成了民族性与时代性的割裂,导致文化积淀的丧失和文化产业发展的同质化和平面化,违背了文化产业发展的规律。

# 第五章　中国文化产业价值取向建构的对策性思考

## 第一节　发挥社会主义核心价值观的引领作用

历史和现实表明，文化的发展与繁荣离不开价值观引导。社会主义核心价值观是建立在社会主义经济基础和中华优秀传统文化基础之上的价值标准和价值认同，它集中体现了社会主义的本质属性，对中国的文化产业建设起着重要的价值引领作用。但是文化产业合理化的价值取向不会自动生成，需要加强社会主义核心价值观的引领。

### 一　以社会主义核心价值观引领文化产业的原则

社会主义核心价值观是社会主义意识形态的核心内容，对文化产业发展起着重要的引领作用，在发挥其引领作用的过程中，必须把握以下原则。

首先，坚持一元指导和多样并存相统一的原则。坚持一元指导，就是指要坚持马克思主义的指导地位，这是由马克思主义本身的性质和地位决定的。"马克思主义是我们立党立国的根本指导思想"[1]，是社会主义核心价值体系的灵魂，决定着社会主义文化建设的性质和发展方向。坚持马克思主义的指导地位是我们发展文化产业、实现社会主义先进文化前进方向的关键，是实现对文化产业价值引领的必然要求。多样并存，主要是指包容性，是在坚持马克思主义指导地位的前

---

[1]《江泽民文选》第3卷，人民出版社2006年版，第282页。

## 第五章 中国文化产业价值取向建构的对策性思考

提下实现多样文化并存,坚持"百花齐放、百家争鸣"的政策,只要不触犯社会主义法律法规就允许各种思想、各种文化自由发展。一元指导与多样并存相统一就是要加强社会主义核心价值观同其他价值观的对话,以积极的心态对待各种思想文化,对优秀传统文化中的精华和外来文化的积极因素合理继承与借鉴,并将它们融入文化产业对社会主义核心价值观的传播中,实现对社会思潮的有效整合。

其次,坚持普遍性和特殊性相结合的原则。普遍性是指社会主义核心价值观是大众价值观,是对全体人民的价值引导,具有广泛的认同性和实践性,对文化产业建设具有普遍的指导意义和引领作用。特殊性是指社会主义核心价值观对文化产业建设的引领要根据文化产业的不同门类、文化产品的不同种类和文化生产的不同环节,"坚持联系实际,区分层次和对象,加强分类指导"[①]。

最后,坚持自觉遵循与法制规范相统一的原则。价值认同是实现引领的基础,要实现社会主义核心价值观由认知向认同的转换,就要发挥社会主义核心价值观的教化作用,通过传播、教育、渗透等途径,将社会主义核心价值观融入国民教育的全过程,落实到经济发展和社会治理中,使人们在精神文化产品消费中接受、认同社会主义核心价值观,从而增强社会主义核心价值观的吸引力和凝聚力。同时,重视发挥法律法规的制约和保障作用,建立健全"坚持社会主义先进文化前进方向、遵循文化发展规律"[②] 的文化法律制度,以法律的形式推进社会主义核心价值观的建设,以制度的形式保障社会主义核心价值观的主导地位。要把社会主义核心价值观倡导的价值准则和价值目标上升为具体的具有刚性约束力的法律条款,以法律规范来体现社会主义核心价值观理念,以强制力来保障社会主义核心价值观对文化产业引领的促进作用。对于依法经营积极传播社会主义核心价值观的行为要鼓励、引导和支持;对于同社会主义尖锐对立的精神文化产品

---

[①] 中共中央办公厅:《关于培育和践行社会主义核心价值观的意见》,《人民日报》2013年12月24日第1版。

[②] 《中共中央关于全面推进依法治国若干重大问题的决定》,《人民日报》2014年10月29日第1版。

要坚决抵制、依法取缔。

**二 以社会主义核心价值观引领文化产业的主要途径**

以社会主义核心价值观引领文化产业发展，就要深刻领会社会主义核心价值观的科学内涵，使其融入文化产业发展的全过程，在引领的过程中确立主导地位，并在处理与中华优秀传统文化、大众文化的关系中不断增强对文化的引领力。

（一）深刻理解和把握社会主义核心价值观的科学内涵是实现"引领"的前提

文化产业的发展要靠核心价值观的支撑，社会主义核心价值观体现了中国文化建设的价值取向，并规范和引领着文化产业不断发展升级。党的十七届六中全会指出："社会主义核心价值体系是兴国之魂，是社会主义先进文化的精髓"[1]，发展文化产业，必须以建设社会主义核心价值体系为根本任务。党的十八届三中全会指出，发展文化产业，建设社会主义文化强国，必须培育和践行社会主义核心价值观。

社会主义核心价值体系以理论、理想、精神、道德四个层面相辅相成、相互促进，组成了一个完整体系。马克思主义的指导地位，是中国文化产业发展最鲜明的特征，是指导中国文化产业建设的最根本的世界观和方法论；中国特色社会主义共同理想体现了人民的共同愿望，为各个阶层广泛认可，是为中国文化产业发展增强凝聚力的最大磁场；弘扬民族精神和时代精神，是中国文化产业增强内容感召力的重要来源；树立和践行社会主义荣辱观体现的社会主义价值准则和道德要求，则是中国文化建设的道德根基。

社会主义核心价值体系提出之后，中共中央办公厅于 2013 年 12 月 23 日印发《关于培育和践行社会主义核心价值观的意见》，从国家、社会和公民个人三个层次，规定了价值目标、价值取向和价值准则，从原来的四个层面到现在的三个层次。可以说，社会主义核心价值观的融合、凝练和提升日臻完善，实现了科学性、合理性和崇高

---

[1]《十七大以来重要文献选编》（下），中央文献出版社 2013 年版，第 564 页。

第五章 中国文化产业价值取向建构的对策性思考

性。富强、民主、文明、和谐体现了中华民族的政治理想；自由、平等、公正、法治体现了社会主义发展的理想境界；爱国、敬业、诚信、友善从个人层面对公民提出了道德准则。社会主义核心价值观是先进文化的内核，体现了全民族的共同的精神追求，是中国文化产业发展的"主心骨"和"精气神"，从根本上明确了文化产业发展的价值目标、价值取向和价值准则。中国文化产业发展要符合国家的立场、民族的立场、社会的要求和公民个人的道德准则。科学理性的增加为社会主义核心价值观指导文化产业发展奠定了理论基础，从而使社会主义核心价值观在与其他价值观平等对话中占据充分的优势和优越地位，融入并主导文化产业建设的全过程，转化为人民的价值追求，从而实现社会主义先进文化的前进方向。

（二）在多样性中坚持主导性是实现"引领"的关键

在多样性中坚持主导性就是要在多样化社会思潮中坚持马克思主义一元指导地位。党的十八届三中全会指出，发展文化产业，建设社会主义文化强国，必须巩固马克思主义的指导地位。马克思主义指导思想是社会主义核心价值体系的灵魂，是中国文化建设的根本指导思想。当下坚持马克思主义指导地位，就是在文化产业多样化内容中坚持社会主义核心价值观的主导地位，对于涉及方向性、思想性、价值性等方面的内容，必须体现社会主义核心价值观的内容要求。社会主义核心价值观在中国社会价值观念和道德规范中起着基础作用和支配地位，要充分发挥社会主义核心价值观对文化产业的引领作用，"让不同类型文化产品都成为弘扬社会主流价值的生动载体"[1]，只有这样，才能使文化产业沿着正确的方向发展。

首先，进一步巩固社会主义核心价值观的主导地位。"引领"的关键是用核心价值观吸引、领导文化产业所体现的各种价值观朝着积极的方向发展，形成价值共识，确立自己主导地位。在文化创作、生产和消费的过程中，传递着多种多样的价值观，但是一切文化产品都

---

[1] 中共中央办公厅：《关于培育和践行社会主义核心价值观的意见》，《人民日报》2013年12月24日第1版。

要以社会主义核心价值观为自觉追求,传递正确的价值观念、乐观的生活方式和高尚的道德情操。引领的过程就是通过融入实现整合进而确立主导地位的过程。发挥社会主义核心价值观的引领作用就是要找到社会主义核心价值观同大众文化产品内容的契合点,以共识寻求突破,把社会主义核心价值观融入到文化产品创作生产中,引导多样化的价值观念纳入核心价值观的规范之中,以彰显社会主义核心价值观的主导和统摄作用,进而实现"一元价值主导"与"多样价值追求"的统一。"融入"要善于将社会主义核心价值观的内容和要求与文化产品创作的具体情境相结合,运用各类文化形式展现社会主义核心价值观的深刻内涵和精神实质,在落细、落小和落实上下功夫,像空气一样无处不在、无时不有,把社会主义核心价值观日常化、具体化、形象化、生活化,使人们在潜移默化中接受、认同社会主义核心价值观,从而使社会主义核心价值观成为全民的价值目标、价值取向和道德准则,并内化为大众的实际行动,只有这样,才能通过引领确立主导,通过融入实现整合,通过包容实现和谐。

其次,坚持社会主义核心价值观对文化产业发展方向的引领。文化产业为社会主义文化建设的重要组成部分,具有鲜明的意识形态属性,文化产业发展不能偏离社会主义方向。社会主义核心价值观是中国特色社会主义文化建设的支撑,能够引领文化建设的方向,没有核心价值观,文化产业发展就会迷失方向,丧失动力。大众文化产品面向的是最广大普通群众,它渗透性强,对人们价值观形成影响大。大众文化产品形式多样,文化多元,其主流价值宣传的弱化和价值宣传的偏差不可避免。因此,必须坚持马克思主义指导地位,坚持社会主义核心价值观对文化生产的方向性把握,在国家层面、社会层面和个人层面践行社会主义核心价值观的基本遵循,在"为了谁、依靠谁、我是谁"的大是大非面前,保持一以贯之的鲜明态度和与时俱进的发展脉象。文化生产和创作可以体现单一或多种价值观,但是必须坚持马克思主义指导地位,必须坚持社会主义核心价值观的价值准则和价值取向,必须将文化产品的社会效益放在首位。习近平总书记指出,要创作"有筋骨、有道德、有温度"的文化产品,其中有筋骨即是

## 第五章　中国文化产业价值取向建构的对策性思考

有政治立场,就是坚持社会主义核心价值观的基本遵循,就是要坚持为人民服务、为社会主义服务这个根本方针。

最后,坚持社会主义核心价值观对文化产品创作导向的引领。正确的创作导向是文化生产的根本性问题,文化产业建设作为有中国特色社会主义事业的重要组成部分,在创作导向上必须同党的宗旨和社会主义的性质相一致。文化产品创作要坚持以人民为中心的创作导向,这是由社会主义文化建设的性质决定的,也是实现社会主义核心价值观对文化产业引领的重要一环。人民是文艺创作的源头活水,习近平总书记指出:"能不能搞出优秀作品,最根本的决定于是否能为人民抒写、为人民抒情、为人民抒怀。"[①] 在新的历史条件下,推动文化产业发展,提高文化产品质量,就要坚持以人民为中心的创作导向,面向基层、服务群众,反映人民群众在文化生产、创作过程中的主体地位和现实生活。坚持以人民为中心的创作导向既是尊重、接受和引导大众的文化趣味,创作大众喜闻乐见的文化产品,使人民群众能够真正得到精神生活上的实惠的需要,也是更好地推动社会主义核心价值观深入人心、凝聚力量,实现社会主义核心价值观的大众认同和自觉践行的需要。

### (三) 在坚持主导性前提下发展多样性是增强"引领"能力的重要保障

坚持主导性前提下发展多样性就是在坚持社会主义核心价值观主导地位的基础上,尊重文化多样性,通过引领、包容、整合扩大社会认同,增进思想共识。在现阶段就是要充分汲取中华民族优秀传统文化的积极成分,正确处理与大众文化的关系,充分发挥其积极因素,只有这样才能增强社会主义核心价值观的引领力。

首先,汲取中华优秀传统文化精髓,促进社会主义核心价值观的不断丰富和发展。中华优秀传统文化与世界各种优秀文化都蕴含一定的正确价值观,正是这些特定的价值观决定了中华传统文化的"有筋

---

[①] 《坚持以人民为中心的创作导向 创作更多无愧于时代的优秀作品》,《人民日报》2014年10月16日第1版。

骨""有道德""有温度"的精神风貌，成为社会主义核心价值观的扎根土壤和生存环境。习近平总书记在中共中央政治局十三次集体学习时强调："培育和弘扬社会主义核心价值观必须立足中华优秀传统文化"①，要深入发掘优秀传统文化中的思想精华和道德精髓，进行创造性转化和创新性发展，"使中华优秀传统文化成为涵养社会主义核心价值观的重要源泉"②。中华优秀传统文化中"自强不息""正道直行""贵和持中""民为邦本""平均平等""求是务实""豁达乐观""以道制欲"③的基本精神，积淀着中华民族最深层的精神追求和价值取向，涵养了人们的是非观念、道德观念，培育了人们的是非本能和人伦道德，成为涵养社会主义核心价值观的重要源泉。继承中华优秀传统文化有助于增强人们的归属感和认同感，培育广泛的群众基础，增强社会主义核心价值观的文化引领力。

其次，正确处理与大众文化的关系，增强对大众文化价值观的引领力。大众文化与社会主义核心价值观具有相契合的一面，具有广泛影响力的大众文化产品是培育和完善社会主义核心价值观的重要载体。社会主义核心价值观对大众文化进行引领的过程既是大众文化接受引导、科学发展的过程，也是社会主义核心价值观走出庙堂、走向大众、为大众所感知认同的过程。社会主义核心价值观的生命力在于感召大众，获得大众的价值认同，社会主义核心价值观的回归只有扎根于大众文化的鲜活土壤中才能实现。大众文化产品虽然以通俗性、娱乐性和盈利性为主要生产目的，但是一样承担着传递思想观念和价值取向、传播社会主义主流文化的教化功能与社会责任。社会主义核心价值观要想赢得大众认同、引起大众共鸣，成为真正的主流价值观，就要改革创新话语体系、转变表达方式和传播方式，采取大众喜闻乐见、易于接受的形式和追求博雅的精神内容，将具有代表性、基

---

① 《把培育和弘扬社会主义核心价值观作为凝魂聚气强基固本的基础工程》，《人民日报》2014年2月26日第1版。
② 《把培育和弘扬社会主义核心价值观作为凝魂聚气强基固本的基础工程》，《人民日报》2014年2月26日第1版。
③ 李宗桂：《中国文化概论》，中山大学出版社1988年版，第345—363页。

## 第五章 中国文化产业价值取向建构的对策性思考

础性和大众性的主流价值观变成一种文化共识和大众常识。在现代科技的推动下，大众文化已经涵盖人们生活的方方面面，表现形式也为广大群众所认可。例如，利用微博、微信、微电影等载体讲好"中国故事"，利用文艺、广告等增强社会主义文化的传播力和感召力。社会主义核心价值观要想引领大众，就要主动融入大众、凝聚大众，把握大众文化需求和精神需要。社会主义核心价值观具有科学性、合理性和崇高性的特点，只有借助大众话语和通俗形式融入大众文化生产与消费，才能使社会主义核心价值观传播更具针对性和更加贴近大众口味，才能增强社会主义核心价值观的渗透力和感召力，从而增强社会主义核心价值观对大众文化的号召力和引领力。这不仅是文化产业健康发展的需要，也是弘扬社会主义核心价值观、维护社会主义核心价值观主导地位的需要。

### 三 以社会主义核心价值观引领文化产业发展需注意的问题

尽管以社会主义核心价值观引领文化产业发展具有重要作用，但在现实中，在文化产品中的核心价值观的构建方式和制度保障方面，还存在一些现实问题，主要表现在以下两方面。

首先，注意文化产品中社会主义核心价值观的建构方式。文化产品能否在市场取得成功的关键在于赢得消费者的思想认同，契合社会主流价值观。近年来，抗日题材影视剧出现了庸俗化和过度娱乐化的倾向，剧中情节违背历史事实，频频出现"用弹弓打鬼子""手撕鬼子"等雷人情节。剧中所体现的主旋律未能正确表达，在价值取向上违背了历史事实、脱离了时代的普遍要求和社会的共同认可，社会主义核心价值观的融入和引领未能达到如期效果；有的主旋律作品虽然弘扬的是主流价值观，但是由于表现形式刻板、教条，情感表达同质化、缺乏感染力，也就未能获得消费者的认可。

文化产品中核心价值观的建构要符合受众特点、尊重历史事实。"价值与需求紧密相连，需求程度形成价值标准，并带来人们认识和行动的价值取向。"① 文化产品在创作和生产的过程中都受到价值观的支配，体现着生产者的思想导向。而文化产品的价值观只有符合国情和时代要求、符合大部分人的共同价值标准和共同信仰，才能被市场接受。因此，文化产品中社会主义核心价值观的融入和构建既要体现公众意志和人类普遍价值，又要按照不同境界和水平进行不同层面的创作和生产，保证文化产品中的价值传递符合不同层次人们的消费需求。运用群众喜闻乐见的方式创造和表达相应的思想和内容，从而得到更多人的认同和接受。同时，社会主义核心价值观的构建要避免机械套用和照本宣科，核心价值观话语传播不仅要载体丰富，而且还要体现时代精神和民族精神，在文化产品中要体现社会主义核心价值观对人民大众的亲和力，与人民群众的情感血脉相通。

其次，注意建立健全制度性保障。社会主义核心价值观是法制建设和政策制定的理念指导和理论支撑，"要把社会主义核心价值观贯彻到依法治国、依法执政、依法行政实践中，落实到立法、执法、司法、普法和依法治理各个方面，用法律的权威来增强人们培育和践行社会主义核心价值观的自觉性。"② 通过法律、法规推动核心价值观建设，以刚性约束确立社会主义核心价值观的引领地位，把社会主义核心价值观贯穿精神文化产品创作生产传播过程之中，使社会主义核心价值观成为文化产业工作者的基本遵循；按照社会主义核心价值观的基本要求，建立健全法律制度，把社会主义核心价值观的相关要求上升为文化产业领域的法律规定，引导广大文化产业工作者和文化企业自觉践行社会主义核心价值观，综合考虑价值取向、专业水准和审美情趣，"各种社会管理要承担起倡导社会主义核心价值观的责任，注重在日常管理中体现价值导向，使符合核心价值观的行为得到鼓励、违背核心价值观的行为受到制约。"③

---

① 沈望舒：《文化产业建设中的价值与核心价值观问题》，《文化产业导刊》2014年第5期。
② 《十八大以来重要文献选编》（上），中央文献出版社2014年版，第581页。
③ 《习近平谈治国理政》第1卷，外文出版社2018年版，第165页。

第五章 中国文化产业价值取向建构的对策性思考

## 第二节 加强和改进对文化产业的领导和管理

**一 加强和改进党对文化产业的领导**

党的十七届六中全会指出:"加强和改进党对文化工作的领导,是推进文化改革发展的根本保证,也是加强党的执政能力建设和先进性建设的内在要求。"① 党对文化工作的领导是全方位的,不仅包含文化事业的领导,而且包含文化产业的领导。社会主义文化产业发展必须坚持和改进党的领导,这是由多重原因所决定的,主要体现在三个方面。第一,加强和改进党对文化产业工作的领导,是由文化产业重要性以及党的地位所决定。文化产业是社会主义精神文明建设的重要组成部分,是市场经济条件下繁荣社会主义文化的重要途径。纵观国内外历史可以发现,文化产业不仅具有经济属性,而且还具有意识形态属性,发挥着凝聚人心和引导社会价值走向的作用,具有其他工作无法比拟的重要意义。作为唯一的执政党,必须对影响国家和社会稳定的因素进行领导,发挥着独特作用的文化工作自然归属其中,党就是通过对文化产业工作的指导思想、政治方向和基本方针的制定来实现对文化产业工作的领导。第二,加强和改进党对文化产业工作的领导,是推进文化产业发展繁荣的根本保障。中国共产党向来特别重视对文化工作的领导。在新民主主义革命时期,毛泽东便提出文化工作"只能由无产阶级的文化思想即共产主义思想去领导,任何别的阶级的文化思想都是不能领导的"②。进入社会主义阶段之后,又提出了"二为""双百"的文化方针,改革开放之后文化工作更是进入了新的发展阶段。历史实践充分证明,文化工作的顺利开展必须坚持和改进党的领导。只有加强和改进党对文化工作的领导,社会主义文化才能大发展大繁荣。第三,加强和改进党对文化工作的领导,是增强

---

① 《十七大以来重要文献选编》(下),中央文献出版社2013年版,第581页。
② 《毛泽东选集》第2卷,人民出版社1991年版,第698页。

党的执政能力和维护政治稳定的需要。党的执政能力提升来源于党的理论、道路及制度是否能够得到最广大群众的信任和尊重，文化在其中占有重要的地位。此外，东欧剧变、苏联解体事件一个重要的原因便是执政党忽视了对文化工作的领导权，致使资产阶级思想泛滥，给我们留下了深刻的历史教训。基于这些原因，在当前中国转型期复杂的情况和国际环境风起云涌的背景下，有必要加强和改进党对文化工作的领导。

党对文化工作的领导，并不是全方位的具体业务上的领导，而是政治、思想和组织上的领导。体现在文化产业方面，政治领导指的是党对文化产业工作政治原则、政治方针上的领导，目的是保障文化产业发展的正确政治方向和性质；思想上的领导则是用马克思主义的世界观和方法论指导文化工作的进展，以创造出"来源于生活又高于生活"的文化作品；组织上的领导则是指对文化团体、文化队伍的领导，发挥党员的模范带头作用，形成有生机、有战斗力的文化创作团队。党的政治领导、思想领导和组织领导三者有机统一，保障了文化工作的顺利开展。落实党对文化产业工作的领导，需从以下几个方面着手努力：其一，遵循文化发展客观规律。党对文化工作进行领导的前提必须是遵循文化发展客观规律。文化创作活动是一项复杂的创意劳动，科学性与灵感性并存，有着自身独特的发展规律。"文化大革命"期间，中国曾经出现政治过度干预文化创作、违背创作规律的情况，给中国的文化事业造成了极大的损失。以此为鉴，在社会主义新时期的文化创作过程中，遵循文化发展客观规律是前提条件。文化产业发展的客观规律包括文化生产是在社会生产、科学技术发展到一定程度的产物，并随着时间的发展而不断发展，文化产业发展不仅要遵循市场经济规律，也要遵循社会价值规律和文化发展规律。文化的发展需要长时间的积淀和生成，不能急于求成，文化宽容导致文化积累的加深，从而促进文化的跃迁。其二，弘扬主旋律，牢牢把握意识形态领导权。马克思在《德意志意识形态》一书中，提出了"整个意识形态的上层建筑"的概念，在《路易·波拿巴政变记》一书中进一步指出，"在不同的占有形式上，在社会的生存条件上，耸立着由

## 第五章 中国文化产业价值取向建构的对策性思考

各种不同的、表现独特的情感、幻想、思想方式和人生观构成的整个上层建筑。整个阶级在它的物质条件和相应的社会关系的基础上创造和构成这一切。"[①] 也就是说，政治、法律、道德、哲学、艺术和宗教都在意识形态的范围之内，意识形态是社会的产物，是文化本身所具有的。在文化发展过程中，必须弘扬主旋律，将社会主义核心价值体系渗透到文化作品之中，创造出优秀的文化作品。同时，在不触及意识形态底线的情况下，鼓励多元声音，"百花齐放、百家争鸣"，淡化意识形态的形式，强化意识形态的内容，促进文化的大繁荣。坚守意识形态领导权，以避免出现东欧剧变、苏联解体式的悲剧。其三，贯彻落实中央文化政策，积极推动文化体制改革。在文化发展过程中，各级党委要努力将中央的文化政策贯彻落实到实处，起到文化发展领路人和推动者的作用。同时，做好政策反馈，及时地调查文化发展情况，掌握一手资料，总结发展过程中的成绩及问题，为新的战略政策的出台打好扎实的基础。当前，党对文化工作的领导一项十分重要的战略任务便是要积极推动文化体制改革，界定文化事业范畴，提供更多更优质的公共文化服务；与社会主义市场经济体制改革相匹配，大力发展文化产业，增强文化发展活力，满足不同的文化需求。其四，尊重知识分子，坚持群众路线。党在文化产业发展过程中，要充分重视知识分子的创造性作用，尊重知识、尊重人才，努力创造出适合人才发展、各尽其能的体制机制，充分调动知识分子的积极性、主动性和创造性。文化产业的发展关键在于人才，党应该加强规划引导，做好文化产业人才队伍建设工作，突出培养文化创意人才、文化技能人才和文化管理人才等，为社会主义文化大繁荣大发展服务。同时，也要坚持群众路线，调查群众文化需求、调动群众参与、拉近与群众感情、发展成果由群众共享。以此，通过多种措施，加强和改进党对文化工作的领导。

---

[①]《马克思恩格斯选集》第1卷，人民出版社1995年版，第611页。

## 二 加强和改进政府对文化产业的管理

政府对文化产业的管理职能不是微观管理,而是作为宏观管理和社会文化生活的调节者,主要体现在规划引导职能、调控职能和保障职能三方面。规划引导职能是指政府通过制订战略规划和文化产业政策,确定文化产业发展方向,促进文化产业结构和发展模式优化,推进文化产业整体素质提升,实现文化产业经济社会发展目标;调控职能则是指政府根据文化产业运行规律,采取经济、法律和必要的行政手段,规范文化产业经营主体行为,引导文化产业朝着有利于满足整个社会精神文化需求的方向发展;保障职能是指为文化产业的健康发展创造良好的政治、经济和社会环境,具体来说对内则是保护民族文化资源,抵制不良文化侵袭,净化文化环境,对外则是维护国家文化安全,加强文化产品引进内容审核,建立文化安全预警机制,创造有利于中国文化产业发展的国际环境。根据中国现阶段的基本国情和中国特色社会主义市场经济体制,应从以下几方面加强和改进对文化产业的管理。

(一) 加强和改进对文化产业发展的规划和研究

规划引导职能对政府而言,主要是指战略规划,通过战略规划引领文化产业发展的价值取向,这对文化产业的健康发展具有重要的影响。党的十五届五中全会第一次提出文化产业,到2002年党的十六大报告首次从繁荣社会主义文化和满足人民精神文化需求两个角度提出对文化产业发展的战略构想。2009年《文化产业振兴规划》把文化产业确认为国家经济发展的战略性产业,这表明文化产业在发展经济和繁荣文化上的重要战略地位得到了全社会的广泛认可。文化部根据党的十七届六中全会《决定》和《国家"十二五"时期文化改革发展规划纲要》,印发了《文化部"十二五"时期文化产业倍增计划》,明确了文化产业指导思想、发展思路和主要目标等,指出了文化产业在推动社会主义文化大发展大繁荣、推进社会主义核心价值体系建设、建设社会主义文化强国的战略中的重要地位,突出强调了推动文化产业成为国民经济支柱性产业和提高文化软实力的重要性,对

## 第五章　中国文化产业价值取向建构的对策性思考

新时期文化产业发展做出了全面部署，但是，我们也不难发现近年来的文化产业发展战略存在不少问题。

首先，文化产业发展缺乏长远规划。在宏观理论上看，中国社会主义文化的发展繁荣与文化产业的发展升级是相伴而行的，然而在文化产业发展的长远战略规划上存在一个大的局限性，那就是中国文化产业发展"仅仅从文化和经济发展的局部利益出发，或者说仅仅从现阶段文化发展所要解决的问题和困难出发，思考和寻求中国文化产业发展的制度设计和路径选择"[1]。这也就导致中国文化产业发展不能从总体上平衡好文化与经济的关系，过多地从经济上理解文化，或用发展经济的方式发展文化，导致了文化产业规划的短视和产业发展的急功近利。文化产业具有双重属性，体现为双重效益，文化产业发展战略既要体现意识形态属性，又要兼顾产业属性，不能偏颇于一方。但是在实际操作中，片面追求经济利益、忽视文化资源保护，出现了重经济轻文化、重经济效益轻社会效益、重眼前利益轻长远利益的现象。其次，文化产业发展关于社会效益目标的规定过于笼统。文化产业的多重属性，决定了其评价必然是多维度的。只有通过多维度、多角度的测评，才能实现对文化产业发展的全程管理。文化产业发达国家都以法律形式制定统一的文化产业政策和文化产业发展目标，如韩国的《文化产业振兴基本法》《文化产业促进法》，日本的《文化产业促进法》等。中国文化产业立法相对滞后，没有相关的文化产业促进法，政府调控无法可依，难以有效改善文化执法状况。在文化产业的评估上，各类政策都集中于文化产业经济效益，尽管都承认文化产业发展对于文化和社会发展的重要意义，然而对其巨大的社会效益评估重视不够，尤其是在社会效益与经济效益统一的标准、文化产品内容和社会效果的评价标准以及推动文化产业"走出去"等问题上缺乏准确的定位，没有统一标准，政策上过于笼统，目标不够具体和清晰。

加强对文化产业的战略研究，厘清文化产业发展脉络，深化对中

---

[1] 胡惠林：《构建和谐世界与中国文化产业发展战略》，《社会科学》2008年第6期。

国文化产业的发展目标和基本思路的认识，确立文化产业发展的最佳路径，促进文化产业健康发展。首先，在战略观念上，要树立科学的文化产业发展观，明确文化产业发展的"双重效益"战略。文化产业与普通产业相比具有特殊性，以满足人们精神文化需求为主要特征，消费内容和消费方式具有价值趋向。文化产业发展战略应平衡文化产业的双重属性，充分认识并始终坚持文化产品与服务的经济价值源于其文化价值的理念。文化产业战略的制定不能仅仅用经济的思维，还应坚持文化的视角，文化产业战略是文化战略的一部分。韩国《文化产业发展推进计划》提出的"文化立国"战略绝非仅仅是支柱性产业的同义语，日本的《新的文化立国目标——当前文化的重点和对策》的报告提出"文化立国"战略构想，也并不仅仅是文化市场占有率。我们要深刻认识到文化产业发展不仅是物质财富的增长，更是社会效益的提高，要把握文化生产的双重性原则，用战略规划的方式，建立有力的调控机制，实现文化产业增长与文化发展相协调，"不能让文化产业发展的经济目标成为中国文化产业发展战略价值取向的政策性障碍和制度性困境，成为进一步消解文化产业的误导解放文化生产力的借口"[1]。其次，在战略措施上，要进一步加强和改进政府的战略规划和引导，提高文化治理的现代化水平。党和政府在每一个时期的顶层设计和战略规划都是实现文化产业高质量发展的前提。实现文化产业高质量发展，关键在于对文化产业的规划引导和制度创新，围绕健全现代文化产业体系，在加强政府对文化产业意识形态把控力的基础上，尊重各类文化企业的市场主体地位和自主经营权，不断创新系统化文化政策，完善政府对文化产业政策的规范，通过制订《十四五时期文化产业发展规划》，发挥国家发展规划的战略导向作用。在加强国家战略规划引导的基础上，推动政府管理向服务型转变，通过制度创新和立法保障为文化产业发展创造宽松的环境，通过完善文化产业人才政策、知识产权保护政策和财政支持政策，加快推动《文化产业促进法》出台，从政策、法律、财政等方面予以

---

[1] 胡惠林：《构建和谐世界与中国文化产业发展战略》，《社会科学》2008年第6期。

第五章　中国文化产业价值取向建构的对策性思考

配套支持，为推动文化产业高质量发展奠定制度基础。同时要创新文化产品内容管理手段，利用互联网、VR、大数据、云计算等新技术加大对文化市场的监管，对口碑好的文化产品进行鼓励，对口碑差的文化产品进行制约，以此强化对文化消费的正确导向来提升文化生产者的文化自觉意识、社会责任意识和自主创新意识，提升文化产品思想、道德、文化内涵，为文化产业发展提供正确的舆论导向和政策支持。

（二）加强和改进政府对文化产业发展的宏观调控

宏观调控是政府参与文化产业管理以及推动文化产业发展的基本职能。由于文化产业本身的特殊性，文化产业更容易出现市场失灵的情况，因此除了发挥市场作用外，还要从经济、法律和行政三方面加大政府对生产经营活动的调节和规范，为文化产业的健康发展创造更好的条件。

1. 完善文化产业发展配套政策

从党的十五届五中全会首提"文化产业"概念，到党的十九届五中全会提出"深化文化体制改革，加快完善遵循社会主义先进文化发展规律、体现社会主义市场经济要求、有利于激发文化创新创造活力的文化管理体制和生产经营机制"[①]；从《文化部"十二五"时期文化产业倍增计划》对文化产业国民经济支柱性产业的定位到《"十四五"文化产业发展规划》提出"推动文化产业高质量发展，建设社会主义文化强国"，反映了国家逐渐认识到文化产业发展对于经济社会发展的精神意义，奠定了将社会效益放在首位的前提下实现文化产业经济与社会效益相协调的政策基调。但是由于文化产业在中国起步晚，文化产业政策配套还不完善，在贯彻先进文化的引领、社会效益的标准、文化产品的评价机制和文化市场的监管方面的政策、规则尚未规范，政府在市场资源配置的基础上还缺乏有效的宏观调控。

"文化产业的特殊性，决定了在其发展过程中，必然产生与一般

---

① 《十九大以来重要文献选编》（中），中央文献出版社2021年版，第285页。

产业不尽相同的政策需求。"[1] 因此，政府必须发挥宏观调控职能，改革和完善文化政策体系，贯彻社会主义先进文化要求，遵循文化产业发展规律，制定有利于文化产业发展与社会协调发展的政策，增强文化产业的整体实力和竞争力。在文化产业管理上，政策制定要充分考虑文化产业的双重属性，"不能因为文化属于意识形态就缩手缩脚，严管严防，也不能因为产业的营利趋向就过度推崇文化商品化"[2]，而是坚持社会效益优先、经济效益与社会效益相统一的原则，对不同门类的文化产业、不同用途的文化产品以及同一门类文化产业的不同环节进行分类管理和政策制定；在内容规范上，文化产业要完善对文化产品内容创作和生产进行引导的政策体系，引导广大文化产业工作者和文化企业坚持社会主义文化前进方向，自觉践行社会主义核心价值，提升文化产品文化内涵和社会效益；在评价标准上，文化产业政策制定不能仅仅考虑单纯的市场需求和受众接受程度，还必须考虑价值取向、专业水准和审美情趣，注意产品内容是否符合主流价值观和社会主义道德标准。研究制定文化产品社会效益的具体的评价标准和考核措施，合理设置反映市场接受程度的量化指标，要坚持把遵循社会主义先进文化前进方向和人民群众满意作为评价的最高标准，把群众评价、专家评价和市场检验统一起来，形成科学的文化产品评价体系；在政策扶持上，扩大文化产业发展专项资金和文化产业投资基金规模，合理确定支持方向，文化产业政策要体现加大对弘扬主流价值的精品力作扶持力度，加大对文化创新的鼓励和扶持，加大对优秀文化产品的评奖倾斜。

2. 建立健全法律保障体系

20世纪90年代以来，随着文化产业不断发展，与文化产业相关的法律法规相继出台，如《知识产权法》《著作权法》《专利法》《商标法》《文物保护法》以及《出版管理条例》《文化娱乐场所管理条例》《电影管理条例》《音像制品管理条例》等，文化产业立法

---

[1] 欧阳坚：《文化产业政策与文化产业研究》，中国经济出版社2012年版，第100页。
[2] 单世联：《中国文化产业政策面临的挑战》，《文汇报》2013年11月4日第10版。

## 第五章　中国文化产业价值取向建构的对策性思考

保护体系初步形成，保护了文化产业者的合法权利，促进了文化产业的健康发展。但是，总体上看，文化产业立法跟不上文化产业发展需要，在立法理念、立法层次和国际接轨方面具有明显的滞后性，尤其是对文化产业发展至关重要的文化产业规划、文化产业双重效益和文化市场立法等。要从根本上解决文化产业政策中出现的问题，充分考虑文化产业自身特性，合理界定政府与市场的关系，文化产业管理必须走上法治化的轨道，就要进一步"建立健全坚持社会主义先进文化前进方向、遵循文化发展规律、有利于激发文化创造活力、保障人民基本文化权益的文化法律制度"[①]。

除了 2017 年出台的中国文化产业领域的第一部法律——《中华人民共和国电影产业促进法》外，文化产业其他领域的立法还处于空白状态。应加快制定文化产业促进、文化市场管理、广播电视、新闻出版广播影视从业人员廉洁行为、文化企业法、互联网法等领域的法律法规，以完善监管措施、细化监管程序、规范文化产业发展和市场秩序，要进一步明确文化产业概念范畴和文化产业版权保护，明晰文化产业内容与从业者的法律底线和道德底线，对文化产业从业人员及其活动以法律形式提出倡导性的要求、划定合法开展活动的范围和道德界限，树立文化产业的行业道德和文化道德，从而构筑更加健全的文化产业法规体系，"把行之有效的文化经济政策法定化，健全促进社会效益和经济效益有机统一的制度规范"[②]。

3. 加强和改进对文化市场监管

由于文化产业具有不同于一般产业的特殊性，具有意识形态属性和教化功能，能够传递价值观念，产生社会影响，不同的文化产品会产生不同的社会效应。这就要求政府部门加强市场监管，必须坚持为人民服务、为社会主义服务的方向，加强对文化内容引导和建设，充分发挥文化产业在推进社会主义核心价值体系建设、传播先进文化、

---

[①]《中共中央关于全面推进依法治国若干重大问题的决定》，《人民日报》2014 年 10 月 29 日第 1 版。

[②]《中共中央关于全面推进依法治国若干重大问题的决定》，《人民日报》2014 年 10 月 29 日第 1 版。

提升国家文化软实力中的积极作用。

首先，要维护文化市场的规范和稳定。市场经济条件下，政府服务文化产业发展的首要任务就是为其健康发展创造公平竞争的市场环境。市场监管是维护社会安定、净化文化市场环境的重要手段。市场经济条件下，发挥市场在资源配置中的决定作用，并不是对文化产业放任不管，而是从宏观方面加强对文化产业的支持、引导和监管。政府对文化市场监管是国家保障文化产业健康可持续发展的重要举措，市场监管手段包括产业政策、行业法规、行政命令、经济、技术、舆论等，通过市场监管，规范经营行为，制裁违法经营活动，保障文化市场秩序和文化产业发展方向。

其次，加大对知识产权的保护，加大对盗版侵权的查处，加大对文化污染的清除。现阶段中国文化市场中依然存在不少盗版、色情、反动、封建迷信出版物，严重地破坏了文化市场的正常秩序，对中国图书市场、音像市场等文化市场形成了结构性破坏，对于先进文化的传播、国民素质提升和国家软实力增强都是严峻的挑战。随着文化市场管理与执法力度加大和水平提高，非法出版物查获总数逐年下降，趋于平缓；同时，加强对网络游戏的监管，严禁经营含有色情、暴力、愚昧迷信和具有危害国家文化安全、社会稳定的网络游戏；此外，调整压缩选美、相亲、情感访谈类电视节目，规范书法、美术作品交易和演员文艺表演出场费。

(三) 加强和改进政府对文化产业发展的保障职能

文化安全是指"文化建设中民族文化健全自身功能、机制的能力和防范风险、化解风险的能力"[①]。维护文化安全主要涉及三个层面：一是国家选择自己的文化发展道路，独立支配文化资源；二是维护文化市场安全以及文化产品和服务所体现出来的文化内容的安全；三是发展民族文化，维护民族文化特质。具体到中国来说，则是指在社会主义文化建设过程中，如何抵御封建腐朽文化和资本主义不良文化侵蚀，实现民族文化的传承、创新与发展的问题。对于社会主义文化建

---

① 叶金宝：《文化安全及其实现途径》，《学术研究》2008 年第 8 期。

## 第五章　中国文化产业价值取向建构的对策性思考

设来说，文化安全发挥着"创造良好稳定的文化生态环境""提供思想和制度方面的保障""防范和抵御各种腐朽落后的文化观念""增强人们的忧患意识和风险意识"①"增强中华民族凝聚力""保护人类文化多样性"② 等作用。可以说，文化安全是社会主义文化强国建设过程中必须坚持的底线。

当前，中国的文化产业安全面临着较为严峻的挑战，主要表现在以下几个方面。一是经济全球化浪潮带来的影响。经济全球化浪潮日益明显，任何一个想发展和强大的国家都不能避此趋势于其外。当前的经济全球化是建立在西方发达国家业已完成工业化、实现现代化的基础之上的，在经济全球化体系中西方发达国家也毫无疑问地占据着中心和制高点的地位。西方发达国家以经济强大为核心建立起来的综合国力优势使其自身成为非西方国家公众向往的中心，造成这些非西方国家民族文化认同感下降，出现身份认同危机。西方国家发达的文化产品和服务更是利用市场机制将西方的价值观、生活方式等迅速传向世界，诚如戴维·赫尔德所言，"在全球化的诸多体现形式中，几乎没有什么像国际品牌、大众文化偶像和工业品以及卫星向各大洲成千上万的人现场直播重大事件那样如此直观，覆盖面广且渗透力强"③，这种趋势加速了非西方国家自身文化的式微。二是庸俗文化和传统文化负面因素的影响。在当前文化产业发展过程中，出于对高利润率的追求，一些文化产品和服务出现了庸俗化的倾向，腐蚀了民族文化的灵魂。除此之外，封建迷信等传统文化负面因素在一定程度上仍然纵行，在农村地区尤甚，这些都对文化安全造成了严重的影响。三是网络文化渗透及文化遗产解释权被侵占的影响。当今互联网以迅雷不及掩耳之势进入了普通公众的生活之中，对于青少年及青年一代的影响更大，上网已经成为他们不可或缺的生活方式。美国等文化霸权国家充分认识到了互联网平台宣传的作用，"如果美国政府想

---

① 叶金宝：《文化安全及其实现途径》，《学术研究》2008年第8期。
② 石中英：《论国家文化安全》，《北京师范大学学报》（社会科学版）2008年第3期。
③ ［英］戴维·赫尔德：《全球大变革：全球化时代的政治、经济与文化》，杨雪东译，社会科学文献出版社2001年版，第456页。

要拿出一项计划在全球传播美国式资本主义和政治自由主义的话，那么，互联网就是最好的传播方式"①。他们建立了上百个中文网站对中国网民进行意识形态的渗透，这是我们应该警惕的。此外，在一些民族文化遗产解释权上，我们也面临着话语权丧失的危险，如韩国"端午祭"申遗成功、将"中医"改为"韩医"、美国拍摄的"花木兰"等，这也严重影响了中国的文化安全。

建设社会主义文化强国，维护国家文化安全，必须从以下几个方面进行努力：其一，增强文化产业竞争力，确立文化产业发展价值取向。应当大力发展文化产业，充分发挥文化产业作为意识形态传播重要载体的作用。文化产业发展过程中，一定要注意坚持正确的价值取向，积极融入社会主义核心价值体系，深入调查群众文化需求，将优秀的传统文化甚至部分国外文化资源也纳入文化创意素材库，通过创新文化业态等形式出台一批政治过硬、叫好又叫座的文化作品，形成能够持续发展的文化产品品牌，从而实现意识形态的安全。其二，加强文化产品引进内容审核。在引进文化产品和服务时，要做好内容审查工作，严禁引进危害中国文化安全的文化项目。对于外来文化项目的翻译，也要把好关，尽量用我们熟悉的语言词汇及表达方式进行翻译，维护普通话语言安全。其三，建立文化安全预警机制，实行必要的文化管制。文化安全预警是指"一个国家根据本国国家整体利益的需要，而对文化运行状态所可能威胁到它自身以及整个国民经济和社会发展的安全态势进行监测，并在此基础上作出预期性警示评价和对策的国家文化安全的政策过程和反应控制系统，国家文化安全预警系统是它的制度系统"②。因此，文化安全预警机制的制定十分必要。在文化安全预警系统制定过程中，文化安全预警指标体系的制定尤为必要，包括了文化经济安全、文化政治安全、文化信息安全、文化能力安全和公共文化安全等指标，需要学术界、政府相关部门的联合攻关来完成。在特殊时期，各个国家为了维护文化安全，也往往采用强

---

① 佟军：《美国文化渗透战略及其影响》，《现代国际关系》2008年第9期。
② 胡惠林：《中国国家文化安全论》，上海人民出版社2011年版，第404页。

第五章 中国文化产业价值取向建构的对策性思考

制手段进行文化管制，如"9·11"事件后，美国禁止了本·拉登演讲内容的传播。中国在维护文化安全过程中，也可以采取这一措施。当然，对这一措施不能滥用，要严格规定使用的约束条件。其四，大力保护民族文化资源。面对文化遗产被破坏以及解释权式微的状况，应当适当增加财政投入、人员投入、管理升级等，提高对民族文化资源的重视度。除政府的积极参与外，也可以调动社会各界的参与，形成保护民族文化的浪潮，打牢文化安全的根基。其五，重视网络文化安全。在网络文化安全设置过程中，一方面需要国家层面的网络内容审查，另一方面也需要针对上网主体进行有针对性的教育。由于上网主体当中青少年比重较大，而且青少年群体正处于价值观形塑阶段，很容易受网络不良信息的影响。除去上网身份审核外，更需要线下的学校教育和家庭教育。毕竟学校是青少年群体主要的学习生活空间，学校教育途径应当引起更大的重视。此外，还要建立严密可靠的网络文化安全防范系统，谨防国际黑客侵入重要的官方网站。多措并举，才能维护起中国的文化安全，才能强化社会主义文化强国建设的底线。

## 第三节 增强文化产业发展的自觉意识

费孝通指出："文化自觉是指生活在一定社会中的人对其文化有'自知之明'，明白它的来历、形成过程、所具的特色和她发展的趋向，不带任何'文化回归'的意思，不是要'复归'，同时也不主张'全盘西化'或'全盘他化'。自知之明是为了加强对文化转型的自主能力，取得适应新环境、新时代文化选择的自主地位。"[①] 费孝通先生的"文化自觉"实质是"自知""自主"，即对本国民族文化的自知之明和维护民族文化的自主地位。云杉从文化觉醒、文化使命与文化担当三方面阐释了文化自觉的要义，即"指一个民族、一个政党在文化上的觉悟和觉醒，对文化在历史进步中地位作用的深刻认识，对文化发

---

① 费孝通：《从实求知录》，北京大学出版社1998年版，第394页。

展规律的正确把握，对发展文化历史责任的主动担当"①。

"文化自觉"问题是民族国家文化发展的必然选择，增强文化产业发展的自觉意识就是基于文化产业在社会发展中的进步作用的深刻认识。以文化自觉推动文化产业发展的基础在于对本民族文化产业的清醒认识和准确定位，关键是在新形势下顺应时代发展而进行的文化创新，目的在于文化产业发展的责任与担当。面对新形势，我们要实现以文化自觉的意识推动文化产业发展，就要明确文化产业的责任与担当、突出文化产业的民族特性、增强文化产业的自主创新能力、积极推动文化产业"走出去"。

## 一 明确文化产业的责任与担当

### （一）深刻认识文化产业作用地位

在社会主义市场经济条件下文化产业大发展的背景下，文化自觉被赋予了新的时代含义。文化自觉贯穿于文化产业发展的过程中，贯穿于我们对文化产业认识的发展变化，刚性的彰显就是文化产业发展战略的制定和对文化战略地位的深刻认识。党的十六大给予文化产业的定位是"繁荣社会主义文化、满足人民群众精神文化需求的重要途径"。党的十七届六中全会则从文化产业发展对于民族文明素质提高、国家文化软实力增强和社会主义文化强国的建设重要性来认识文化产业发展。《文化部"十二五"时期文化产业倍增计划》中明确指出文化产业是满足精神文化需求的重要途径、文化繁荣的重要载体、支柱性产业、文化走出去的主导力量、经济结构调整的重要支点和转变经济发展方式的重要着力点②，对文化产业地位、作用和发展取向有了一个明确阐述。党的十八届三中全会提出文化产业发展要培育和践行社会主义核心价值观，这是对文化产业发展的新的责任与期待。社会主义核心价值观所包含的基本内容是真正具有中国特色的、民族的东

---

① 云杉:《文化自觉 文化自信 文化自强——对繁荣发展中国特色社会主义文化的思考（上）》，《红旗文稿》2010年第15期。
② 汉滨文广旅游局:《文化产业发展政策汇编》，江南印务有限公司2016年版，第109页。

## 第五章　中国文化产业价值取向建构的对策性思考

西,是文化发展的生命力所在,也是社会主义文化产业发展的方向所在。可见文化产业越来越同文化素质、文明程度、文化繁荣、文化强国、文化走出去、社会主义核心价值观密切相关,文化产业发展不仅是物质财富增长的捷径,而且是社会效益彰显的助推器,还是实现民族复兴的强大动力,这便是对改革开放以来文化产业建设总结和理论提升,是对文化产业发展自觉意识的集中体现。

(二) 反省文化产业发展存在的问题

文化产业发展的深刻反省,增强文化产业发展的自觉意识是由多方面的原因决定的。其一,文化产品原创能力不足。中国文化产品出口大幅增长,成了文化制造业商品的头号出口国,但是文化生产的开发和原创能力比较弱,文化产品内涵不足,正如范周所指出的那样:"当前中国文化产业还未完成从传统文化思维向现代创意思维的转变,在技术、内容、业态等方面自主创新能力不足的问题较为突出,文化产品和服务技术含量较低、原创能力不强,这些都制约着文化产业的进一步发展。"[1] 其二,文化产业民族特色不足。文化产业发展迅速,产业增加值成倍增长,文化市场占有率不断提升,但是历史文化、民族文化和生态文化有效利用不足,而富含国外文化元素的娱乐节目却被顶礼膜拜和倾力效颦,反映出资本主义意识形态的文化形式大肆传播,民族文化的独立性面临严峻的外来挑战。其三,国内文化产业发展对主流价值观疏离。文化产业发展不仅要以文化的终极价值为支撑,还要有国家主流价值的思想引领。现阶段,文化产业发展的价值取向与主流价值观并不完全兼容,还存在着疏离主流价值、消解主流价值的错误倾向。其四,传统文化的现代价值未能有效彰显。一方面是主流价值高高架在空中不能融入大众日常生活,另一方面是传统文化的现代价值不能有效彰显,面临如何适应现代社会发展的问题。这些问题都启示我们要深刻反省文化产业存在的问题,充分认识文化的重要地位和作用,提高文化产业发展的责任意识和使命意识。

---

[1] 范周:《"十三五"时期文化产业发展存在的十大问题》,http://www.scctt.net.cn/wenchuang/94cd9b27707a406697f4a8cd7a748a53.html。

**（三）提高文化产业生产的责任意识和使命意识**

习近平总书记在北京文艺工作座谈会上指出："实现'两个一百年'奋斗目标、实现中华民族伟大复兴的中国梦，文艺的作用不可替代，文艺工作者大有可为。"[①] 党的十九大将文化建设提到了兴国强国的高位，明确了文化建设在中国特色社会主义新时代的新定位，指出"文化兴则国运兴，文化强则民族强。没有高度的文化自信，没有文化的繁荣昌盛，就没有中华民族的伟大复兴。"[②] 文化产业从业人员作为文化产品的创造者、生产者和传播者，不但应该具有扎实的业务功底和创新能力，更应具有责任意识和使命意识。

首先，要强化政治意识，坚持社会主义先进文化前进方向。文化产业不仅仅是一种产业，也并不是单纯的娱乐方式，文化产业具有鲜明的意识形态属性，它的产品反映了生产者的文化品位、价值取向、道德品质等。文化产业的意识形态属性决定了其外部性特征更为明显，正外部性可以改善国民知识结构、思维模式和精神状态，塑造社会风尚，推动社会发展，负外部性则消解社会精神内核，导致价值迷失、思想混乱。文化产业的特殊性决定了从业人员不应只盯着市场和经济效益，而应该注重文化产品的政治导向和文化导向，注重坚持四项基本原则，抵制外来腐朽文化的侵蚀，"要把爱国主义作为文艺创作的主旋律，引导人民树立和坚持正确的历史观、民族观、国家观、文化观，增强做中国人的骨气和底气"[③]，注重坚持社会主义先进文化的前进方向，提高国民的文化素质与品位。其次，要强化道德意识，坚持德艺双馨。文艺工作者不但要在文化创作上精益求精，而且要实现真、善、美的道德自觉，"讲品位，重艺德，为历史存正气，为世人弘美德"[④]。文艺工作者要增强职业道德，提高品行修养，强

---

[①] 《坚持以人民为中心的创作导向 创作更多无愧于时代的优秀作品》，《人民日报》2014年10月16日第1版。

[②] 《十九大以来重要文献选编》（上），中央文献出版社2019年版，第29页。

[③] 《坚持以人民为中心的创作导向 创作更多无愧于时代的优秀作品》，《人民日报》2014年10月16日第1版。

[④] 《坚持以人民为中心的创作导向 创作更多无愧于时代的优秀作品》，《人民日报》2014年10月16日第1版。

第五章　中国文化产业价值取向建构的对策性思考

化人格修为，努力成为中华传统美德的承载者和传播者。文化产业原创人员在文化产品的生产和创作时要承担必要的社会责任，在经济效益和社会效益之间，要坚持把社会效益放在首位，坚守道德底线，坚决抵制"三俗"之风，用自己的人格品德和文化修养阐释德艺双馨、引领社会道德，"通过文艺作品传递真、善、美，传递向上向善的价值观，引导人们增强道德判断力和道德荣誉感，向往和追求讲道德、尊道德、守道德的生活"①。最后，要强化质量意识。文艺工作者要坚持"二为"方向和"双百"方针，"努力创作更多无愧于时代的优秀作品"。在社会主义市场经济条件下，文化工作者既面临着难得的机遇，又面临着复杂的考验，文化产品出现了价值稀薄、道德失范、见利忘义的现象。习近平同志指出："在文艺创作方面，也存在着有数量缺质量、有'高原'缺'高峰'的现象，存在着抄袭模仿、千篇一律的问题，存在着机械化生产、快餐式消费的问题。"② 文化产业从业人员要有"澄怀观道"的审美境界和"十年磨一剑"的精神定力，不断提高文化产品的精神内涵，努力反映社会现实和人民意愿，增加文化产品知识含量，不断创作思想精深、艺术精湛、制作精良的文艺作品。

## 二　突出文化产业的民族特性

传统和现代，民族和世界，向来都不是对立的关系，而是相辅相成的。民族文化是回答"我是谁"的问题，中华优秀传统文化是"中华民族的精神命脉"，是"世界文化激荡中站稳脚跟的坚实根基"③。现阶段突出文化产业发展的民族特性应坚持以下原则：其一，坚持以"我"为主的原则。中国作为一个有五千多年文明的社会主

---

① 《坚持以人民为中心的创作导向 创作更多无愧于时代的优秀作品》，《人民日报》2014年10月16日第1版。
② 《坚持以人民为中心的创作导向 创作更多无愧于时代的优秀作品》，《人民日报》2014年10月16日第1版。
③ 《坚持以人民为中心的创作导向 创作更多无愧于时代的优秀作品》，《人民日报》2014年10月16日第1版。

义大国，拥有独特的历史文化传统，决不能照搬世界上任何一种现成的文化发展模式，不能"全盘西化"或"全盘他化"，只能以"我"为主。中国的文化产业发展要坚持以马克思主义为指导，立足优秀传统文化，突出文化产业"中国特色""中国风格"和"中国气派"，建设有中国特色的社会主义文化产业；其二，坚持继承与创新的原则。文化建设不能依傍外国，也不能依傍古人，而只能坚持批判、继承与创新的原则，强调文化产业民族特性并不是"文化回归"，也不是"复归"，而是在坚持优秀传统文化基础上的综合创新；其三，坚持"洋为中用"的原则。突出文化产业的民族特性并不意味着盲目排外，而是坚持"洋为中用"，做到"中西合璧、融会贯通"[①]。

我们积极追求现代化的文化产业并推行"走出去"战略，只有在承认文化民族性的基础上，展示深具民族特色、集中体现民族价值取向的文化内涵才能实现。这就要求我们从以下三方面努力。

首先，保护和利用民族文化资源。保护传统文化资源是发展文化产业的基础，文化产业发展的关键在于如何充分利用和开发各种文化资源，即如何将物化的、民俗的各种文化资源转为具有现代价值的文化商品。中国民族文化资源相当丰富，但是在保护和利用方面却不尽如人意，一些民族文化资源流失严重甚至走向毁灭。

党的十七届六中全会指出："加强文化典籍整理和出版工作，推进文化典籍资源数字化。"加强国家重大文化和自然遗产地等保护，"深入挖掘民族传统节日文化内涵"等，提高人们对民族文化资源重要性的认识，加强对民族文化的资源的保护和开发。其一，提高认识，加强对民族文化资源的开发和引导。民族文化资源是发展民族文化产业的根，民族文化资源开发利用涉及多个部门和行业，必须强化政府的引导和调控，形成科学合理的开发利用机制；建立健全民族文化资源管理机构，建立一支熟悉民族文化工作的队伍；通过立法形式保护少数民族语言、文字和风俗习惯。其二，民族文化的抢救、保存

---

[①] 《坚持以人民为中心的创作导向 创作更多无愧于时代的优秀作品》，《人民日报》2014年10月16日第1版。

第五章 中国文化产业价值取向建构的对策性思考

和维护都需要大量的资金保障,各级人民政府要加大对文化建设投入,安排专项资金,保障文化人、民间艺人的基本生活,扶持培育特色文化发展。

其次,继承和弘扬优秀传统文化。中国文化产业发展还处于初始阶段,原创不足,同质化严重,反映民族文化特色和时代精神的文化精品更是少之又少,这也就直接导致中国电影、书籍、舞蹈等很难进入西方主流文化市场。相反,外国文艺工作者却充分利用中国传统文化符号顺利进入了中国市场,如在好莱坞电影中我们经常发现中国文化元素,《花木兰》《功夫熊猫》等都充分利用了花木兰、熊猫和龙等中国传统文化符号,其中"龙"代表图腾崇拜,熊猫代表温和顺从。与之相比,中国对传统文化的保护和利用则显得相形见绌,需要进一步加强弘扬和运用。其一,提高对传统文化重要性的正确认识。"优秀传统文化凝聚着中华民族自强不息的精神追求和历久弥新的精神财富,是发展社会主义先进文化的深厚基础,是建设中华民族共有精神家园的重要支撑。"[①] 中国的传统文化集中体现了中华民族的共同价值追求和行为准则,为文化产业发展提供了民族、思想、生活和内容特色,从而赋予文化产品以特殊的文化内涵和市场吸引力。任何一个国家都不可能割裂自己的文化传统而走向现代化,也不可能抛弃自己的传统文化而建立强大的文化产业。其二,深挖传统文化内涵。文化产业是一种新的产业形态,是文化传播的主要载体,任何一个国家文化产业的大发展、大繁荣,都离不开对本民族优秀传统文化内涵的挖掘与弘扬。韩国以传统文化创新为机遇,文化产业迅速崛起,特别是以"韩剧"为核心内容的文化"韩流"受到各阶层人民的追捧。韩剧成功的关键在于突出本国文化特色,注意挖掘传统文化内涵并不断地推动文化创新。古代中国文化"走出去"非常成功,不仅丝绸、茶叶等实用文化远走他国,而且以汉字、儒家思想、律令制度为代表的中国精神文化和制度文化也得到广泛传播,影响东亚,泽被欧洲,

---

① 《中共中央关于深化文化体制改革推动社会主义文化大发展大繁荣若干重大问题的决定》,《人民日报》2011年10月26日第1版。

至今仍有巨大的影响力,这说明传统文化具有丰富的内涵和重要的时代价值。文化产业是内容产业,优秀传统文化可以为现代文化产品注入天人合一、自强不息、勤劳勇敢、革故鼎新的优秀价值,成为促进文化产品生产、传播、消费的重要着力点。在2018年全国宣传工作会议上,习近平同志指出:"中华优秀传统文化是中华民族的文化根脉,其蕴含的思想观念、人文精神、道德规范,不仅是我们中国人思想和精神的内核,对解决人类问题也有重要价值。要把优秀传统文化的精神标识提炼出来、展示出来,把优秀传统文化中具有当代价值、世界意义的文化精髓提炼出来、展示出来。"[1] 其三,进行创造性转化和发展。继承传统文化,突出中国特色和现代元素,这也是中国文化产业发展的必由之路。发展文化产业的最重要的文化资源就是要有自己的民族特色,中国的文化产业要在产业创新中做大做强,就必须积极追求将传统文化中的普遍价值融入现代生活,并通过现代传播手段和市场运作实现在文化产品中和服务中的凝练、传达和对接、交融,使其具有现代人能够接受的新的内涵与价值。

最后,打造民族文化品牌。虽然中国拥有丰富的传统文化资源,如神话、史诗、舞蹈、剪纸、刺绣、端午节等有形的和无形的文化遗产,然而体现民族文化特色和具有国际影响力的精品力作没有充分涌现。

打造民族文化品牌是一个复杂的文化创造过程,其一,应深挖民族文化内涵,树立品牌意识。"文化品牌体现了有形资产与无形资产的统一,是衡量一个国家文化产业发展水平的重要标准。"[2] 只有民族的文化产品才能走向世界,因此,打造民族文化品牌是推动文化"走出去"的重要着力点。借鉴欧美日韩等国的成功经验,研究文化品牌建设的特点和规律,对文化品牌建设的历史、现状和未来进行深入考察和分析。其二,把握世界文化市场发展趋势,努力打造具有民族性、时代性和共通性的文化品牌,既能体现民族特色,又能融入世

---

[1] 《习近平谈治国理政》第3卷,外文出版社2020年版,第314页。
[2] 廖言:《着力打造中华民族文化品牌》,《人民日报》2011年5月20日第7版。

第五章　中国文化产业价值取向建构的对策性思考

界潮流，以优秀传统文化输出为突破口，用产业化的方式把具有中国特色的文化产品和服务出口到国外。其三，注重提升文化品牌内在价值。文化产品是以内容为王的，没有艺术性、思想性的作品是没有生命力的，也就没有存在的价值。"美的规律"是精神生产的普遍规律，无论是绘画还是电影，舞蹈还是音乐，都必须具有深刻的思想性和感人的艺术性，能够与观者产生思想上的共鸣。因此，打造民族文化品牌除了弘扬民族文化、树立品牌意识外，还要"以民族、大众价值、情感的深刻表达提升其美的素质和属性"[①]，从而提升其满足消费者的精神需求、带动文化产业全面发展的核心能力。

### 三　提高文化产业的自主创新能力

文化创新符合国家创新战略的要求，是推动文化大发展大繁荣的关键所在，也是文化产业不断发展的动力和源泉。建设现代化的文化产业，必须着力增强文化产业的创新能力。文化产业创新既具有艺术性，又具有科学性。进行文化产业创新，需遵循以下基本原则：一是坚持"百花齐放、百家争鸣"与坚持中国特色社会主义理论体系相结合。文化创新工作鼓励思维意识创意，鼓励推出不同的创新观点、文化业态等，抵制僵化倾向，因此，应该体现"百花齐放、百家争鸣"的文艺创作基本方针。然而，这并非意味着文化创新工作不需要价值准绳的牵引。文化创新工作的终极目标是满足人的精神文化需求，促进人的自由而全面的发展，任何违背或偏移这一目标的创造原则均是不科学的。众所周知，马克思主义理论是探索人的自由而全面发展的重大理论，在价值观上与文化创新活动应有价值实现了内在契合，应当成为文化创新活动的理论指南。具体到当前中国来说，马克思主义理论的指导主要转化为毛泽东思想和中国特色社会主义理论体系，只有坚持这些理论指南，才能保持文化创新的先进性。二是需要立足于社会主义初级阶段的基本国情。党的十八大报告指出，我们必

---

[①] 傅华：《当代中国先进文化及其传播路径研究》，中央文献出版社2007年版，第207页。

须清醒认识到，中国仍处于并将长期处于社会主义初级阶段的基本国情没有变，人民日益增长的物质文化需要同落后的社会生产之间的矛盾这一社会主要矛盾没有变，中国是世界最大发展中国家的国际地位没有变。纵观人类文明史，但凡有重大成就的文化作品均是反映时代现状或体现时代诉求的作品，"文化源于生活，又高于生活"。文化创新工作并不是一项完全脱离实际的天马行空式的思维活动，而应当立足于当前中国社会主义初级阶段的基本国情。以现实中既有的素材、需求作为文化创新活动的基础和方向，从现实生活中寻找创新灵感，只有这样才能保证创新工作的科学性、可行性和有效性，才能赋予文化作品强有力的生命力。三是必须坚持群众观点。人民群众是历史的主体，是历史的创造者。在文化创新工作中也要坚持群众观点，尊重人民群众主体地位，坚持一切为了人民、一切依靠人民、一切成果由人民共享的方针，使人民群众成为文化创新工作的评价者和文化产业发展的受益者，服务于人民群众的精神文化需求，助推人的自由而全面发展。[1]

要保障文化产业创新工作的顺利开展，需要做到：第一，积极推动内容创新。文化产业具有原创性、知识性的特点，创意、创造、创新是文化产业的灵魂，要充分认识内容创新对于文化产业发展、对于国家实力的重要作用。文化产业的运作方式不同于一般的工业企业，文化产业以内容为王，文化产品的价值取决于其蕴含的文化内容的创造与再创造。"文化内容的创新主要是指在既定文化要素和价值目标的基础上，对原有文化进行拓展或创造新文化。"[2] 简单的文化资源的发掘和审美创造难以形成文化产业的创新要素，也难以推动文化产业进入高端产业链。《花木兰》是中国家喻户晓的民间故事，而美国人将这一文化资源做了内容生产的创新，将长城、中国画、古建筑、京剧烽火等文化符号与美国本土文化精神大胆结合，进行了"美国式改造"，以保持文化产品内容的创新品质。《花木兰》成了外包装中

---

[1] 李玉滑：《文化创新源于大众又归于大众》，《光明日报》2010年7月6日第1版。
[2] 陈立旭：《先进文化：社会发展的新动力》，浙江人民出版社2010年版，第289页。

第五章　中国文化产业价值取向建构的对策性思考

国化、内部结构西方化的故事,为迪士尼收回了 3 亿美元的收入。文化内容创新要把握广大人民的文化消费需求,重视文化创作的思想元素、审美元素、文化元素和娱乐元素的提炼与深拓,不断创造出无愧于时代、无愧于人民、无愧于历史的、广大人民喜闻乐见的文化精品,才能保持创新的生命力和持久力。

第二,积极推动文化形式的创新。"文化形式是指文化发生、表达、传播的载体,是表现文化内容的手段和方式。"① 文化形式和文化内容互为表里,相互依存,二者共同统一于文化产品中。新的内容必须依赖于特定的文化产品形式才能完美的展现于消费者面前,如果没有合适的文化载体,文化内容即使再丰富多彩、生动感人,文化产品也就难以为人民群众所接受,也就难以成为满足人民多样化精神文化需求的重要途径和促进社会主义文化大发展大繁荣的重要载体。

第三,文化产业创新工作离不开政府职能的积极转变。文化产业创新工作需要政府的政策扶持和引导,然而各种政策出台的前提基础是要对政府的职能有一个清晰的定位。当前,中国社会主义市场经济体制日臻完善,政府的职能定位也日臻清晰,即定位于市场监管和服务,而不是市场经济的直接参与者。在文化产业发展、文化创新工作中也应当担当这样的角色②,做好引导员、裁判员,建立正确舆论导向的体制机制,建立竞争、激励机制,完善文化成果评价体系,实现对文化工作价值取向和发展方向的有效引导,推动文化产业创新,增强文化产业发展活力。

## 四　增强文化产业国际竞争力

过去的文化自觉着眼于救亡图存,今天的文化自觉应着眼于全球化的趋势,增强文化产业国际竞争力,积极推动文化产业"走出去",实现中华民族的伟大复兴。党的十五届五中全会首次提出"走

---

① 陈立旭:《先进文化:社会发展的新动力》,浙江人民出版社 2010 年版,第 291 页。
② 王琳:《文化创新与构建有中国特色新文化体系》,《天津大学学报》(社会科学版) 2008 年第 5 期。

出去"战略，2003年胡锦涛在全国宣传思想工作会议上指出"大力发展涉外文化产业，积极参与国际文化竞争"，"走出去"战略第一次出现在文化产业领域。在"走出去"战略的指引下，中国文化贸易迅速扩大，2019年文化产品进出口贸易达到1114.5亿美元，其中出口998.9亿美元。但是文化贸易的几何数增长并不能掩盖中国文化产业国际竞争力的不足，国家新闻出版广电总局统计数据显示：2018年中国共引进图书、音像制品和电子出版物版权16602项，输出11830项，进出口比为1.4∶1，其中对美、英、德、法、西、加的进出口比分别为5∶1、7∶1、2∶1、4∶1、5∶1。《哪吒之魔童降世》国内票房高达50亿元，在北美仅仅400万美元；《唐山大地震》在国内6亿多票房收入和得到观众的普遍认同，在美国仅仅6万美元票房。这说明中国核心文化产品和服务贸易逆差仍然存在，文化企业参与国际竞争的能力还较弱。

　　根据中国的历史和国情，文化产业国际竞争力强的表现应具有以下四层内涵：文化产品及服务在国际文化市场份额中不断提升，与中国经济地位相协调；中国文化向周边及世界其他地区传播、辐射，中国思想被越来越多的人所认可；中国倡导的核心价值观、社会发展模式、对外政策的做法以及传统文化等进入国际主流社会，在国际上产生共鸣和影响力；国家文化话语权不断增强，"西强我弱"国际舆论格局不断改善，中国国家形象不断提升。对此，需要从以下三个方面进行努力。

　　1. 扩大社会主义核心价值观的国际影响力

　　首先，增强社会主义核心价值观话语体系的解释力。借助文化商品这一有效载体，找准核心价值理念与人们思想道德情感的契合点，善于用讲好中国故事的方式充分展现和表达社会主义核心价值观的内涵，实现传统文化元素与核心价值理念的对接，从本质上触动观众进一步了解中国的核心价值观，实现中国核心价值观现代传播方式的颠覆性重组。其次，增强社会主义核心价值观话语体系的感召力。充分利用功夫、中医和美食等传统文化元素，打造传播核心价值观的品牌载体，加强对人类文明普遍问题关注，增强设置议题能力，以此不断

## 第五章 中国文化产业价值取向建构的对策性思考

扩大社会主义核心价值观的国际影响力和话语权，得到世界上大部分国家尤其是西方国家的理解和认同。最后，增强社会主义核心价值观话语体系的适应性。加强核心价值观的对外传播，就要通过内容和形式的转换，尊重外国的文化传统，利用外国人能够听懂的语言习惯和思维方式，讲好中国故事，讲好百姓故事，传递中国核心价值理念。

2. 优化"走出去"的文化内容

文化"走出去"过程中，内容的选择尤为必要，是构成中国文化核心竞争力的最重要因素，直接关系到对外传播效果的优劣。

首先，要全面梳理传统文化的精髓与时代精神。传统文化是一个国家和民族身份的重要标志，是一国的文化优势之所在，是世界文化体系中的重要组成部分。改革开放之前，尤其是"文化大革命"，给中国的传统文化造成了极大的损害。改革开放之后的相当长的一段时间内，中国传统文化的重要性并未得到应有的重视，导致文化领域的改革开放严重滞后，对经济等其他领域的进一步改革开放和国家综合实力产生了严重的掣肘作用。在当前的文化"走出去"战略实施过程中，要以科学性和时代性为准绳，注意从各个领域梳理、凝练传统文化，取其精髓、去其糟粕，列为对外传播的重要内容。除此之外，在文化"走出去"内容体系确定上不但不能止步于传统文化，而且还要梳理凝练中华人民共和国成立以来的时代精神，如"两弹一星精神""大庆精神""雷锋精神""抗震救灾精神""航天精神"等，将这些能够提供正能量的时代精神也纳入对外传播的范围之中。只有这样，才能筑牢中华文化国际影响力的根基。

其次，正确处理文化的民族性和世界性的关系。在文化内容的选择上，既要注重文化的民族性，又要注重文化的世界性。中国文化输出遇阻，其中一个很重要的原因便在于中西方在风俗习惯、思维方式、文化传统、宗教信仰等方面存在许多巨大的差异，这使外国民众在接受中国文化时的难度较大。在这种情况下，不注重传播形式和技巧而片面强调民族特质只会导致文化"走出去"效果的大打折扣，甚至出现"越是民族的越难以接受"的负面后果。因此，要实现文化产业国际市场份额的增加，中国思想文化为世界其他国家认同，就要彰显文化的世界性。文化的世界性是指"特定民族文化的价值系统包含有超越本民族利益而为别的民族文化所缺少的有益成分"①。在"走出去"的文化产品的内容选择上,要充分考虑他国民众的文化传统和接受习惯,将中国传统文化以及各个时代精神中含有人类普遍人文关怀的内容转化为他国民众能接受的方式来进行传播,这样才能重新树立近代以来中国文化在这些地区的认可度,提高其影响力和辐射力,实现"各美其美,美人之美,美美与共,天下大同"②的理想状态。

3. 培育壮大市场主体,推动多元发展

当前,中国国有文化企业集约化、规模化程度并不高,民营文化企业政策限制等因素,导致文化产业国际竞争力不强。因此,必须培育和打造具有国际竞争力的外向型企业,使之成为文化"走出去"的战略主体。

首先,推动国有文化企业的并购与重组,发挥国有大中型文化企业的主导作用。中国文化产业获得长足发展,规模不断扩大,形成了一批大型文化企业集团,在发展文化产业和繁荣文化市场方面发挥着主导作用,在处理文化产业经济效益与社会效益的关系中发挥示范作用,在传播社会主义核心价值观中发挥先导作用。但是同国际跨国集团相比,仍存在相当的差距,仅迪士尼集团2019年的营业收入(550亿美元)就接近中国文化企业30强的总和。这就要求我们"必须毫不动摇地支持和壮大国有或国有控股文化企业","培育一批核心竞争力强的国有或国有控股大型文化企业或企业集团"③。从战略和整体高度支持骨干文化企业积极发挥资源优势和品牌优势,通过市场化整合、行政划拨等手段,促进骨干企业跨媒体、跨行业、跨区域实现多元重组,实现文化生产要素的自由流动,培育产业链完整、市场竞争力强的大型文化产业集团,产生国际影响力,最终体现文化企业的

---

① 李宗桂:《传统文化与人文精神》,广东人民出版社1997年版,第20页。
② 《费孝通文集》第14卷,群言出版社1999年版,第166页。
③ 《十七大以来重要文献选编》(下),中央文献出版社2013年版,第574页。

第五章　中国文化产业价值取向建构的对策性思考

社会与经济价值的双赢；其次，鼓励、引导和规范民营资本投资文化产业，发掘民营文化企业的潜力。民营文化企业，规模小、形式创新、经营方式灵活、内容多元生动，在形式上更容易为国外民众接受。近年来，随着民营文化企业资本原始积累的完成和技术上的逐渐成熟，民营文化企业自主创新意识不断觉醒，原创能力不断增强，市场控制能力和核心竞争力进一步增强，出现了一批上档次、成规模的大型文化企业。但民营文化企业的经济效益与社会效益并未得到充分彰显。中国的民营文化企业同样有国家观念，同样有大局意识和社会责任感，"对民营文化企业来说，讲政治，摸准政治的脉搏就如同摸准市场的脉搏一样重要。"① 因此，完善文化市场准入机制，推动民间资本进入文化市场，"降低社会资本进入门槛，允许参与对外出版、网络出版，允许以控股形式参与国有影视制作机构、文艺院团改制经营。"② 重点培育一批竞争力强的民营文化企业，开展与跨国集团合作，合资、合作兴办文化产业项目，形成增强文化产业国际竞争力的一个新的重要支撑点。

## 第四节　树立文化消费的正确导向

文化消费是文化产品创作和生产的目的，也是文化产业发展的动力，决定着文化产业发展的方向。文化产业的特殊性不仅对于文化生产有很高要求，而且对文化消费也提出了很高的要求。人不仅是文化生产的主体，而且也是文化消费的主体，消费主体自身文化素质状况直接决定了文化生产和再生产的过程及结果。因此，树立文化消费的正确导向，提高消费主体的文化素质，塑造文明的文化消费者成为中国文化产业健康发展的主体保障。

---

① 《文化体制改革与文化发展实务》，山东人民出版社 2009 年版，第 249 页。
② 《中共中央关于全面深化改革若干重大问题的决定》，《人民日报》2013 年 11 月 16 日第 1 版。

## 一　坚持文化消费正确取向

国民的文化消费取向与文化产业的健康发展息息相关。消费者对文化产品和服务整体上的价值判断、消费需求和消费水准直接影响文化产品的文化层次和文化取向。我们可以通过引领国民的消费取向来影响消费行为，进而引导文化产业的生产、交换、消费乃至价值追求。

### （一）警惕消费主义的影响

消费主义是一种生活方式，"消费的目的不是为了实际生存需要的满足，而是为了被现代文化刺激起来的欲望的满足。换句话说，人们消费的不是商品和服务的使用价值，而是它们在一种文化中的符号象征价值。"[①] 法国的鲍德里亚在《消费社会》一书中指出大众传媒对消费主义的盛行起着重要的作用；美国的波兹曼在《娱乐至死》一书中认为，大众文化的发展改变了公众话语的内容、意义和效果，导致一切公共话语都以娱乐的形式出现，文化内容成为娱乐的附庸，并成为一种文化精神。

对于文化消费的价值评价主要来自两方面，一方面是文化消费的伦理评价，即文化消费对于人和社会发展的善与恶；另一方面是经济评价，即文化消费对经济发展的利与弊。消费主义主导下的文化产业的娱乐化和庸俗化生产目的不是满足消费者的实际需求，而是为了利润去创造需求；不是为了消费者或全社会的利益，而是为了生产者的利润。其直接的后果就是促使各种文化形式向可消费性转变并培育出具有消费主义人格的社会成员。

这些年，不仅文化的形态发生了基本的改变，而且文化的生产和消费取向也发生了变化，出现了消费主义的倾向。某些文化生产和经营者把文化消费定位于欲望释放和感官刺激上，重视物质消费，轻视

---

[①] 陈昕：《救赎与消费：当代中国日常生活中的消费主义》，江苏人民出版社 2003 年版，第 7 页。

第五章　中国文化产业价值取向建构的对策性思考

精神文化消费，重视个人享乐，忽视人的精神价值和个人发展的现象。① 超级女声、快乐女声、中国达人秀等无不是受消费主义的主导，消费至上、享乐第一是其主导趋势，其文化的内容与主体对他们的消费方式以即时性、致娱性、消遣性为主要特征，世俗化、娱乐化和媚俗化的观念贯穿生产、传播和消费的全过程。② 当然，消费主义文化不能一点也没有，但是不能成为主流，因为其缺少致思、唯善、审美和崇真的特质，没有任何创造精神可言。文化作为人类一种高度自觉的行为，其生产和消费不能完全听任市场法则和资本逻辑的摆布，其真、善、美的崇高价值也无法用金钱的价值衡量。

当前中国已开启全面建设社会主义现代化国家新征程，文化产业必须坚持把社会效益放在首位，以促进人的全面发展为终极目标。这是因为中国文化产业的定位不仅是先导性、战略性和支柱性的新兴朝阳产业，而且也是"满足人民多样化精神文化需求的重要途径，是促进社会主义文化大发展大繁荣的重要载体"③。

（二）尊重文化消费的自主选择权

马克思指出：消费不仅是一种经济行为，在其本质上消费是"人的实现或现实"④，文化消费选择体现着人自身的规定性，渗透着人的目的和意图。在社会主义市场经济条件下，社会公众是文化消费的主体，市场是提供文化产品和文化服务的主渠道，社会主义市场经济体制的确立不仅改变了生产方式，也改变了生活方式和消费方式，尊重公众文化消费的自主选择权是社会主义市场经济发展的必然要求。

改革开放以前，公众缺乏文化消费自主权，社会上流行的是以群体的消费观念取代个体消费观念，以文化产品的政治功能、社会功能取代娱乐功能、审美功能，文化消费是教化和宣传，公众选择是迷信

---

① 尹世杰：《关于消费文化的几点思考》，《消费经济》1995年第4期。
② 宋建林：《关注人民群众的文化消费取向》，《中国文化报》2013年12月30日第3版。
③ 汉滨文广旅游局：《文化产业发展政策汇编》，江南印务有限公司2016年版，第109页。
④ 《马克思恩格斯全集》第42卷，人民出版社1979年版，第121页。

和盲从。① 随着居民收入水平的提高，人们的消费需求发生变化，由生存型消费向享受型消费转变，由重物质消费向重精神消费转变，文化需求不断扩大，文化消费出现多元化和多样化的趋势，人们的文化消费有了更多的自主选择权。自主选择权是消费者依法享有的权利，尊重公众的文化消费的自主权就是尊重消费者在文化消费中的主体地位，尊重消费者在文化消费中的自主权和选择权。公众的觉悟、追求、文化程度、爱好是有差异的，不同的人群的文化消费的取向、趣味和审美不尽相同，凸显了公众文化消费的多样性和特殊性，文化消费应从消费主体的差异性出发，考虑人的主体精神的独特性，充分尊重消费者在文化消费中正当权利。

尊重公众的文化消费的自主权，并不是简单的"以市场为导向"。当前公众文化消费也存在一些问题，如文化消费整体层次偏低、知识性文化性消费与娱乐性消费严重失衡等问题，国家对公众的文化消费应本着在自主选择的基础上实现培育、引导和管理，对公众文化消费的管理由过去的单一的行政手段转变到依靠法律、行政、经济等手段的综合管理与引导，通过价格、税收信贷等调节手段引导文化消费，鼓励和引导文化消费应该适应城乡消费结构的变化和公众多方面、多层次的文化需求。

（三）树立正确的文化消费观念

居民文化消费取向与其文化消费观念息息相关。文化消费观念是指人们对文化消费的内容、质量、方式、结构的评价或价值取向，是消费者心理结构的核心。它反映着消费主体所处的社会文化环境对其消费心理的影响和制约，规定着消费主体的消费行为的基本特点和行为取向，反映着消费主体的文化素养和生活品位。合理健康的文化消费观对人的全面发展、社会文明进步具有重要意义。

随着文化产业发展，以文化消费为主线的新型消费观念逐渐兴起，出现了文化需求多样化的趋势。文化消费观念的多元化反映了社会的进步和思想的解放，体现了不同的文化声音的良性发展状态，但

---

① 王文章：《中国先进文化论》，文化艺术出版社2004年版，第245页。

是我们也看到各种不科学、不合理的消费观念和消费行为逐渐凸出，诸如偏功利少爱好、大众趣味庸俗化和崇外主义等消费理念和活动中的误区，造成了道德取向混乱、价值取向迷茫。面对多样多变的文化消费观念及其存在的问题要充分认识、不断调整、加强引导。

首先要继续加强宣传教育，使人们认识到精神文化消费的重要意义。要以大众喜闻乐见的方式，通过广播、电视、报纸、杂志等大众媒体加强文化消费观念教育，让科学合理的消费理念、思维方式和消费行为规范融入百姓多元化、商品化和个性化的日常文化活动之中，使人们正确认识文明、健康的文化消费消费观及其积极意义，形成高尚、进步的文化消费意识。其次，要通过各种手段引导和培养人们的消费观念。要坚持社会主义先进文化的指导，包容各种不同的文化消费理念，建立有利于社会文明进步的文化消费理念。要加强对大众文化消费的研究，了解各阶层、各群体和各种不同的消费心理和需求，引导人们根据当前社会发展实际情况和消费主体本身的经济水平、文化能力进行合理消费，提高消费层次，增加知识性、教育性文化消费。最后，正确对待文化消费、物质消费，正确对待群众需求的"雅与俗"，改变落后的消费习惯和消费行为，反对奢靡、颓废和腐朽的文化消费风气，引导居民自觉地以不断提高文化素质、满足精神享受、实现自我全面发展为目的、追求较高生活品质为目的，逐步形成观念先进、消费合理、结构优化和方向正确的文化消费观。

## 二 提高文化消费水平

文化消费不仅是培育健全人格的根本因素，而且也是社会文明进步的重要标志。文化消费水平不仅是反映个人文化修养和素质的重要因素，也是衡量一个国家历史文化积淀、社会文化氛围和国民文化素养的晴雨表。

（一）扩大文化消费规模

文化市场规模同文化产业的社会效益是成正比的，经济效益与社会效益相统一是在文化消费的环节实现的，相统一的一个重要标准就是人民群众喜欢不喜欢、是否愿意花钱购买和消费。李长春指出："在社会主义市场经济条件下，人们越来越多地通过市场满足文化需求，购买优秀文化产品的人越多，受教育的面就越大，社会效益就越广泛，经济效益也就越好。"① 从这个意义上讲，没有一定的规模的文化消费市场空间，就没有经济效益，社会效益也就难以落实。

现阶段，中国居民消费结构不合理，文化消费水平整体偏低，居民文化消费占人均收入的比例不高。根据中国人民大学文化科技园、中国人民大学文化产业研究院2021年2月3日发布的"2020中国文化产业系列指数"，中国人均文化消费支出和占比持续下滑，2016—2017年中国居民人均文化娱乐消费支出增长较快，但近两年来不升反降。中国居民人均文化娱乐消费支出（不含教育）占总消费支出的比重也在持续下降，由2015年的4.8%一路下滑至2019年的3.9%。② 而同时期美、英、德、法等国"休闲与文化"支出的比重为9.18%、9.83%、9.11%、7.99%。可见，中国的文化消费潜力还远远没有释放出来，扩大文化消费任重道远。同时文化产品定价较高，广大中低收入群体难以承受，致使文化市场潜在需求不能转化为现实消费。

扩大文化消费首先要利用市场机制解决文化产业资源配置不合理、不科学的问题，解决文化产业供需不平衡、对接不到位的问题。其次，要解决文化产品价格与消费者收入不对称的问题，"减免文化产业相关税费，降低文化产品生产、宣传、演出成本。"③ 政府相关部门要进一步规范文化产品价格，鼓励向社会提供物美价廉的文化产品，确保不同收入水平的消费者享受得起文化产品和文化服务，从而培育更多的消费主体，确保文化公平。最后，要提高居民可支配收入，就要降低医疗、住房、教育成本，提高居民文化消费在居民收入

---

① 李长春：《深入学习实践科学发展观 推动社会主义文化大发展大繁荣》，《求是》2008年第22期。
② 曾繁文：《2020中国省市文化产业发展指数结果深度解读》，https://mp.weixin.qq.com/s/tH_TXIoODs093VU0J1X97A
③ 蔡虹：《中国文化产业发展仍需苦练四项内功》，《中国经济周刊》2014年第20期。

第五章 中国文化产业价值取向建构的对策性思考

中的比例，确保文化消费支出不断增长。此外，还要加大文化消费市场对外开放力度，加强文化的国际交流，吸引世界各国优秀文化成果丰富中国文化市场，提高中国人民精神文化生活水平。

（二）优化文化消费结构

提高文化消费水平不仅要扩大文化消费规模，而且还要优化文化消费结构，平衡城乡文化消费、娱乐消费与知识性、教育性文化消费的关系。

当前中国文化消费结构不尽合理，文化消费层次失衡，娱乐消费与知识性、教育性文化消费发展不平衡，表层的、泛娱乐的文化消费盛行，文化品位较高、内涵较高的文化需求增长不大。在城乡文化消费比例关系的态势上，城乡文化消费结构失衡，农村文化消费严重滞后。《中国统计年鉴2021》相关数据显示，城乡居民人均教育文化娱乐支出比均维持在2倍左右（见表5.1），城乡文化消费鸿沟巨大。因此，基于以上问题，要进一步优化文化消费结构，需要从以下几方面努力。

表5.1　城乡居民人均教育文化娱乐支出对比情况

|  | 2014年 | 2015年 | 2016年 | 2017年 | 2018年 | 2019年 | 2020年 |
| --- | --- | --- | --- | --- | --- | --- | --- |
| 城镇居民人均教育文化娱乐支出（元） | 2142.3 | 2382.8 | 2637.6 | 2846.6 | 2974.1 | 3328.0 | 2591.7 |
| 农村居民人均教育文化娱乐支出（元） | 859.5 | 969.3 | 1070.3 | 1171.3 | 1301.6 | 1481.8 | 1308.7 |
| 城乡居民人均教育文化娱乐支出比 | 2.49:1 | 2.46:1 | 2.46:1 | 2.43:1 | 2.28:1 | 2.25:1 | 1.98:1 |

资料来源：根据《中国统计年鉴2021》整理而成。

首先，建立合理的文化消费结构就要增加文化产品的有效供给。要增强文化产业的原创能力、挖掘优秀创意，创作生产更多优秀文化产品。不仅要生产受到广泛认同的精品力作和拳头产品，而且要生产质优价廉、群众喜闻乐见的大众文化产品；要丰富文化消费层次，拓展大众文化消费市场，开发特色文化消费。支持企业创新生产形式，加快构建文化传播体系，生产和提供多品种、多形式、多层次的文化产品和服务，满足不同层次消费者的精神文化需求。其次，优化文化消费结构要坚持社会主义先进文化的引领。优化文化消费结构目的在于满足人的精神文化需要、促进人的素质的提高，这与社会主义先进文化发展的目的是一致的。要向消费者灌输文化消费意识，加强对文化消费选择性的引导，提升文化消费品位和文化消费层次。最后，构建城乡联动的文化消费机制，改善城乡文化消费失衡现象。要适应全球化发展的需要，创新城乡文化互动机制，把城市文化与农村文化作为一个有机整体统筹兼顾，协调发展，在各种文化的互动交流中强化城乡文化整合意识。

（三）提高文化消费品位

在社会主义市场经济条件下，文化产业是满足人民群众精神文化需求的重要途径，文化消费是衔接文化产业与人民群众精神文化需求的桥梁和纽带，文化消费品位的高低直接反映了国民的素质和文化消费取向。关注小康社会文化消费取向变化、不断提升人们的文化消费品位对于社会主义文化产业发展具有重要的意义。

坚持正确的文化消费取向不仅要尊重公众的文化消费自主选择权，而且还依赖于公众的文化消费品位的提高。公众的文化消费品位有高低之分，影响公众文化消费品位的因素有文化水平、价值观念和职业背景等。随着文化产业不断发展，文化内容和质量不断提高，对公众的文化水平和文艺鉴赏能力要求越来越高，需要进一步提高人们的理解力、领悟力、辨别力和接受力，帮助人们选择更有价值和意义的文化产品。当前大众文化消费出现了低俗化和非理性倾向，容易导致文化产品的娱乐因素与人文精神失衡；同时大众文化还具有偏离社会主义政治和道德的倾向，推崇感性价值观和享乐主义，排斥主流文化。这些都要求我们进一步提升公众文化消费品位。

文化消费取向与公众的文化背景和消费观念密切相关，不同人群的文化消费品位各异。公众对自身消费需求和消费品位，既有现

第五章 中国文化产业价值取向建构的对策性思考

实上的满足,又有理论上的知悉,这就要求对公众提供消费教育,提高消费品位。"人人参与文化"和"人人享受文化"已经成为社会发展的共识,要普及和提高群众的文艺知识,提高公众的文化消费品位,培养群众的文艺鉴赏能力。通过鼓励商业演出和电影放映中安排低价票,国有的已全免费,逐步提高公众的审美品位和审美能力;通过新闻媒体等宣传正确的文化消费观念,引导居民形成正确的文化消费意识,提升文艺鉴赏能力;通过增加大众文化中高雅文化内容,提高文化产品的社会意义和审美格调,警惕大众文化走向庸俗。

### 三 提高国民整体文化素质

"文化消费本质上是一种文化解码行为,只有一个人拥有了特定的文化解码能力,文化内容和产品才具有意义和旨趣。"[1] 国民文化消费取向的确立、文化消费水平的提高最终取决于国民文化素质的提高,国民文化素质提高是引领文化产业价值取向的关键环节。一个国家的文化产业发展情况,一个社会人群的文化消费水平,一个国家国民的精神生活状态,与国民整体文化素质密切相关,文化产业建设必须落脚到国民文化素质的改良与提升上。国民文化素质不仅取决于经济社会发展水平,而且取决于文化教育状况,现阶段提高国民文化素质应从以下几方面着手。

首先,合理调整国民收入分配,提高居民收入水平,是提高国民素质的物质条件。物质生活条件的改善是提升国民素质的先决条件,它不仅直接决定了国民整体素质的提升,而且影响了文化消费结构的优化。随着经济发展和城乡居民收入水平的提高,中国居民生活消费进入转型期,但是城乡居民文化消费仍然滞后,文化消费在居民消费结构中的比重仍然偏低,文化消费需求尚未充分释放。因此,要合理调整收入分配制度,保障居民收入水平持续增加,扩

---

[1] 郭万超:《培育文化消费应成为中国文化发展的战略重点》,《中国文化报》2013年9月28日第2版。

大中产阶层规模，同时要减轻居民住房和教育支出，降低居民文化消费成本，增加居民休闲时间，进一步增加文化消费的比重、优化文化消费结构。

其次，大力发展国民教育、提高文化层次，是提高国民文化素质的重要手段。文化消费是一种知识化、文化化的消费，需要消费者具备相应的文化素质，其中包含人们对文化产品的鉴别能力和欣赏能力，而教育是提高人们文化知识水平的前提和基础。由于中国受教育水平总体不高，文化消费能力偏低，文化消费观念滞后，导致知识性、发展性消费受冷落，娱乐性、消遣性消费火爆。

国民教育是提高国民素质的重要手段，可以增强文化消费的能力和提高文化生产的动力源，可以培育和壮大文化生产和消费主体。受教育程度越高，文化知识水平就会相应提高，文化消费能力和消费意愿就相应增强。消费者的文化素质决定了文化消费能力和意愿，国民文化素质的提高是实现文化产业又好又快发展的基础条件。根据调查，城镇居民文化消费情况与受教育程度呈正相关，受教育程度越高，人均可支配收入、文化消费支出、文化娱乐服务比重就越高，尤其是大专以上学历人群的文化消费意愿明显高于高中或中专以下学历的人群。根据《中国住户调查年鉴2021》相关数据，2020年中国居民家庭基本情况的"户主文化程度"占17.8%，其中城镇居民户主大专以上文化程度占比为29.5%，农村居民户主大专以上文化程度占比为1.8%[1]，文化程度上的差异成为继居民收入后又一影响文化消费情况的重要因素。

最后，加大社会文化建设、培养国民的文化修养，是提高国民素质的必要条件。文化的生产、传播和消费涉及人们的认知能力、判断能力、感悟能力、鉴赏能力、审美能力等为表征的综合素质，优秀的文化作品需要优秀的消费者去鉴赏。国民较高的思想道德素质和科学文化素质是进行文化创作和消费的前提条件，正如马克思所言："如

---

[1] 国家统计局住户调查司：《中国住户调查年鉴2021》，中国统计出版社2021年版，第9、18、27页。

## 第五章　中国文化产业价值取向建构的对策性思考

果音乐很好，听者也懂音乐，那么消费音乐就比消费香槟酒高尚。"[1]俗话说"文化化人，艺术养心"，要通过宣传教育，通过影视作品评介、文学艺术讲座、音乐鉴赏等形式介绍其思想内容、文化内涵、艺术特色，帮助人们树立有利于培养高雅情趣、有利于社会文明进步的消费理念。

---

[1] 《马克思恩格斯全集》第33卷，人民出版社2004年版，第361页。

# 结论与展望

本书从马克思精神生产理论视域,综合运用多学科的知识以及多种研究方法,对中国文化产业发展的价值取向问题进行了系统的探讨。本书既探讨了马克思精神生产理论,并以之为指导探讨了中华人民共和国成立以来中国文化产业发展的价值取向的历史演变及其特征、当前中国文化产业发展价值取向的现实问题,同时在借鉴国外文化产业价值取向建构的基础上提出了相应的解决途径。行文至此,结论如下。

(一)文化产业发展的价值取向问题是文化产业理论研究的重要问题。探讨这一问题,具有重要的理论意义与实践意义。其理论意义在于:有助于深化对马克思精神生产理论及马克思主义整体性的研究,有助于开拓马克思主义中国化研究的新领域,完善中国特色社会主义理论体系。其实践意义则包括:加强对文化产业价值取向的研究有助于发挥文化产品的引领功能,有助于增强党的文化领导权,有助于实现人的自由全面发展。

(二)中国的文化产业本质上是以马克思主义为指导思想,以满足人民群众精神文化需求为目的,以文化为生产要素,通过产业化和工业化方式提供文化产业和服务的经营性活动的行业总称。文化产业具有以下内涵:第一,文化产业以文化为核心要素,文化规定了文化产业的本质属性,文化产业与其他普通产业不同,具有特殊的精神和文化属性,因此文化产业发展必须将社会效益放在首位;第二,文化产业由企业群组成,是独立的市场主体,这就决定了在经济层面文化企业以利润为主要目的;第三,文化产业是文化建设重要组成部分,必须坚持社会主义先进文化的前进方向，坚持社会主义核心价值观的引领。

（三）当前中国文化产业价值取向的问题主要集中在四个方面。其一，文化产品的思想性有待提升，表现有：国内文化产业发展对真、善、美价值追求的淡化、对主流价值观的疏离，国外文化产品对主流价值观的挑战。其二，文化产品艺术性有待提高，表现有：文化产业发展的过度商业化倾向、"三俗"倾向、价值观扭曲、泛娱乐化现象。其三，文化产品民族性有待增强，表现有：民族传统文化面临边缘化的危险、行为方式上的崇外主义、民族文化资源流失。任何一个国家要发展自己的文化产业就要充分利用本国的传统文化，追寻自己文化传统，保护民族文化资源，认识自己的文化特性，这是发展文化产业的一个重要前提。其四，文化产品国际认同度有待改善，表现有：国际文化市场份额低、国际文化传播存在误读、国家形象塑造存在偏差。以上四个方面是正确实现中国文化产业价值取向所要着力解决之处。

（四）正确实现文化产业发展的价值取向，克服文化产业发展所带来的消极问题，是发达国家和发展中国家所共同面临的问题。以美国为代表的西方发达国家为中国的文化产业发展的价值取向研究提供重要的启示。这些启示主要有：应高度重视文化领导权问题、加大社会主义核心价值观对文化产业的引领、注重文化产业政策的规范与引导、重视文化软实力的构建。这些措施都是各个国家在发展文化产业、实现文化产业合理化价值取向的共性做法，中国在文化产业发展过程中要积极借鉴。然而西方发达国家有着其自身不能克服的局限性，以及文化产业发展过程中显现的个人主义、功利主义等问题将进一步制约其文化产业建设在满足人民的精神文化需求及实现人的全面发展方面的功能发挥。相比之下，中国的社会主义市场经济体制及政治制度优势为实现文化产业跨越式发展、经济效益与社会效益的综合平衡提供了坚实的基础。

（五）要正确实现中国文化产业发展的价值取向，首先要明确中国文化产业发展与社会主义核心价值观的内在关联。文化产业不仅具有产业属性,而且具有文化形态,这种双重身份就决定了文化产业将以自己特殊的方式参与社会主义核心价值观的培育与践行。同时,社会主义核心价值观又正确引领着中国文化产业发展方向。其次,要明确中国文化产业发展的价值取向的目标选择。中国文化产业发展的目标可以分为两个层次:最高目标和基本目标,其中最高目标是促进人的全面发展,表现有:确立以人为本的发展理念、满足人民群众多样化的精神文化需求、体现人民群众的主体地位和提高公民的素质等。基本目标为服从和服务于社会主义现代化建设的大局,表现有:政治目标、经济目标和文化目标。评价原则包括坚持为人民服务和为社会主义服务相统一原则、经济效益与社会效益相统一原则、先进性与广泛性相统一原则、民族性与时代性相统一原则等。

(六)党的十七届六中全会指出,"中国共产党是中国先进文化的积极倡导者和发展者,党始终把文化建设放在党和国家全局工作重要战略地位。"坚持中国特色社会主义文化发展道路,深化文化体制改革,要培养高度的文化自觉和文化自信。党的十八大指出,扎实推进社会主义文化强国建设。党的十八届三中全会提出,培育和践行社会主义核心价值观,完善文化管理体制,健全坚持正确舆论导向的体制机制,建立健全现代文化市场体系,健全文化产品评价体系。党的十八届四中全会指出,建立健全"坚持社会主义先进文化前进方向、遵循文化发展规律"[①]的文化法律制度。依据以上策略,结合中国文化产业发展的实际,借鉴国外实现文化产业价值取向的经验与教训,提出正确实现中国文化产业价值取向的对策建议,主要包括:发挥社会主义核心价值观的引领作用、加强和改进党和政府对文化产业的领导与管理职能、增强文化产业发展的自觉意识、树立文化消费的正确导向。以上措施多策并举,多方联动,有机结合,必将逐步超越资本逻辑,推动中国文化产业实现经济效益与社会效益的有机统一,向着建设社会主义文化强国的宏伟目标阔步前进。

---

[①] 《中共中央关于全面推进依法治国若干重大问题的决定》,《人民日报》2014年10月29日第1版。

本书充分坚持了马克思主义的立场、观点和方法，致力于理论研究服务于社会实践。然而由于研究问题本身的复杂性，加之本人学术视野所限，本书还存在不少粗浅和需完善之处。例如，本书在对国内文化产业价值取向演变进行分析归纳时有待进一步的思考和研究；对国外文化产业发展情况掌握不够细致，在资料来源上，主要来自国内译著，势必会影响到资料的全面性、准确性及时效性。

# 参考文献

《马克思恩格斯选集》第 1—4 卷，人民出版社 2012 年版。
《马克思恩格斯文集》第 1—10 卷，人民出版社 2009 年版。
《马克思恩格斯全集》第 1 卷，人民出版社 1991 年版。
《马克思恩格斯全集》第 3 卷，人民出版社 2002 年版。
《马克思恩格斯全集》第 6 卷，人民出版社 2009 年版。
《马克思恩格斯全集》第 13 卷，人民出版社 1995 年版。
《马克思恩格斯全集》第 21 卷，人民出版社 1995 年版。
《马克思恩格斯全集》第 30 卷，人民出版社 1995 年版。
《马克思恩格斯全集》第 31 卷，人民出版社 1998 年版。
《马克思恩格斯全集》第 33 卷，人民出版社 2004 年版。
《马克思恩格斯全集》第 37 卷，人民出版社 1995 年版。
《马克思恩格斯全集》第 44 卷，人民出版社 2001 年版。
《马克思恩格斯全集》第 47 卷，人民出版社 2001 年版。
《资本论》第 1—3 卷，人民出版社 2004 年版。
《德意志意识形态》，人民出版社 2003 年版。
《列宁选集》第 1 卷，人民出版社 1995 年版。
《列宁选集》第 3 卷，人民出版社 1995 年版。
《列宁选集》第 4 卷，人民出版社 1995 年版。
《列宁选集》第 6 卷，人民出版社 1986 年版。
《列宁选集》第 10 卷，人民出版社 1958 年版。
《列宁选集》第 22 卷，人民出版社 1995 年版。
《列宁选集》第 30 卷，人民出版社 1985 年版。
《列宁选集》第 33 卷，人民出版社 1987 年版。

《列宁选集》第34卷，人民出版社1985年版。
《列宁选集》第36卷，人民出版社1985年版。
《列宁选集》第38卷，人民出版社1986年版。
《列宁选集》第39卷，人民出版社1986年版。
《列宁选集》第42卷，人民出版社1987年版。
《列宁选集》第43卷，人民出版社1987年版。
《列宁选集》第51卷，人民出版社1988年版。
《毛泽东选集》第2卷，人民出版社1991年版。
《毛泽东选集》第3卷，人民出版社1991年版。
《周恩来选集》（下），人民出版社1984年版。
《邓小平文选》第2卷，人民出版社1994年版。
《邓小平文选》第3卷，人民出版社1993年版。
江泽民：《论党的建设》，中央文献出版社2001年版。
《江泽民文选》第3卷，人民出版社2006年版。
《建国以来重要文献选编》第3册，中央文献出版社2011年版。
《建国以来重要文献选编》第4册，中央文献出版社2011年版。
《建国以来重要文献选编》第6册，中央文献出版社2011年版。
《建国以来重要文献选编》第8册，中央文献出版社2011年版。
《建国以来重要文献选编》第19册，中央文献出版社2011年版。
《十三大以来重要文献选编》，中央文献出版社1993年版。
《十四大以来重要文献选编》（上），人民出版社1996年版。
《十四大以来重要文献选编》（下），人民出版社1999年版。
《十四大以来重要文献选编》（下），中央文献出版社2011年版。
《十五大以来重要文献选编》，人民出版社2000年版。
《十五大以来重要文献选编》（中），人民出版社2001年版。
《十六大以来重要文献选编》（上），中央文献出版社2005年版。
《十七大以来重要文献选编》（上），中央文献出版社2009年版。
《十七大以来重要文献选编》（下），中央文献出版社2013年版。
《十八大以来重要文献选编》（上），中央文献出版社2014年版。
商业部办公厅：《1988商业政策法规汇编》，中国商业出版社1989

年版。

《苏联共产党代表大会、代表会议和中央全会决议汇编》第 2 册，人民出版社 1964 年版。

《文化部"十二五"时期文化产业倍增计划》，2012 年 2 月 23 日。

《中共中央关于社会主义精神文明建设指导方针的决议》，1986 年 9 月 28 日。

中共中央办公厅：《关于培育和践行社会主义核心价值观的意见》，2013 年 12 月 23 日。

中共中央宣传部干部局、中共中央宣传部文化体制改革和发展办公室编：《德国文化产业概观》，中华书局 2010 年版。

中国外文局：《中国国家形象全球调查报告 2013》，中国外文局 2014 年版。

中宣部、文化部、广播电影电视部：《关于当前繁荣文艺创作的意见》，1991 年 3 月 1 日。

［晋］司马彪、［梁］刘昭注补：《后汉书》卷 1—34，吉林人民出版社 1995 年版。

报纸经营协会：《报业纵横谈》，四川人民出版社 1991 年版。

鲍宇：《整合与重构：全球化视阈下的中国文化重构》，原子能出版社 2007 年版。

蔡尚伟、温洪泉：《文化产业导论》，复旦大学出版社 2006 年版。

陈独秀：《文化运动与社会运动》，载龚海燕《海上文学百家文库》（014），上海文艺出版社 2010 年版。

陈立旭：《市场逻辑与文化发展》，浙江人民出版社 1999 年版。

陈立旭：《先进文化：社会发展的新动力》，浙江人民出版社 2010 年版。

陈昕：《救赎与消费：当代中国日常生活中的消费主义》，江苏人民出版社 2003 年版。

陈煜：《中国生活记忆：建国 60 年民生往事》，中国轻工业出版社 2009 年版。

陈占安：《马克思主义大众化的历史经验》，北京人民出版社 2012 年版。

陈章龙、周莉：《价值观研究》，南京师范大学出版社 2004 年版。

丹增：《文化产业发展论》，人民出版社 2005 年版。

邓九平编：《张岱年哲学文选（下）》，中国广播电视出版社 1999 年版。

董立人：《精神产品社会价值及其生产导向研究》，清华大学出版社 2007 年版。

范玉刚：《道可道非——关于文化价值的祈想》，人民日报出版社 2011 年版。

范周：《中国文化产业新思考》，光明日报出版社 2010 年版。

费孝通：《从实求知录》，北京大学出版社 1998 年版。

《费孝通文集》第 14 卷，群言出版社 1999 年版。

傅华：《当代中国先进文化及其传播路径研究》，中央文献出版社 2007 年版。

傅显明、郑超然：《苏联新闻史》，新华出版社 1994 年版。

苟志效：《意义与符号》，广东人民出版社 1999 年版。

顾江：《文化产业研究》，东南大学出版社 2009 年版。

郭庆光：《传播学教程》，中国人民大学出版社 1999 年版。

韩震：《社会主义核心价值观五讲》，人民出版社 2012 年版。

何炼成：《价值学说史》，商务印书馆 2006 年版。

何群：《文化生产及产品分析》，高等教育出版社 2006 年版。

侯聿瑶：《法国文化产业》，外语教学与研究出版社 2007 年版。

胡惠林：《文化产业概论》，云南大学出版社 2005 年版。

胡惠林：《文化产业学》，高等教育出版社 2006 年版。

胡惠林：《文化产业学——现代文化产业理论与政策》，上海文艺出版社 2006 年版。

胡惠林：《文化产业与管理》，南开大学出版社 2007 年版。

胡惠林：《文化产业发展与中国新文化变革》，上海人民出版社 2009 年版。

胡惠林：《中国国家文化安全论》，上海人民出版社 2011 年版。

胡惠林：《国家文化治理：中国文化产业发展战略论》，上海人民出版社 2012 年版。

胡惠林、王婧：《2013：中国文化产业发展指数报告（CCIDI）》，上海人民出版社 2013 年版。

胡家祥：《审美学》，北京大学出版社 2000 年版。

胡绳主编：《中国共产党的七十年》，中共党史出版社 1991 年版。

胡月星：《胜任领导》，国家行政学院出版社 2012 年版。

花建：《产业界面上的文化之舞》，上海人民出版社 2002 年版。

黄力之：《马克思主义与资本主义文化矛盾》，河南大学出版社 2010 年版。

江流、陈之骅：《苏联演变的历史思考》，中国社会科学出版社 1994 年版。

蒋建国：《消费文化传播与媒体社会责任》，中国社会科学出版社 2011 年版。

金民卿：《大众文化论：当代中国大众文化分析》，中共中央党校出版社 2002 年版。

金元浦、陶东风：《阐释中国的焦虑——转型时代的文化解读》，中国国际广播出版社 1999 年版。

金元浦：《中国文化概论》，中国人民大学出版社 2007 年版。

景中强：《马克思精神生产理论研究》，中国社会科学出版社 2004 年版。

李德顺：《价值论》，中国人民大学出版社 1987 年版。

李德顺：《价值论：一种主体性的研究》，中国人民大学出版社 2013 年版。

李慎明：《居安思危——苏共亡党二十年的思考》，社会科学文献出版社 2011 年版。

李思屈、李涛：《文化产业概论》，浙江大学出版社 2007 年版。

李思屈等：《中国文化产业政策研究》，浙江大学出版社 2012 年版。

李文成：《精神的让度：试论精神商品及其生产》，河南大学出版社

1999 年版。

李向民、王晨：《文化产业：变革中的文化》，经济科学出版社 2005 年版。

李宗桂：《中国文化概论》，中山大学出版社 1988 年版。

李宗桂：《传统文化与人文精神》，广东人民出版社 1997 年版。

梁启超：《梁启超论中国文化史》，商务印书馆 2012 年版。

梁漱溟：《中国文化要义》，上海人民出版社 2011 年版。

林日葵：《艺术经济学与文化产业概论》，中央文献出版社 2011 年版。

林拓、李惠斌、薛晓源：《世界文化产业发展前沿报告（2003—2004）》（序一），社会科学文献出版社 2004 年版。

刘海贵：《中国报业发展战略》，上海人民出版社 2006 年版。

刘吉发、岳红记、陈怀平：《文化产业学》，经济管理出版社 2005 年版。

刘茜：《知识经济与文化产业》，文化艺术出版社 2002 年版。

刘云章：《马克思主义精神生产研究》，学苑出版社 2011 年版。

陆地：《英国文化产业》，外语教学与研究出版社 2007 年版。

陆扬、王毅：《大众文化与传媒》，上海三联书店 2000 年版。

罗国杰：《马克思主义价值观研究》，人民出版社 2014 年版。

罗争玉：《文化事业的改革与发展》，人民出版社 2006 年版。

马俊峰：《价值论的视野》，武汉大学出版社 2010 年版。

马龙闪：《苏联文化体制沿革史》，中国社会科学出版社 1996 年版。

马龙闪：《苏联剧变的文化透视》，中国社会科学出版社 2005 年版。

毛信德：《当代中国词库"价值取向条目"》，航空工业出版社 1993 年版。

农华西：《意识形态与核心价值体系建设》，湖南人民出版社 2007 年版。

欧阳坚：《文化产业政策与文化产业发展研究》，中国经济出版社 2011 年版。

欧阳友权：《文化产业概论》，湖南人民出版社 2007 年版。

钱穆：《文化与生活》，台北：乐天出版社1963年版。

秦宣：《邓小平政治文明思想研究》，甘肃人民出版社2004年版。

任光萱：《俄罗斯文化十五讲》，北京大学出版社2007年版。

汝信：《社会科学新词典》，重庆出版社1988年版。

沈志华：《一个大国的崛起与崩溃（下）》，社会科学文献出版社2009年版。

石云霞：《当代中国价值观论纲》，武汉大学出版社1996年版。

《苏联文学纪事》，生活·读书·新知三联书店1979年版。

《苏联文学艺术问题》，人民文学出版社1959年版。

孙安民：《文化产业理论与实践》，北京出版社2005年版。

唐任伍：《文化产业：21世纪的潜能产业》，贵州人民出版社2004年版。

唐日新、李湘舟、邓克谋：《价值取向与价值导向》，中南工业大学出版社1996年版。

王国敏、高中伟：《中国特色社会主义理论体系基本问题解析》，四川出版集团巴蜀书社2011年版。

王国敏：《社会主义核心价值体系多维理路研究》，四川大学出版社2011年版。

王国敏：《马克思主义中国化理论与实践研究》，四川大学出版社2014年版。

王文章：《中国先进文化论》，文化艺术出版社2004年版。

王建成、郭幼茂：《社会主义核心价值观五讲》，江苏教育出版社2012年版。

王亚南：《中国文化消费需求景气评价报告（2014）》，社会科学文献出版社2014年版。

王韶兴：《社会主义大厦：构筑·营造·坍塌·重建》，山东人民出版社1996年版。

王玉樑：《论理想、信念、信仰与价值观》，载王玉樑《理想、信念、信仰与价值观》，陕西人民出版社2001年版。

王正泉、姚渭玉：《苏联的演变与"人道的、民主的社会主义"》，中国人民大学出版社1997年版。

《伟大的十年——中华人民共和国经济和文化建设成就的统计》，人民出版社1959年版。

《文化体制改革与文化发展实务》，山东人民出版社2009年版。

闻一：《回眸苏联》，山东人民出版社2003年版。

吴迪：《中国电影研究资料1949—1979》中卷，文化艺术出版社2006年版。

吴克宇：《电视媒介经济学》，华夏出版社2004年版。

肖安鹿：《文化产业发展与文化大省建设》，甘肃文化出版社2012年版。

肖枫：《苏联解体我的解读：一个大国的崩溃 如何看 怎么办》，中共中央党校出版社2011年版。

肖贵清：《中国特色社会主义文化论》，中共党史出版社2006年版。

谢名家：《文化产业的时代审视》，人民出版社2002年版。

新华社新闻研究所：《苏联东欧剧变与新闻媒介》，新华出版社1993年版。

熊澄宇：《世界文化产业研究》，清华大学出版社2012年版。

杨宪邦：《对中国传统文化的再评价》，载张立文《传统文化与现代化》，中国人民大学出版社1987年版。

叶郎：《中国文化产业年度发展报告（2003）》，湖南人民出版社2003年版。

叶蒙狄、刘恩东：《中国文化产业发展的策略与路径》，杭州出版社2007年版。

叶书宗：《俄国社会主义实践研究》，安徽大学出版社2005年版。

尤战生：《流行的代价：法兰克福学派大众文化批判理论研究》，山东大学出版社2006年版。

玉华：《21世纪刑法的价值取向研究》，知识产权出版社2006年版。

张岱年：《中国文化概论》，北京师范大学出版社1994年版。

张骥：《中国文化安全与意识形态战略》，人民出版社2010年版。

张晓明、胡惠林、章建刚：《2010年中国文化产业发展报告》，社会科学文献出版社 2010 年版。

张晓明：《中国文化产业发展报告 2014》，社会科学文献出版社 2014 年版。

张伯镁、张一兵主编：《走进马克思》，江苏人民出版社 2001 年版。

赵家祥等：《历史唯物主义教程》，北京大学出版社 1998 年版。

赵景芳：《美国战略文化研究》，时事出版社 2009 年版。

赵一凡：《美国的历史文献》，生活·读书·新知三联书店 1989 年版。

《中国第三产业年鉴：1993》，中国统计出版社 1993 年版。

《中国统计年鉴 2003》，中国统计出版社 2003 年版。

周尚文、叶书宗、王斯德：《苏联兴亡史》，上海人民出版社 2002 年版。

周玉波：《文化产业与经济发展》，湖南师范大学出版社 2010 年版。

周忠高、商志晓：《事业产业——舞动当代中国文化建设的强劲两翼》，济南出版社 2013 年版。

朱世达：《当代美国文化》，社会科学文献出版社 2011 年版。

《社会主义核心价值观学习读本》，新华出版社 2013 年版。

庄晓东：《文化传播：历史、理论与现实》，人民出版社 2003 年版。

中国外文局：《中国国家形象全球调查报告 2013》，中国外文局 2014 年版。

中国外文局：《中国国家形象全球调查报告 2014》，中国外文局 2015 年版。

王岳川：《从文化拿来主义到文化输出》，载许静涛、徐沛君《摆脱逆差：文化输出与当代文化建设》，江西美术出版社 2009 年版。

艾斐：《文化产业的精神规范与价值取向》，《红旗文稿》2011 年第 22 期。

蔡虹：《中国文化产业发展仍需苦练四项内功》，《中国经济周刊》2014 年第 20 期。

《蔡武强调用新的文化发展理念解决中国文化发展中的问题》，《文化市场》2010 年第 5 期。

曾长秋：《马克思恩格斯文化产业思想探幽》，《中南大学学报》（社会科学版）2010 年第 4 期。

常卫：《论中国文化产业的战略性贸易政策选择》，《探索》2006 年第 6 期。

陈代湘：《人类自由与"美的规律"》，《湘潭大学学报》2000 年第 6 期。

陈立旭：《市场品性与文化品性》，《哲学研究》1997 年第 2 期。

陈立旭：《论文化产品的社会效益和经济效益》，《中国社会科学》1998 年第 5 期。

陈立旭：《论文化的超越性功能》，《中国社会科学》2000 年第 2 期。

陈志昂：《流行音乐的再批判》，《人民音乐》1990 年第 5 期。

程恩富：《论文化与市场经济的共生互动效应》，《复旦学报》（社会科学版）1994 年第 3 期。

范玉刚：《文化"走出去"要有新思维、新视野》，《中共中央党校学报》2011 年第 2 期。

范玉刚：《以社会核心价值的有效融入提升文化产业竞争力》，《中国党政干部论坛》2011 年第 12 期。

荀世祥、陶楠、吴筱卿：《新闻产品外部性经济特征探析》，《当代传播》2006 年第 2 期。

关世杰：《中国文化软实力：在美国的现状与思考》，《国外社会科学》2012 年第 5 期。

《国外文化产业理论与实践及借鉴意义——冯子标教授访谈》，《国外理论动态》2006 年第 1 期。

韩永进：《精神产品生产也要进行宏观调控》，《红旗文稿》（内部文稿）1996 年第 6 期。

何大隆：《英国：合力传播核心价值观》，《瞭望新闻周刊》2007 年第 22 期。

胡海波、郭凤志：《马克思恩格斯社会整体性视域下的精神生产理论》，《东北师范大学学报》（哲学社会科学版）2009 年第 6 期。

胡惠林：《论文化产业的属性与运动规律》，《上海交通大学学报》

（哲学社会科学版）2007年第4期。

胡惠林：《构建和谐世界与中国文化产业发展战略》，《社会科学》2008年第6期。

胡惠林：《论文化产业的公共责任》，《社会科学》2009年第10期。

胡晶晶、戴锐：《文化产业发展中主流意识形态的反思及责任定位》，《江苏大学学报》（社会科学版）2012年第3期。

《寰球传媒》，《现代视听》2012年第9期。

贾磊磊：《确立文化产业评价的文化维度》，《电影艺术》2010年第5期。

蒋斌、郑毅：《马克思关于精神生产是社会生产一部分的基本思想》，《学术研究》1998年第10期。

李春华：《发展文化生产应坚持正确的价值取向》，《理论学刊》2012年第1期。

李春华：《文化生产健康发展的主体保障》，《学术论坛》2014年第2期。

李德顺：《马克思主义价值观》，《江淮论坛》1992年第5期。

李其庆编译：《法国学者勒努阿谈市场与市场经济的效益和局限》，《国外理论动态》1992年第41期。

李长春：《深入学习实践科学发展观 推动社会主义文化大发展大繁荣》，《求是》2008年第22期。

李长春：《正确认识和处理文化建设发展中的若干重大关系 努力探索中国特色社会主义文化发展道路》，《求是》2010年第12期。

廖小平：《论改革开放以来价值观变迁的五大机制》，《北京师范大学学报》（社会科学版）2013年第4期。

刘诗白：《论现代文化生产》（下），《经济学家》2005年第2期。

刘世明：《简论市场经济条件下的价值取向原则》，《理论与现代化》1994年第6期。

刘小新：《文化工业概念与当代中国的文化批评》，《福建论坛·人文社会科学版》2002年第4期。

路平：《关于文化选择中的价值取向》，《理论探索》2007年第1期。

南帆：《意义生产、符号秩序与文学的突围》，《文艺理论研究》2010年第3期。

南焱、杨雨佳：《专访中国文联副主席冯骥才：文化不能都产业化》，《中国经济周刊》2010年第14期。

宁启文：《1949—1956年大陆报业企业化经营概述》，《新闻与传播研究》2001年第2期。

潘晶芳：《社会主义价值取向的建构》，《福建论坛》2007年第10期。

庞毅、胡东林：《传媒产业发展呼唤绿色传播》，《北方工业大学学报》2004年第2期。

秦维宪：《苏联社会价值观演变的历史教训》，《浙江社会科学》2001年第4期。

秋锁：《中国社会发展与社会价值选择》，《江汉论坛》2000年第4期。

孙俊新：《各国文化产业对外开放政策比较及启示》，《人民论坛》2013年第26期。

沈望舒：《价值、核心价值观与文化产业建设》，《北京观察》2014年第10期。

沈望舒：《文化产业建设中的价值与核心价值观问题》，《文化产业导刊》2014年第5期。

沈湘平：《文化价值与文化市场的限度》，《青海社会科学》1998年第1期。

石中英：《论国家文化安全》，《北京师范大学学报》（社会科学版）2008年第3期。

孙兰英：《大众传播与当代美国政治文化的全球化扩张》，《郑州大学学报》2006年第7期。

唐善林：《艺术审美的价值转向及其当下境遇》，《成都大学学报》（社会科学版）2003年第4期。

佟军：《美国文化渗透战略及其影响》，《现代国际关系》2008年第9期。

王国敏：《挑战与回应：坚守马克思主义在意识形态领域的主流地

位》,《马克思主义研究》2007年第11期。

王国敏、陈加飞、杨永清:《"中国梦"的实现途径的理论探究》,《理论视野》2014年第8期。

王国敏、梁晓宇:《关于"中国模式"与中国道路问题的再探讨——基于十八届三中全会关于中国特色社会主义制度论述的思考》,《理论探讨》2014年第1期。

王国敏、王增智:《论中国特色社会主义理论体系的"中国特色"》,《理论探索》2009年第5期。

王国敏、王增智:《中国传统文化何以能"套解"马克思主义?——基于几组概念内涵的分析》,《兰州学刊》2014年第6期。

王国敏、赵波:《高校是社会主义核心价值体系的重要阵地》,《思想理论教育导刊》2008年第4期。

王国敏、周玉:《社会主义核心价值体系引领社会思潮的三维理路》,《社会科学研究》2009年第4期。

王靖华:《浅议中国文化产业发展的三个取向》,《学理论》2008年第4期。

王琳:《文化创新与构建有中国特色新文化体系》,《天津大学学报》(社会科学版)2008年第5期。

王南湜:《论市场经济条件下的文化运作方式》,《天津社会科学》1994年第5期。

魏刚、黄永宜、毛光晨:《文化产业传播社会核心价值体系的重要作用》,《重庆邮电大学学报》(社会科学版)2010年第3期。

吴学丽:《试析当代文化产业的价值视野》,《前沿》2011年第17期。

吴元庆、周世中:《论马克思精神生产理论的渊源及其形成过程》,《社会科学家》1986年第1期。

向勇:《中国文化产业人文内涵的问题与策略研究》,《艺术评论》2009年第9期。

谢名家:《文化产业:精神生产发展的现代形态》,《思想战线》2007年第1期。

熊澄宇:《关于文化大发展大繁荣的若干思考》,《哈尔滨工业大学学报》2009 年第 3 期。

徐晨光：《价值取向与价值导向的区别和联系》，《湖南师范大学社会科学学报》1996 年第 2 期。

徐贵权：《论价值取向》，《南京师大学报》（社会科学版）1998 年第 4 期。

徐贵权：《论价值取向的建构功能》，《南京师大学报》（社会科学版）2002 年第 3 期。

徐贵权：《论意义世界》，《南京师大学报》（社会科学版）2004 年第 5 期。

杨信礼：《马克思主义价值论与当代中国价值观的构建》，《山东社会科学》2008 年第 2 期。

叶金宝：《文化安全及其实现途径》，《学术研究》2008 年第 8 期。

尹世杰：《论精神消费能力》，《经济研究》1994 年第 10 期。

尹世杰：《关于消费文化的几点思考》，《消费经济》1995 年第 4 期。

游霭琼：《价值取向与价值导向——关于建立价值观调控机制的思考》，《广东社会科学》1996 年第 5 期。

于金富：《马克思主义经济学的价值取向》，《经济经纬》2009 年第 4 期。

袁贵仁：《关于价值与文化问题》，《新华文摘》2005 年第 7 期。

苑捷：《当代西方文化产业理论研究概述》，《马克思主义与现实》2004 年第 1 期。

云杉：《文化自觉 文化自信 文化自强——对繁荣发展中国特色社会主义文化的思考（上）》，《红旗文稿》2010 年第 15 期。

云德：《文化中的国家形象》，《求是》2007 年第 19 期。

詹绪武：《和谐传媒、传播理性与绿色传播生态》，《郑州大学学报》（社会科学版）2007 年第 7 期。

张曾芳、张龙平：《论文化产业及其运作规律》，《中国社会科学》2002 年第 2 期。

张海涛、郑绍楠：《〈色·戒〉和〈第四十一个〉里的"孤岛之爱"》，《电影文学》2012 年第 2 期。

张涵：《关于马克思著作中设计"文化产业"的思想研究》，《马克思主义研究》2009 年第 3 期。

张敏：《法国当代文化政策的特色及其发展》，《国外理论动态》2007 年第 3 期。

张启春：《大学生经济价值观与人生观价值观的相互作用与影响》，《黑龙江高教研究》2000 年第 3 期。

张伟：《国外加强社会核心价值观建设的做法及启示》，《探索与争鸣》2011 年第 2 期

张晓明：《公共文化服务：理论和实践含义的探索》，《出版发行研究》2008 年第 3 期。

张永红、梁建新：《马克思的文化产业观及其当代价值》，《马克思主义研究》2010 年第 12 期。

赵涛：《中华民族复兴的必然选择》，《瞭望》2011 年第 43 期。

郑崇选：《马克思主义理论与都市文化的生产》，《华东师范大学学报》（哲学社会科学版）2008 年第 4 期。

周凯：《核心价值观的缺失与构建传播——中国文化产业发展反思与对西方文化产业的借鉴》，《东岳论丛》2012 年第 9 期。

周凯：《美国电影是如何传播价值观的》，《求是》2012 年第 14 期。

朱以青：《从文化到文化产业：涵义与功能的演变》，《山东大学学报》2004 年第 5 期。

朱悦龙：《文化产业基本理论探析》，《中国矿业大学学报》（社会科学版）2005 年第 4 期。

左惠：《文化产品的外部性特征剖析》，《生产力研究》2009 年第 7 期。

《把培育和弘扬社会主义核心价值观作为凝魂聚气强基固本的基础工程》，《人民日报》2014 年 2 月 26 日。

包金：《反对刊登广告中的"铺张浪费"现象》，《人民日报》1955 年 6 月 18 日。

陈金秀、吴继兰：《独具特色的美国文化管理体制》，《中国信息报》

2010 年 11 月 24 日。

陈文玲：《加快提升中国文化产业的国际竞争力》，《中国社会科学报》2011 年 7 月 26 日。

单世联：《中国文化产业政策面临的挑战》，《文汇报》2013 年 11 月 4 日。

杜榕：《文化"走出去"，更应"走进去"》，《人民日报》2012 年 3 月 8 日。

《发挥优秀保留剧目大奖评奖与巡演的示范作用 创作生产更多无愧于时代无愧于人民的精品力作》，《中国文化报》2011 年 11 月 24 日。

范传贵：《辱华言论在美频现曝其文化霸权主义》，《法制日报》2013 年 11 月 11 日。

范玉刚：《文化产业发展的伦理维度》，《学习时报》2012 年 8 月 13 日。

顾钱江：《十八大"新提法"透露的信号》，《新华社每日电讯》2012 年 11 月 13 日。

顾问君：《美国文化产业何以雄踞世界》，《中国信息报》2008 年 6 月 11 日。

郭万超：《培育文化消费应成为中国文化发展的战略重点》，《中国文化报》2013 年 9 月 28 日。

《好莱坞相当于几个师？》，《参考消息》2004 年 8 月 8 日。

何传启：《文化产业：战略支点和时代潮流》，《学习时报》2012 年 3 月 12 日。

《核心价值观与国家形象塑造》，《解放日报》2014 年 5 月 21 日。

洪向华：《在文化建设中培育和践行核心价值观》，《经济日报》2014 年 3 月 27 日。

胡惠林：《关于文化产业研究在当代中国的发生》，《文艺报》2003 年 8 月 7 日。

胡惠林：《文化产业：在市场经济中实现先进文化的前进方向》，《文学报》2003 年 1 月 23 日。

《坚持以人民为中心的创作导向 创作更多无愧于时代的优秀作品》，

《人民日报》2014年10月16日。

《坚定不移沿着中国特色社会主义道路前进 为全面建设小康社会而奋斗》，《人民日报》2012年11月18日。

靳玉军：《社会主义核心价值观文化创新的三个维度》，《光明日报》2014年10月31日。

李昌禹：《3万亿 文化消费缺口怎么补》，《人民日报》2013年11月13日。

李崇富：《建设社会主义核心价值体系的哲学思考》，《光明日报》2007年1月23日。

李竞爽：《增强文化软实力与培育社会主义核心价值观》，《中国文化报》2014年3月20日。

李楠明：《马克思博士论文时期的哲学观及其意义》，《光明日报》2006年5月9日。

李玉滑：《文化创新源于大众又归于大众》，《光明日报》2010年7月6日。

梁建生：《法国影视业年度效益直逼汽车业》，《中国文化报》2013年11月12日。

梁捷等：《"〈功夫熊猫〉热"引发的文化思考》，《光明日报》2008年7月31日。

廖文：《坚持以人民满意为最高标准》，《人民日报》2011年11月22日。

廖言：《着力打造中华民族文化品牌》，《人民日报》2011年5月20日。

林贤郁：《发展文化产业要立足国情力戒浮躁》，《中国信息报》2012年3月4日。

凌玉环、马晴燕、张宇洋：《世界看到"自信强大"的中国》，《环球时报》2013年12月10日。

刘舸：《核心价值是文化软实力的核心》，《光明日报》2011年8月4日。

刘士林：《如何推进文化产业研究》，《解放日报》2012年3月29日。

柳森：《文化产业需要"价值发现者"》，《解放日报》2012年3月27日。

毛俊玉：《中国的文化品牌还缺什么》，《中国文化报》2013年9月14日。

毛俊玉：《文化"走出去"的政策效应》，《中国文化报》2014年5月17日。

《美国纸媒恐沦为富豪玩具》，《参考消息》2013年8月21日。

《莫让文化沦为资本的游戏》，《人民日报》2013年10月24日。

《扭转文化产业"纽扣现象"》，《人民日报》2009年6月11日。

璩静：《坚持以社会主义核心价值观引领文艺创作》，《人民日报》2014年9月15日。

《让社会主义核心价值观旗帜飘扬在文化阵地上》，《人民日报》2014年8月17日。

阮青：《价值取向的界定及相关问题》，《人民日报》2010年12月10日。

宋佳恒等：《多国造"像"各有绝招》，《中国文化报》2012年10月22日。

宋建林：《关注人民群众的文化消费取向》，《中国文化报》2013年12月30日。

陶东风：《比坏心理腐蚀社会道德》，《人民日报》2013年9月19日。

陶金节：《中国文化如何走向世界》，《学习时报》2008年3月3日。

《特色经济沐浴文化阳光——文博会促进文化与经济结合》，《光明日报》2011年5月17日。

王军：《美国：产业化之路造就文化强国》，《中国信息报》2011年10月31日。

王英：《美国如何建立社会主流价值观》，《学习时报》2012年3月19日。

王仲伟：《学习贯彻党的十八大精神 加快发展文化产业》，《中国文化报》2012年12月7日。

王祖皆：《把社会主义核心价值观生动活泼地体现在文艺创作中》，

《文艺报》2014年10月27日。

温家宝：《同文学艺术家谈心》，《光明日报》2006年11月29日。

《文艺为人民服务，为社会主义服务》，《人民日报》1980年7月26日。

项江涛：《中国美术的民族性与时代性》，《中国社会科学报》2010年10月12日。

项江涛：《文化产业：多重价值的呈现》，《中国社会科学报》2011年7月26日。

肖舒楠：《过度商业化正使我们的文化遭遇灭顶之灾》，《中国青年报》2011年7月28日。

熊建：《文化产业不能唯利是图》，《人民日报海外版》2012年8月31日。

杨文华：《社会主义核心价值观建设的文艺路径》，《光明日报》2014年2月18日。

杨学博：《文化产业数据5%：是基本标准，还是原则性要求?》，《人民日报》2013年4月28日。

杨雪梅：《三个倡导塑造时代精神气质》，《人民日报》2012年11月11日。

杨雪梅、周舒艺：《中国特色社会主义文化发展道路已形成》，《人民日报》2012年11月12日。

叶朗：《展示中国文化中的普世价值》，《人民日报》2009年1月19日。

叶自成：《华夏文明与中国的文化强国之梦》，《中国文化报》2013年4月19日。

于殿利：《文化自觉与国际竞争力》，《人民政协报》2013年12月9日。

袁迪：《文化产业发展的国际经验及启示》，《金融时报》2012年1月30日。

张玉玲：《科学描绘文化产业现状》，《光明日报》2012年8月2日。

张玉玲：《"莫言开发"要尊重文化产业规律》，《光明日报》2012年

10 月 24 日。

张玉玲：《发展文化产业要守住文化底线》，《光明日报》2012 年 10 月 29 日。

中共中央办公厅：《关于培育和践行社会主义核心价值观的意见》，《人民日报》2013 年 12 月 24 日。

《中共中央关于全面深化改革若干重大问题的决定》，《人民日报》2013 年 11 月 16 日。

《中共中央关于全面推进依法治国若干重大问题的决定》，《人民日报》2014 年 10 月 29 日。

《中共中央关于深化文化体制改革推动社会主义文化大发展大繁荣若干重大问题的决定》，《人民日报》2011 年 10 月 26 日。

周若鹏：《借鉴中华优秀传统文化与培育核心价值观》，《光明日报》2014 年 11 月 5 日。

《主流媒体如何弘扬社会主义核心价值观》，《中国艺术报》2014 年 9 月 12 日。

[德] 瓦尔特·本雅明：《技术复制时代的艺术作品》，胡不适译，浙江文艺出版社 2005 年版。

[德] 费尔巴哈：《费尔巴哈哲学著作选集》上卷，荣震华、李金山译，商务印书馆 1984 年版。

[德] 弗里德里希·李斯特：《政治经济学的国民体系》，陈万煦译，商务印书馆 1961 年版。

[德] 黑格尔：《美学》（第 3 卷下册），商务印书馆 1981 年版。

[德] 黑格尔：《法哲学原理》，范扬、张企泰译，商务印书馆 1961 年版。

[德] 马克斯·霍克海默、西奥多·阿道尔诺：《启蒙辩证法》，洪佩郁、蔺月峰译，重庆出版社 1980 年版。

[俄] 尼·伊·雷日科夫：《大国悲剧——苏联解体的前因后果》，徐昌翰译，新华出版社 2008 年版。

[俄] M. P. 泽齐娜：《俄罗斯文化史》，刘文飞、苏玲译，上海译文

出版社1999年版

［法］A. J. 格雷马斯：《论意义》，冯学俊译，百花文艺出版社2005年版。

［法］阿芒·马特拉：《世界传播与文化霸权》，陈卫星译，中央编译出版社2001年版。

［法］弗朗斯瓦·魁奈：《中华帝国的专制制度》，谈敏译，商务印书馆1992年版。

［法］李明：《中国近事报道》，郭强、龙云、李伟译，大象出版社2004年版。

［法］路易·多洛：《国际文化关系》，孙恒译，上海人民出版社1987年版。

［法］托克维尔：《论美国的民主》（下），董国良译，商务印书馆2013年版。

［美］阿尔温·托夫勒：《权力的转移》，刘江等译，中央党校出版社1991年版。

［美］尼尔·波兹曼：《娱乐至死》，章艳译，广西师范大学出版社2004年版。

［美］大卫·赫斯蒙德夫：《文化产业》，张菲娜译，中国人民大学出版社2007年版。

［美］大卫·科兹、弗雷德·威尔：《来自上层的革命——苏联体制的终结》，曹荣湘、孟鸣岐译，中国人民大学出版社2002年版。

［美］菲立普·巴格比：《文化：历史的投影》，夏克等译，上海人民出版社1987年版。

［美］加布里埃尔·A. 阿尔蒙德、小·G. 宾厄姆·鲍威尔：《比较政治学——体系、过程和政策》，曹沛霖等译，上海译文出版社1987年版。

［美］理查德·尼克松：《超越和平》，范建民译，世界知识出版社1995年版。

［美］赫伯特·马尔库塞：《单面人》，左晓斯等译，湖南人民出版社1988年版。

［美］赫伯特·马尔库塞：《现代文化和人的困境》，李小兵等译，上海三联出版社1989年版。

［美］赛佛尔、坦卡德：《传播理论：起源、方法与应用》，郭镇之、徐培喜等译，中国传媒大学出版社2006年版。

［美］乔治·索罗斯：《索罗斯论全球化》，王荣军译，商务印书馆2003年版。

［美］韦尔伯·斯拉姆等：《报刊的四种理论》，新华出版社1980年版。

［美］约翰·费斯克：《解读大众文化》，杨全强译，南京大学出版社2001年版。

［美］詹明信：《晚期资本主义的文化逻辑》，陈清侨译，生活·读书·新知三联书店1997年版。

［美］詹姆斯·罗尔：《媒介、传播、文化——一个全球性的途径》，周宪、许钧编，董洪川译，商务印书馆2005年版。

［苏］《安德罗波夫关于"私下出版物"问题给苏共中央的报告（1970年12月21日）》，载《苏联历史档案选编》第30卷，社会科学文献出版社2002年版。

［苏］奥斯特洛夫斯基：《钢铁是怎样炼成的》，曹缦西译，译林出版社2001年版。

［苏］勃列日涅夫：《勃列日涅夫言论》第17集，左玲珍、高文英译，上海译文出版社1985年版。

［苏］《布哈林文选》上册，人民出版社1981年版。

［苏］米·谢·戈尔巴乔夫：《改革与新思维》，岑鼎山、何宏江等译，世界知识出版社1988年版。

［苏］尼基塔·谢·赫鲁晓夫：《最后的遗言》，东方出版社1998年版。

［苏］里夫希茨：《马克思论艺术和社会理想》，吴元迈等译，人民出版社1983年版。

［苏］迈克·费瑟斯通：《消费文化与后现代主义》，刘精明译，译林出版社2000年版。

［英］阿兰·斯威伍德：《大众文化的神话·序言》，冯建三译，生活·读书·新知三联书店2003年版。

［英］戴维·赫尔德：《全球大变革：全球化时代的政治、经济与文化》，杨雪东译，社会科学文献出版社2001年版。

［英］拉雷恩：《意识形态与文化身份：现代性和第三世界的在场》，戴从容译，上海教育出版社2005年版。

［英］雷切尔·沃克：《震撼世界的六年——戈尔巴乔夫的改革怎样葬送了苏联》，张金鉴译，改革出版社1999年版。

［英］马林诺夫斯基：《文化论》，费孝通译，商务印书馆1946年版。

［英］约翰·B. 汤普森：《意识形态与现代文化》，高铦等译，译林出版社2012年版。

［英］以赛亚·伯林：《苏联的心灵——共产主义时代的俄国文化》，潘永强、刘北成译，译林出版社2010年版。

［英］约翰·斯道雷：《文化理论与通俗文化导论》，南京大学出版社2001年版。

《奥夫恰连科就乌克兰巡回演出状况致苏共中央的信（1969年5月12日）》，载《苏联历史档案选编》第30卷，社会科学文献出版社2002年版。

《苏共中央文化部就乌克兰巡回演出问题给苏共中央的报告（1969年7月14日）》，载《苏联历史档案选编》第30卷，社会科学文献出版社2002年版。

王列、杨雪冬编译：《全球化与世界》，中央编译出版社1998年版。

《雅科夫列夫关于停止销售国家领导人书籍给苏共中央的报告（1986年8月6日）》，载《苏联历史档案选编》第30卷，社会科学文献出版社2002年版。

Theodor W Adorno, *The Culture Industry: Selected Essays on Mass Culture*, London and New York: Routledge, 1991.

Margaret Thatcher, *Statecraft: Strategies for a Changing World*, New York: Harper Perennial, 2002.

Donald Morrison, "The Death of French Culture", *Time*, Nov 21, 2007.

Page Jeremy, "For Xi, a 'China Dream' Of Global Military Power—New Leader Appears to be Embracing More Hawkish Worldview Long Favored by Nation's Generals", *The Wall Street Journal Asia*, Mar 14, 2013.

Yuri Na, "Cultural Factors in Product Valuation", *Public Economics*, 2009.